高职交通运输与土建类专业系列教材
高等职业教育新形态一体化教材

盾构法施工

Tunnel Construction with Shield Method

陈　馈　焦胜军　冯欢欢　主　编
毛红梅　蒲晓波　郭　军　陈莎莎　副主编
　　　　　　刘泉声　王江卡　主　审

人民交通出版社股份有限公司
北　京

内容提要

本书为高职交通运输与土建类专业系列教材之一,基于作者及其团队在盾构法施工技术方面的教学与科研成果及盾构法施工技术实践,重点介绍盾构法施工技术。本书分为十三个单元,分别从盾构选型、现场组装与调试、盾构始发、盾构掘进、管片制作与拼装、壁后注浆、渣土改良、盾构到达、盾构调头与过站、刀具检查与更换等方面,对盾构装备选型与关键施工技术进行了系统性的阐述,同时列举了软土地层、砂卵石地层、岩溶地层等典型地层的盾构施工技术与工程案例,并从地质风险、设备风险、人员风险三方面总结提出了盾构施工风险防控措施与建议。每单元均提炼出了对应的知识目标、能力目标,更有利于读者学习与掌握对应任务下的内容。

全书内容深入浅出,资料翔实,图文并茂,可作为高职院校地下与隧道工程技术相关专业的教材,也可供盾构设计、施工、工程管理、科研等相关专业技术人员学习参考。

图书在版编目(CIP)数据

盾构法施工/陈馈,焦胜军,冯欢欢主编. — 北京:人民交通出版社股份有限公司,2021.8
ISBN 978-7-114-17402-5

Ⅰ.①盾… Ⅱ.①陈… ②焦… ③冯… Ⅲ.①盾构法—高等职业教育—教材 Ⅳ.①U455.43

中国版本图书馆CIP数据核字(2021)第114319号

Dungoufa Shigong
书 名:盾构法施工
著 作 者:陈 馈 焦胜军 冯欢欢
责任编辑:李 娜
责任校对:赵媛媛
责任印制:刘高彤
出版发行:人民交通出版社股份有限公司
地   址:(100011)北京市朝阳区安定门外外馆斜街3号
网   址:http://www.ccpcl.com.cn
销售电话:(010)59757973
总 经 销:人民交通出版社股份有限公司发行部
经   销:各地新华书店
印   刷:北京印匠彩色印刷有限公司
开   本:787×1092 1/16
印   张:16.5
字   数:427千
版   次:2021年8月 第1版
印   次:2024年7月 第3次印刷
书   号:ISBN 978-7-114-17402-5
定   价:49.00元

(有印刷、装订质量问题的图书,由本公司负责调换)

高职交通运输与土建类专业系列教材

《盾构法施工》编委会

主　　编：陈　馈　　焦胜军　　冯欢欢

副 主 编：毛红梅　　蒲晓波　　郭　军　　陈莎莎

参编人员：张岩涛　　廖小春　　张宏达　　王百泉
　　　　　廖　林　　王清平　　杨露伟　　曾宇翔

主　　审：刘泉声　　王江卡

主编单位：陕西铁路工程职业技术学院

　　　　　湖南中天凿岩科技有限公司

　　　　　中铁隧道局集团有限公司

　　　　　中铁工程装备集团技术服务有限公司

前　言

盾构法是建造隧道及地下工程最先进的施工方法之一。隧道及地下空间的大发展,促进了盾构法施工技术的进步。自从1825年开始,法国人布鲁内尔在英国伦敦泰晤士河下首次使用手掘式矩形盾构开挖世界上第一条盾构法隧道以来,盾构技术至今(2020年)已经历了195年的应用与发展。从第一代手掘式盾构发展到目前以大推力、大扭矩、智能化、多样化为特色的第四代盾构过程中,我国盾构的发展主要通过自主探索、国外引进、联合制造、消化吸收、集成创新和自主创新,经历了黎明期、创新期、跨越期三个发展阶段,目前已形成产业化规模。我国正在致力研制第四代半和第五代盾构,即将开启盾构颠覆性原创核心技术的全新时代。

盾构法施工技术在世界许多国家不断得到发展,但在推广应用过程中出现了一些事故,这些事故的发生,不仅影响了盾构工程的工期,还造成了重大经济损失和不必要的人员伤亡。针对盾构技术行业发展现状,本书以盾构法施工技术为切入点,结合我国各种典型地层的盾构施工案例进行阐述,以促进我国盾构技术领域的教学、科研成果共享,推动盾构法施工技术的健康、快速发展。

本书由陕西铁路工程职业技术学院联合湖南中天凿岩科技有限公司、中铁隧道局集团有限公司、中铁工程装备集团有限公司等企业共同编制完成。该书由陈馈、焦胜军、冯欢欢担任主编,毛红梅、蒲晓波、郭军、陈莎莎担任副主编。

主要编写分工如下:单元一"绪论"(陈馈、焦胜军);单元二"盾构选型"(陈馈、冯欢欢);单元三"现场组装与调试"(冯欢欢、毛红梅);单元四"盾构始发"(陈馈、焦胜军);单元五"盾构掘进"(冯欢欢、蒲晓波);单元六"管片制作与拼装"(陈馈、焦胜军);单元七"壁后注浆"(郭军、张岩涛、王清平);单元八"渣土改良"(廖小春、陈莎莎);单元九"盾构到达"(陈馈、焦胜军);单元十"盾构调头与过站"(郭军、杨露伟、曾宇翔);单元十一"刀具检查与更换"(冯欢欢、张宏达、王百泉);单元十二"典型地层盾构施工"(冯欢欢、廖林);单元十三"盾构施工风险防控"(陈馈)。另外,还有多位盾构界同行参与了该书的编制工作,在此对他们的辛勤付出表示真诚的感谢。

期望本教材能给我国盾构法施工的教学与科研提供参考和借鉴。尽管作者为本书付出了大量的心血,但书中不可避免地会出现错漏和不当之处,有些提法也可能需要大家进一步研讨,敬请广大同行提出批评并指正。

作者代表:

2020年12月于长沙

教材配套资源说明

本教材配套了丰富的教学资源,通过多种知识呈现形式,为教学组织和教学实施服务,有效激发学生的学习兴趣和积极性。

具体资源类型包括微课、动画和工程案例等,列表说明如下,读者可扫描书中二维码直接在线观看学习。

序号	资源名称	类 别	正文位置
1	盾构始发技术	动画	P56
2	二号风井站南端头加固施工方案	工程案例	P56
3	土压平衡盾构掘进-施工流程	微课	P70
4	土压平衡盾构掘进-施工原理	微课	P70
5	土压掘进管理	微课	P72
6	盾构土仓压力	微课	P72
7	盾构姿态控制技术、细则与措施	微课	P75
8	盾构姿态控制原则	微课	P75
9	泥水盾构掘进流程	微课	P79
10	泥水压力及质量管理	微课	P80
11	泥水循环与分离技术	微课	P86
12	同步注浆	微课	P126
13	衬砌背后二次注浆	微课	P127
14	膨润土改良剂	微课	P134
15	渣土改良技术	微课	P134
16	泡沫改良剂	微课	P135
17	聚合物	微课	P139
18	盾构到达常规技术	微课	P150
19	钢套筒法接收技术	微课	P152
20	盾构常压换刀	微课	P178
21	盾构带压换刀	微课	P182
22	盾构饱和法换刀	微课	P186

教师可加入高职铁道类教育平台 QQ 群:189546008,索取课件及相关资源。

目 录

单元一　绪论 ………………………………… 1
　任务一　盾构的概念与工作
　　　　　原理 …………………………… 2
　任务二　盾构的类型 …………………… 5
　任务三　国内外盾构发展历程 ………… 7
　◆思考题◆ …………………………… 24

单元二　盾构选型 ………………………… 25
　任务一　盾构选型理论 ………………… 26
　任务二　盾构选型主要步骤 …………… 30
　任务三　盾构选型案例 ………………… 35
　◆思考题◆ …………………………… 40

单元三　现场组装与调试 ………………… 41
　任务一　盾构组装准备 ………………… 42
　任务二　盾构组装 ……………………… 43
　任务三　盾构调试 ……………………… 48
　任务四　盾构现场验收 ………………… 49
　◆思考题◆ …………………………… 53

单元四　盾构始发 ………………………… 55
　任务一　盾构始发流程 ………………… 56
　任务二　端头加固 ……………………… 56
　任务三　洞门凿除与洞门密封
　　　　　安装 …………………………… 60
　任务四　始发托架及反力架
　　　　　安装 …………………………… 62
　任务五　负环管片拼装 ………………… 64
　任务六　始发掘进控制要点 …………… 66
　◆思考题◆ …………………………… 68

单元五　盾构掘进 ………………………… 69
　任务一　土压平衡盾构掘进 …………… 70
　任务二　泥水平衡盾构掘进 …………… 79
　任务三　联络通道施工 ………………… 89
　◆思考题◆ …………………………… 96

单元六　管片制作与拼装 ………………… 99
　任务一　管片制作 ……………………… 100
　任务二　管片拼装 ……………………… 112
　◆思考题◆ …………………………… 122

单元七　壁后注浆 ………………………… 125
　任务一　壁后注浆的作用 ……………… 126
　任务二　同步注浆 ……………………… 126
　任务三　二次注浆 ……………………… 127
　◆思考题◆ …………………………… 131

单元八　渣土改良 ………………………… 133
　任务一　渣土改良剂的类型 …………… 134
　任务二　渣土改良典型案例 …………… 141
　任务三　小结与建议 …………………… 146
　◆思考题◆ …………………………… 147

单元九　盾构到达 ………………………… 149
　任务一　盾构到达常规技术 …………… 150
　任务二　盾构到达特殊技术 …………… 152
　◆思考题◆ …………………………… 162

单元十　盾构调头与过站 …………… 163
　任务一　盾构调头 ………………… 164
　任务二　盾构过站 ………………… 170
　◆思考题◆ ………………………… 174

单元十一　刀具检查与更换 ………… 177
　任务一　盾构常压换刀 …………… 178
　任务二　盾构带压换刀 …………… 182
　◆思考题◆ ………………………… 189

单元十二　典型地层盾构施工 ……… 191
　任务一　软土地层盾构施工 ……… 192
　任务二　无水砂卵石地层盾构
　　　　　施工 …………………… 198
　任务三　富水砂卵石地层盾构
　　　　　施工 …………………… 205

　任务四　上软下硬复合地层盾构
　　　　　施工 …………………… 212
　任务五　岩石地层盾构施工 ……… 217
　任务六　岩溶地层盾构施工 ……… 228
　◆思考题◆ ………………………… 230

单元十三　盾构施工风险防控 ……… 233
　任务一　盾构施工风险分类 ……… 234
　任务二　盾构施工主要风险 ……… 235
　任务三　盾构施工风险防控 ……… 239
　任务四　盾构施工风险应对
　　　　　案例 …………………… 244
　◆思考题◆ ………………………… 251

参考文献 …………………………… 252

单元一

绪论

项目描述

主要介绍盾构与盾构法基本概念、基本原理、工法特点、适用环境、盾构基本类型及简要发展历程。

学习目标

1. 知识目标
(1) 掌握盾构与盾构法基本概念、基本原理、工法特点;
(2) 掌握盾构基本类型、发展历程。

2. 能力目标
(1) 能够正确描述盾构与盾构法作业的基本原理;
(2) 能够正确区分典型盾构基本类型及适用范围。

任务一　盾构的概念与工作原理

一、盾构的概念

盾构(英文名称:Shield Machine)是一种用于隧道暗挖施工,具有金属外壳,壳内装有整机及辅助设备,在盾壳的掩护下进行土体开挖、渣土排运、整机推进和管片安装等作业,从而使隧道一次成形的隧道施工装备,如图1-1所示。

图1-1　盾构的外形

盾构是一种隧道施工专用工程机械,实现了隧道快速、安全、环保的工厂化施工作业。现代盾构集机、电、液、传感、信息技术于一体,具有开挖切削土体、输送渣土、拼装隧道衬砌、测量导向纠偏等功能。盾构已广泛用于地铁、铁路、公路、市政、水电等隧道工程。

二、盾构的工作原理

盾构的工作原理就是一个钢结构组件沿隧道轴线边向前推进边对土壤进行掘进。这个钢结构组件的壳体称"盾壳",盾壳对挖掘出的还未衬砌的隧道段起着临时支护的作用,承受周围土层的土压、承受地下水的水压以及将地下水挡在盾壳外面。掘进、排土、衬砌等作业在盾壳的掩护下进行。

"盾"——"保护",指盾壳;

"构"——"构筑",指管片拼装。

盾构法是使用盾构修建隧道,是地下暗挖隧道的一种施工方法。它使用盾构在地下掘进,在防止开挖面坍塌和保持开挖面稳定的同时,在机内安全地进行隧道的开挖作业和衬砌作业,从而构筑成隧道。

按照这个定义,盾构法由稳定开挖面、盾构挖掘和衬砌三大要素组成。盾构挖掘需要解决三个最根本的问题:切削工作面、平衡工作面压力、排出土仓渣土。对于切削工作面,在相同的地层和刀盘设计条件下,没有大的区别,剩下的就是平衡和排渣了。对于隧道衬砌,盾构在地下推进时,通过盾构的外壳和管片来支承四周围岩,防止土砂崩塌而进行的隧道施工。闭胸式盾构是用泥土加压或泥水加压来抵抗开挖面的土压力和水压力以维持开挖面的稳定性,敞开式盾构是以开挖面自立为前提,否则需要采用辅助措施。

盾构施工的主要原理就是尽可能在不扰动围岩的前提下完成施工,从而最大限度地减少对地面建筑物及地基内埋设物的影响。

初期的盾构施工法是用人工开挖式或机械开挖式盾构,结合使用压气施工法,在保证开挖面稳定的同时进行开挖。在围岩渗漏很严重的情况下,用注浆法进行止漏加固,而对软弱地层则采用封闭式施工。

盾构施工,始于英国,发展于德国、日本,跨越式发展于中国。自从1825年世界第一台盾构问世后,经过近两百年的研究开发和应用,现已演变成目前非常盛行的泥水盾构和土压平衡盾构。这两种机型的最大优点是在开挖功能中考虑了稳定开挖面的措施,将盾构施工法三大要素中的"稳定开挖面"与"盾构挖掘"融为一体,无需辅助施工措施就能适应地质情况变化较大的地层。

三、盾构法优缺点

盾构法与传统地铁隧道施工方法相比较,具有地面作业少、对周围环境影响小、自动化程度高、施工快速优质高效安全环保等优点。随着长距离、大直径、大埋深、复杂断面盾构施工技术的发展和成熟,盾构法越来越受到重视和青睐,目前已逐步成为地铁隧道的主要施工方法。

盾构法施工主要具有以下优点:

(1)快速。盾构是一种集机、电、液、传感、信息技术于一体的隧道施工成套专用特种设备,盾构法施工的地层掘进、出土运输、衬砌拼装、接缝防水和盾尾间隙注浆充填等作业都在盾构保护下进行,实现了工厂化施工,掘进速度较快。

(2)优质。盾构法施工采用管片衬砌,洞壁完整光滑美观。

(3)高效。盾构法施工速度较快,缩短了工期,较大地提高了经济效益和社会效益;同时盾构法施工用人少,降低了劳动强度、减少了材料消耗。

(4)安全。盾构法施工,改善了作业人员的洞内劳动条件,减轻了体力劳动,施工在盾壳的保护下进行,避免了人员伤亡,减少了安全事故。

(5)环保。场地作业少,隐蔽性好,因噪声、振动引起的环境影响小;穿越地面建筑群和地下管线密集区时,周围可不受施工影响。

(6)隧道施工的费用和技术难度基本不受覆土深浅的影响,适宜于建造覆土深的隧道。当隧道越深、地基越差、土中影响施工的埋设物等越多时,与明挖法相比,经济上、施工进度上越有利。

(7)穿越河底、海底时,隧道施工不影响航道,也完全不受气候的影响。

(8)自动化、信息化程度高。盾构采用了计算机控制、传感器监控、激光导向、测量、超前地质探测、通信等技术,是集机、光、电、气、液、传感、信息技术于一体的隧道施工成套设备,具有自动化程度高的优点。盾构具有施工数据采集功能、盾构姿态管理功能、施工数据管理功能和施工数据实时远传功能,实现了信息化施工。

盾构法施工主要存在以下不足之处:

(1)施工设备费用较高。

(2)陆地上隧道施工,覆土较浅时,地表沉降较难控制,甚至导致无法施工;在水下施工时,如覆土太浅则盾构法施工不够安全,要确保一定厚度的覆土。

(3)用于施工小曲率半径隧道时,掘进较困难。

(4) 盾构法隧道上方一定范围内的地表沉降尚难完全防止,特别在饱和含水松软的土层中,要采取严密的技术措施才能把沉降限制在很小的限度内,目前还不能完全防止以盾构正上方为中心土层的地表沉降。

(5) 在饱和含水地层中,盾构法施工所用的管片,对达到整体结构防水性的技术要求较高。

(6) 施工中的一些质量缺陷问题尚未得到很好解决,如衬砌环的渗漏、裂纹、错台、破损、扭转以及隧道轴线偏差和地表沉降与隆起等。

四、盾构法适用范围

1. 对地质条件及环境条件的适应性

建造隧道的方法多种多样,但采用盾构法建造地下隧道却有其独到之处。

21世纪是地下空间的世纪,盾构是地下工程中的重要施工装备,在地下空间开发中起着举足轻重的作用,特别是在人口密集、交通繁忙的大城市中,盾构法是一种必不可少的施工方法。随着地下建筑物、地下管线、地下铁道的不断发展,在城市中建造地铁及其他地下结构物,将逐步深层化。

盾构法施工的费用一般不受埋置深度的影响,它更适用于建造覆土较深的隧道;在同等深度的条件下,盾构法与明挖法施工相比,较为经济合理。近年来,盾构有了较大的突破性改进,已由初期的气压手掘式盾构发展到最近的以泥水盾构和土压平衡盾构为主流的,以大直径、大推力、大扭矩、高智能化、多样化为特色的盾构。

盾构是国家基础建设、资源开发和国防建设的重大技术装备之一,应用前景广泛。盾构法施工适用于各类软土地层和软岩地层的地下隧道掘进,尤其适用于城市地铁、水底隧道、排水污水隧道、引水隧道、公用管线隧道。

隧道的施工方法有很多种,在隧道勘测、规划与设计阶段选择施工方法时,必须对各种施工方法的地质条件及环境条件的适应性、经济性以及安全、质量、工期等进行充分的论证和比较分析。盾构法对地质条件及环境条件的适应性如表1-1所示。

盾构法对地质条件及环境条件的适应性　　　　　表1-1

工法概要	盾构在地层中推进,通过盾构外壳和管片支承四周围岩防止土砂崩塌进行隧道施工,闭胸式盾构是用泥土加压或泥水加压来抵抗开挖面的土压力和水压力以维持开挖面的稳定性,敞开式盾构是以开挖面自立为前提,否则需要采用辅助措施
适用地质	一般适用于从岩层到土层的所有地层。但对于复杂的地质条件或特殊地质条件应进行认真的论证并选型,选择合适的盾构形式。盾构穿越下述地层时,应结合盾构性能进行细致的分析和论证:整体性较好的硬岩地层、岩溶、高应力挤压破损、膨胀岩、含坚硬大块石的土层、卵砾石层、高黏性土层或可能存在不明地下障碍物的地层等
地下水措施	闭胸式盾构一般不需要辅助措施,敞开式盾构需要辅助措施
隧道埋深	最小覆盖深度一般大于隧道直径,压气施工、泥水加压施工要注意地表的喷涌;最大覆盖深度多取决于地下水压的大小
断面形状	以圆形为标准,使用特殊盾构可以进行半圆形、复圆形、椭圆形等形状隧道的施工。施工中间一般难以变化断面形状
断面大小	在施工实例中,最大直径达到17.45m

续上表

急转弯施工	有曲率半径/盾构外径 = 3 的急转弯隧道的施工实例
对周围影响	接近既有建筑物(或结构物)施工时,有时需要辅助措施。除竖井部位外,极少影响交通。噪声、振动只发生在竖井口,可用防音墙处理

2. 大直径盾构的适用范围

$\phi 10m$ 以上的大直径盾构多用于修建水底公路隧道和铁路隧道。如日本于 1998 年建成通车的东京湾公路工程,采用 8 台 $\phi 14.14m$ 的泥水盾构施工;德国汉堡易北河第四公路隧道采用德国海瑞克公司制造的 $\phi 14.2m$ 泥水盾构施工;穿越荷兰绿心区的高速铁路隧道"绿心隧道"采用法国 NFM 公司制造 $\phi 14.87m$ 泥水盾构施工;上海崇明越江公路隧道使用德国海瑞克公司制造的 $\phi 15.44m$ 泥水盾构施工;武汉长江公路隧道采用 2 台 $\phi 11.38m$ 的泥水盾构施工;广深港客运专线狮子洋隧道采用 4 台 $\phi 11.18m$ 的泥水盾构施工;北京铁路地下直径线采用 $\phi 11.97m$ 的泥水盾构施工。

大直径盾构还可以用于建造暗埋地铁车站。莫斯科用 $\phi 9 \sim 10m$ 盾构建成 3 条平行的车站隧道,在中间隧道与两侧隧道间修建通道形成三拱塔柱式车站,如图 1-2 所示,也可用盾构修建三拱立柱式车站。日本用盾构建成两条平行车站隧道,在两条隧道之间修建通道,形成眼镜形地下车站。

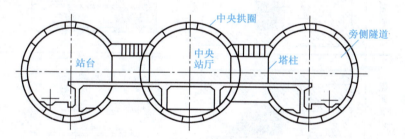

图 1-2 盾构施工的三拱塔柱式车站

在饱和含水松软地层中用盾构法修建地铁车站较用地下连续墙法费用高,故只有在地面不得开挖的条件下才以盾构法修建地铁车站。而在如莫斯科寒武纪黏土等良好地质条件下,以盾构法修建较深地铁车站,则具有优越性。

3. 中直径盾构的适用范围

$\phi 6.25m \sim \phi 7m$ 的中型盾构,适用于修建地下铁道的区间隧道。

4. 小直径盾构的适用范围

$\phi 3m$ 左右的小型盾构,较多地用于引水、排水、电缆、通信及其他市政公用设施综合管道的建设。如西气东输城陵矶长江穿越隧道采用了 1 台 $\phi 3.24m$ 的泥水盾构施工。

任务二 盾构的类型

一、按支护地层的形式分类

盾构的类型主要包括敞开式盾构、压缩空气盾构、土压平衡盾构、泥水平衡盾构、多模式盾构等。

盾构按支护地层的形式分类,主要分为自然支护式、机械支护式、压缩空气支护式、泥浆支护式及土压平衡支护式五种类型(图1-3)。

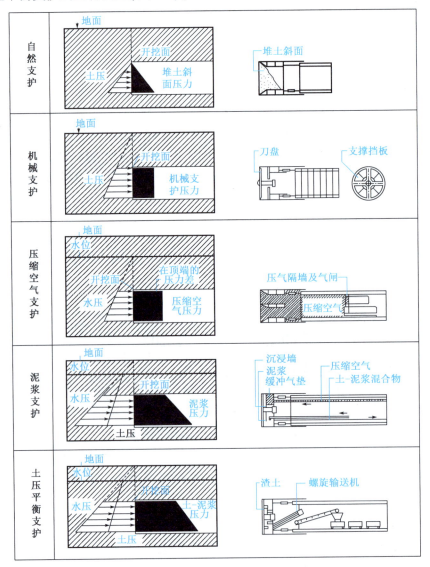

图1-3 按支护地层的形式分类

二、按断面形状分类

盾构根据其断面形状可分为单圆盾构(图1-4)、复圆盾构(也称多圆盾构)、非圆盾构,其中复圆盾构可分为双圆盾构(图1-5)和三圆盾构(图1-6)。

非圆盾构可分为椭圆形盾构、矩形盾构(图1-7)、类矩形盾构、马蹄形盾构(图1-8)、半圆形盾构。

复圆盾构和非圆盾构统称为"异形盾构"。

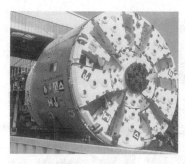
图1-4 单圆盾构

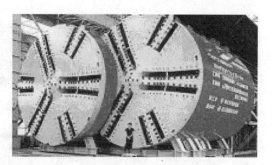
图1-5 双圆盾构

图1-6 三圆盾构

图1-7 矩形盾构

图1-8 马蹄形盾构

三、按直径大小分类

盾构根据其直径的大小分为以下几类：直径0.2~2m，称为微型盾构；直径2~4.2m，称为小型盾构；直径4.2~7m，称为中型盾构；直径7~12m称为大型盾构；直径12m以上为超大型盾构。

任务三 国内外盾构发展历程

盾构发展历程可分为四个阶段(图1-9)：一是以布鲁内尔(Brunel)盾构为代表的手掘式盾构；二是以机械式、气压式盾构为代表的第二代盾构；三是以闭胸式盾构为代表(泥水盾构、土压平衡盾构)的第三代盾构；四是以大直径、大推力、大扭矩、高智能化、多样化为特色的第四代盾构。

图 1-9　世界盾构发展的四个历史阶段

一、国外盾构发展历程

1. 盾构的起源

1806 年,法国工程师马克·布鲁内尔(Marc Isambrad Brunel)发现船的木板中,有一种蛀虫(船蛆)钻出孔道。船蛆是一种蛤,头部有外壳,在钻穿木板时,分泌出液体涂在孔壁上形成坚韧的保护壳,用以抵抗木板潮湿后的膨胀,以防被压扁。在蛀虫钻孔并用分泌物涂在四周的启示下,布鲁内尔发现了盾构掘进隧道的原理,并在英国注册了专利(图 1-10)。布鲁内尔专利盾构由不同的单元格组成,每一个单元格可容纳一个工人独立工作并对工人起到保护作用。所有的单元格牢靠地装在盾壳上。当一段隧道挖完后,由千斤顶将整个盾壳向前推进。1818 年,布鲁内尔完善了盾构结构的机械系统,设计成用全断面螺旋式开挖的封闭式盾壳,衬砌紧随其后(图 1-11)。

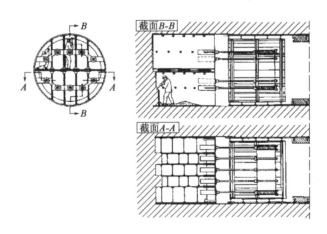

图 1-10　布鲁内尔专利盾构(1806 年)

1825 年,布鲁内尔在伦敦泰晤士河下用一个断面高 6.8m、宽 11.4m 的矩形盾构修建了世界上第一条盾构法隧道。

布鲁内尔的矩形盾构由 12 个邻接的框架组成,每一个框架分成 3 个工作舱,每个舱可容纳一个工人独立工作并对工人起到保护作用。每个工作舱都牢固地装在盾壳上,当掘进完一段隧道后,由螺杆将鞍形框架向前推进,紧接着在后部砌砖。

由于开始时,没有掌握抵制泥水涌入隧道的方法,隧道施工因被淹而停工。1828年1月12日,第一次出现洪水停工。伦敦地下铁道公司的卡洛丹(Callodam)曾向布鲁内尔提出采用压缩空气的建议,然而布鲁内尔未采纳。在经历了五次特大洪水后,直到1843年才完成了这条全长只有370m的隧道。

盾构最初称为小筒(cell)或圆筒(cylinedr)。1866年,莫尔顿在申请专利中第一次使用了"盾构"(shield)这一术语。

2. 圆形盾构的开发

1869年,英国人詹尼斯·亨利·格瑞海德(Janes Heary Greathead)用圆形盾构再次在泰晤士河底修建了一条外径为2.18m,长402m的隧道,并第一次采用了铸铁管片。由于隧道基本上是在不透水的黏土层中掘进,所以在控制地下水方面没有遇到什么困难。格瑞海德圆形盾构后来成为大多数盾构的模型。图1-12为用于修建罗瑟希德(Rotherhithe)隧道的直径9.35m格瑞海德圆形盾构。

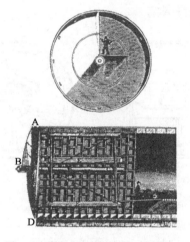

图1-11　布鲁内尔螺旋盾构(1818年)　　图1-12　格瑞海德圆形盾构

3. 泥浆盾构的开发

1874年,詹尼斯·亨利·格瑞海德(Janes Heary Greathead)开发了液体支撑隧道工作面的盾构(图1-13),通过液体流,土料以泥浆的形成排出。

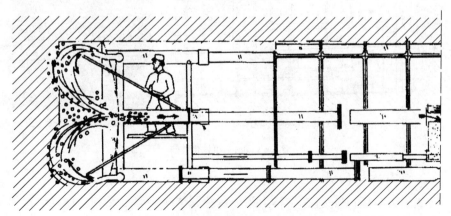

图1-13　格瑞海德泥浆盾构(1874年专利)

4. 压缩空气的使用

劳德·考克让施(Lord Cochrane)按照1828年卡洛丹向布鲁内尔提出的建议,于1830年发明了气闸,它能使人们从常压空间进入到加压的工作舱。1879年,在安特卫普首次采用压缩空气掘进隧道,但未使用盾构。

1886年,詹尼斯·亨利·格瑞海德(Janes Heary Greathead)在伦敦地下施工中将压缩空气方法与盾构掘进相结合使用。压缩空气在盾构掘进中的使用,是在承压水地层中掘进隧道的一个重大进步,填补了隧道施工的空白,促进了盾构在世界范围内的进一步推广。

5. 机械化盾构的开发

在布鲁内尔开发盾构之后的另一个进步是用机械开挖代替人工开挖。第一个机械化盾构的专利是1876年英国人约翰·迪金·布伦顿(John Dickinson Brunton)和乔治·布伦顿(George Brunton)申请的。这台盾构采用了半球形旋转刀盘,开挖渣土落入径向装在刀盘上的料斗中,料斗将渣土转运到皮带输送机上,如图1-14所示。

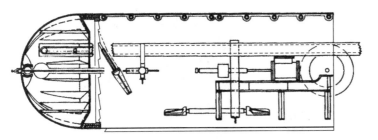

图1-14　Brunton机械化盾构(1876年专利)

1896年,英国人普莱斯(Price)开发了一种辐条式刀盘机械化盾构,并于1897年成功地应用在伦敦的黏土地层施工中。它第一次将格瑞海德圆形盾构与旋转刀盘结合在一起,在4个辐条式刀盘上装有切削工具,刀盘通过一根长轴由电机驱动,如图1-15所示。

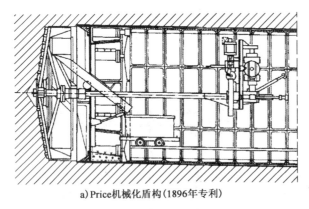

a) Price机械化盾构(1896年专利)　　b) Markham公司Price机械化盾构

图1-15　Price机械化盾构

6. 第一台德国盾构的开发

1896年,德国人哈姬(Haag)在柏林为第一台德国盾构申请了专利。这是一台用液体支撑隧道工作面并把开挖舱密封作为压力舱的盾构。如图1-16所示。

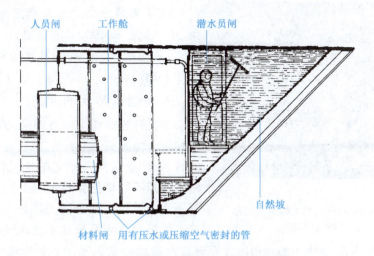

图 1-16　德国 Haag 泥浆盾构(1896 年专利)

7. 泥水加压盾构的开发与应用

最初的泥浆盾构通过喷射水流,将土料以泥浆的形成排出,但水不能支护开挖面,无法阻止开挖面不停地流动。这种情况与充满水的挖槽相类似,从而提出在开挖面用类同槽壁法的支护,而膨润土泥浆可在无黏聚力土槽沟中支护掘出的开挖面,这样就诞生了泥水加压平衡盾构。

1964 年,英国人莫特·海(Mott·Hay)、安德森(Anderson)和约翰·巴特利特(John·Bartlett)申请了泥水加压平衡盾构的专利。但由于英国当时缺乏能适合促进这种技术的隧道工程,这种技术的发展受到了限制。

1967 年,第一台用刀盘切削土体和水力出渣的泥水盾构在日本投入使用,这台盾构由三菱公司制造,其直径为 3.1m。

1970 年,日本铁道建设公司在京叶线森崎运河下羽田隧道工程中采用了直径为 7.29m 泥水盾构施工,施工长度为 1712m,施工获得了极大成功,这是当时直径最大的泥水盾构。

随后,德国 Wayss & Freytag 公司意识到膨润土技术所具有的潜在发展前途,开发了德国的第一台泥水盾构,并于 1974 年在德国汉堡首次使用了这种盾构开挖 4.6km 长的污水管道。

8. 土压平衡盾构的开发

1963 年,日本 Sato Kogyo 公司首先开发出土压平衡盾构,如图 1-17 所示。

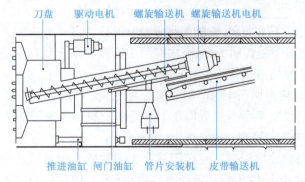

图 1-17　日本 Sato Kogyo 公司开发的土压平衡盾构(1963 年)

图 1-18 日本使用的第一台土压平衡盾构
(IHI 公司 1974 年制造)

1974年第一台土压平衡盾构在日本东京使用,用于掘进长1900m的隧道,该盾构由日本IHI(石川岛播磨)公司制造,其外径为3.72m,其外形见图1-18。

9. 多模式盾构的开发

根据开挖面稳定以及掘进、出土模式的不同,盾构可分为敞开式、半敞开式、土压平衡式、泥水式等,它们都适用于相应的土层结构。当某一段隧道穿越不同地层结构时,以上任一形式的盾构都不适于单独将此段隧道掘进贯通,而要根据相应土层情况采用两台或多台盾构,在隧道段掘进长度较短时很不经济,或由于条件限制使布置多台盾构非常困难。此时需将以上不同形式的盾构进行组合,在结构空间允许的情况下,将不同形式盾构的功能部件同时布置在一台盾构上,掘进过程中可根据地质情况变化进行功能或工作模式的切换。这种在不同的地层经转换后可以以不同的工作模式运行的盾构称为多模式盾构。多模式盾构主要是由德国针对欧洲的地质条件开发的。1985年,Wsyss & Freytay公司和海瑞克公司申请了多模式盾构专利。它以Wsyss & Freytay公司拥有专利的泥水盾构为基础,有其独特的沉浸墙/压力隔板结构。通过转换,可以以土压平衡或压缩空气盾构模式运行。1993年9月,第1台外径为7.4m的多模式盾构用在巴黎一段长1600m、穿过三种完全不同地层的隧道,它可以从泥水式转换到土压平衡式或敞开式。多模式盾构可以根据土层地质和水文条件做调整,其本质上是对开挖面支撑方式以及刀具布置、排土机构进行调整。多模式盾构的组合模式有压缩空气/敞开式、泥水式/敞开式、土压平衡式/敞开式、泥水式/土压平衡式、敞开式/泥水式/土压平衡式等。由于隧道和盾构空间有限,工作模式的转化一般在竖井里进行。在城市地铁的建造中,隧道掘进一般由车站分成长度为0.5~2km的区间,可以在适当的站点进行工作模式转换。

二、中国盾构发展历程

中国从1953年才开始盾构与盾构法施工的探索,中国盾构技术近70年的发展主要经历了三个时期,具体为黎明期(1953~2002年)、技术创新期(2003~2008年)、技术跨越发展期(2009年至今)。

1. 中国盾构黎明期

1953~2002年期间,是中国盾构的黎明期,中国致力于"造中国人自己的盾构"。1953年,东北阜新煤矿开发出手掘式盾构,从而揭开了中国盾构从无到有的历史。

(1) 手掘式盾构开发与应用

我国盾构的开发与应用始于1953年,与国外相比,晚了128年。

1953年,东北阜新煤矿用手掘式盾构及小混凝土预制块修建了直径2.6m的疏水巷道,这是我国首条用盾构法施工的隧道。

1962年2月,上海城建局隧道工程公司结合上海的软土地层对盾构进行了系统的试验研究。研制了1台直径4.16m的手掘式普通敞胸盾构(图1-19),在两种有代表性的地层进行掘进试验,用降水或气压来稳定粉砂层及软黏土地层。在经过反复论证和地面试验之后,选用由螺栓连接的单层钢筋混凝土管片作为隧道衬砌,环氧煤焦油作为接缝防水材料。隧道掘进长度为68m,试验取得了成功,并采集了大量的盾构法隧道数据资料。

(2) 网格挤压式盾构开发与应用

1965年3月,上海隧道工程设计院设计、江南造船厂制造的2台直径5.8m的网格挤压盾构(图1-20),于1966年完成了2条平行的隧道,隧道长660m,地面最大沉降达10cm。

图1-19 上海城建研制的手掘式盾构(1962年)

图1-20 江南造船厂制造的直径5.8m网格挤压盾构(1965年)

1966年5月,中国第一条水底公路隧道——上海打浦路越江公路隧道工程主隧道采用由上海隧道工程设计院设计、江南造船厂制造的直径10.22m网格挤压盾构施工(图1-21),辅以气压稳定开挖面,在水深为16m的黄浦江底顺利掘进隧道(图1-22),掘进总长度1322m。打浦路隧道于1970年底建成通车。此次所用的网格盾构有所改进,敞开式施工可转换为闭胸式施工。

1973年,采用1台直径3.6m的水力机械化出土网格盾构和2台直径4.3m的网格挤压盾构,上海金山石化总厂修建了1条污水排放隧道和2条引水隧道。1980年,上海市进行了地铁1号线试验段施工,研制了1台直径6.412m网格挤压盾构,采用泥水加压和局部气压施工,在淤泥质黏土地层中掘进隧道1130m。

图1-21 江南造船厂制造的直径10.22m网格挤压盾构(1966年)

1982年,上海外滩的延安东路北线越江隧道工程1476m圆形主隧道采用上海隧道股份设计、江南造船厂制造的直径11.3m网格挤压水力出土盾构施工(图1-23)。盾构采用网格胸板支承挤压、进土水力冲切和水力机械输送的挖土方式。盾构的推力依靠支承环周围的48只推进油缸提供,最大推力可达108000kN。

(3) 插刀盾构开发与应用

1986年,中铁隧道集团(现为"中铁隧道局集团有限公司",以下简称"中铁隧道集团")研制出半断面插刀盾构(图1-24),并成功用于修建北京地铁复兴门折返线。

半断面插刀盾构将"盾构法"与"浅埋暗挖法"紧密结合,取消了小导管超前注浆,在盾构

图 1-22　上海打浦路隧道工程施工

图 1-23　江南造船厂制造的 φ11.3m 网格型水力机械出土盾构(1982 年)

图 1-24　半断面插刀盾构(1986 年)

壳体和尾板的保护下,进行地铁隧道上半断面的开挖。

半断面插刀盾构能全液压传动、电控操作,可自行推进、转向、调头,能有效控制地面沉降,减轻工人劳动强度,施工速度较快,日均进尺达 3~4m。

(4) 土压平衡盾构开发与应用

1987 年 12 月,上海造船厂制造出我国首台 φ4.35m 加泥式土压平衡盾构(图 1-25),由上海隧道公司于 1988 年 1~9 月成功应用于上海市南站过江电缆隧道工程,穿越黄浦江底粉砂层,掘进长度 583m。该盾构填补了我国加泥式土压平衡盾构制造的空白,总体技术达到了 20 世纪 80 年代初国际先进水平,1990 年获得国家科技进步一等奖。

继自主开发直径 4.35m 加泥式土压平衡盾构,并成功应用于上海市南站过江电缆隧道、福州路电缆隧道之后,1988 年,上海又自主开发研制了当时我国直径最大的新一代土压平衡式盾构——直径 5.64m 的土压平衡式盾构(图 1-26),盾构装备全部国产化,在较先进的加工、焊接、组装等技术方面反映出上海盾构制造技术已走上了新的台阶。该设备在隧道建设中,施工速度快、工程质量高,能够达到有关规定标准。1990 年 9 月 27 日,上海科学技术委员会组织召开了技术鉴定会,经国际检索,该盾构的设计、制造和施工方面的各项技术经济指标都达到了国外同类产品 80 年代先进水平。盾构主要技术参数:外径 5640mm,盾尾内径 5560mm,

盾尾间隙30mm,主机长度6921mm(加螺旋输送机9500mm),总推力35280kN,刀盘转速0~0.74r/min,扭矩3600kN·m(最大)、2870kN·m(额定)。

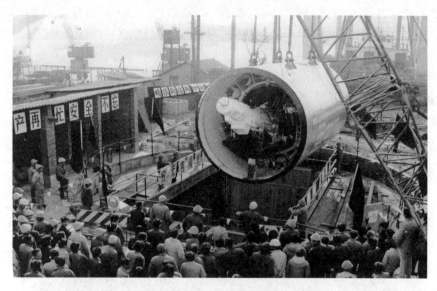

图1-25 上海造船厂制造 ϕ4.35m加泥式土压平衡盾构(1987年)

图1-26 上海自主研制的 ϕ5.64m加水型土压平衡盾构(1988年)

ϕ5.64m土压盾构应用于上海吴泾热电厂排水隧道,隧道采用装配式钢筋混凝土管片,外径5.5m,内径为4.84m。隧道到达尽端后,拆除盾构内部设备,将盾壳留在隧道,在终端约35m范围设置6座立管出水口,出水口位于浦东潘家港上游60m附近,用垂直顶升法建造出水口。

上海自行开发研制的直径5.64m土压平衡式盾构是在总结了20年来盾构设计、制造、施工的基础上,根据国际上盾构发展趋势而研制的一种新型盾构,也是当时国内直径最大的加水型土压平衡式盾构。盾构的总体设计合理,刀盘结构新颖、切削硬土能力强,螺旋输送机排泥性能良好,采用了具有自整定和预整定功能的土压平衡控制系统,性能稳定可靠。盾构采用了分解几个单元体制造和工地总装,简化了工艺,降低了造价,缩短了加工周期。盾壳制造采用胎架上半圆成型,再半圆合拢的工艺,无须精加工,其精度达到设计要求。该盾构应用于吴泾热电厂六期扩建工程排水隧道,施工中推进655m,其中包括326m暗绿色亚黏土硬土层。实践证明掘进施工性能良好,土压平衡效果良好,对周围土层扰动小,有效地控制了地面沉降和保护了邻近的煤码头。

1990年,上海地铁1号线工程全线开工,18km区间隧道采用7台由法国FCB公司、上海隧道工程股份有限公司、上海隧道工程设计院、沪东造船厂联合制造的 $\phi6.34m$ 土压平衡盾构(图1-27)。每台盾构月掘进200m以上,地表沉降控制在 $-3\sim1cm$。

图1-27 沪东造船厂与法国FCB公司联合制造的 $\phi6.34m$ 土压平衡盾构"友谊号"(1990年)

1995年,上海地铁2号线24.12km区间隧道开始掘进施工,再次使用原有的7台土压平衡盾构和从法国FMT公司引进了2台土压平衡盾构,以及由法国FCB公司、上海隧道工程股份有限公司、上海隧道工程设计院、沪东造船厂联合制造1台 $\phi6.34m$ 的土压平衡盾构"开拓号"(图1-28)。2号线共使用了10台土压平衡盾构施工。

图1-28 $\phi6.34m$ 土压平衡盾构"开拓号"(1995年)

2. 中国盾构技术创新期

2003~2008年期间,是中国盾构技术的创新期,国家科技部将盾构技术研发列入国家高技术研究发展计划(国家"863"计划,下同),盾构的自主研发正式进入实施阶段。这一时期,中国致力于"造中国最好的盾构",实现了中国盾构从有到优的历史突破。

(1)国家"863"计划概述

国家"863"计划在盾构技术领域重点开展了以下研究,详见表1-2。

国家"863"计划有关盾构技术研究课题 表1-2

序号	课题名称	课题牵头单位	专项经费(万元)	起止时间
1	φ6.3m全断面隧道掘进机研究设计	中铁隧道集团	100	2002.8~2003.7
2	盾构掘进机刀盘刀具与液压驱动系统关键技术研究及其应用	中铁隧道集团	750	2003.1~2004.12
3	砂砾复合地层盾构切削与测控系统关键技术研究及应用	中铁隧道集团	650	2005.7~2006.9
4	大直径泥水盾构消化吸收与设计	中铁隧道集团	700	2005.7~2006.12
5	土压平衡盾构主轴承	洛阳LYC轴承有限公司	362	2007.8~2010.8
6	土压平衡盾构大功率减速器	中信机械有限公司	340	2007.10~2010.8
7	土压平衡盾构大排量液压泵	贵阳力源液压厂	360	2007.10~2010.8
8	掘进机综合试验平台	沈阳重型机械集团	700	2007.10~2010.8
9	复合盾构样机研制	中铁隧道集团	900	2007.10~2009.9
10	大直径泥水盾构样机研制	上海隧道股份	957	2007.10~2010.8
11	全断面隧道掘进共性技术	浙江大学	3849	2012.1~2015.12
12	大直径硬岩隧道掘进装备(TBM)关键技术研究及应用	中国铁建重工集团	4985	2012.1~2015.12
13	超大直径泥水盾构关键技术研究及应用	中铁隧道集团	1622	2014.1~2017.12

(2)土压平衡盾构研究设计

2002年8月,科技部将"φ6.3m全断面隧道掘进机研究设计"列入国家"863"计划,通过公开招标,课题由中铁隧道集团牵头,联合浙江大学、洛阳工学院、中国第一重型机械集团公司、西南交通大学等国内相关技术的优势单位,组成动态技术联盟,对φ6.3m土压平衡盾构开展了技术攻关。在国家"863"计划的引导下,完成了φ6.3m土压平衡盾构的主机结构、液压传动系统、电气系统、后配套系统等研究设计;完成了盾构系统刀具的研究设计、开发与制造,完成了盾构泡沫添加剂、盾尾密封油脂的开发应用研究,并实现了产品化。通过研究,完成主机设计文件3册,螺旋输送机设计文件1册,管片拼装机设计文件1册;完成主机设计图纸5册,管片拼装机设计图纸1册,螺旋输送机设计图纸1册,后配套设计图纸3册,流体传输设计图纸1册,共计11册。

(3)刀盘刀具与液压驱动开发及应用

2002年底,科技部将"盾构掘进机刀盘刀具与液压驱动系统关键技术研究及其应用"列入国家"863"计划。通过公开招标,课题由中铁隧道集团牵头,联合浙江大学、中信重工机械有限责任公司、洛阳九久技术开发有限公司、中铁隧道勘测设计院、上海隧道工程股份有限公司进行技术攻关。通过攻关,研究出了具有宽泛地质适应性、开口率可调节的盾构刀盘,研究了刀具用钢合金元素的调整及热处理方法,研究了盾构液压推进系统与刀盘液压驱动系统的集成技术,采用负载敏感控制、液压泵恒功率控制、全局功率自适应等技术,实现了盾构液压动力传动与控制系统的优化设计,并开展了示范性应用。2004 年 7 月 15 日,研制的刀盘及刀具(图1-29)和液压系统成功用于上海地铁 2 号线进行工业试验,实现连续掘进 2650m,平均月掘进 331m,最高月掘进 470m,达到了项目各项指标要求。2005 年 3 月 26 日,上海地铁 2 号线西延伸工程盾构区间隧道成功贯通,标志着中铁隧道集团牵头承担的国家"863"计划在刀盘刀具与液压驱动开发及应用方面取得阶段性成果。

(4)中国首台具有自主知识产权的地铁土压平衡盾构

2004 年 10 月,中国首台具有完全自主知识产权的地铁土压平衡盾构——"先行号"样机(图1-30),在上海地铁 2 号线西延伸段区间隧道始发掘进,打破了原来"洋盾构"一统天下的局面,结束了我国盾构长期依赖国外品牌的历史。

图 1-29 中铁隧道集团牵头研制的刀盘刀具

图 1-30 具有完全自主知识产权的"先行号"地铁土压平衡盾构

地铁土压平衡盾构"先行号"是上海隧道工程股份有限公司依托"十五"国家"863"项目研制出的国内首台全部自主设计、具有自主知识产权、属于"国家'863'先进制造与自动化领域机器人技术"的特种机器人,是中国地下掘进装备科技创新的代表作。该盾构外径 6.34m、最大总推力达 35200kN、推进速度达 6cm/min。它的设计原则:追求产品的高可靠性、适用性、可维护性和长寿命。经过艰苦的技术攻关,对其六大系统进行了技术创新:

①切削刀盘驱动系统:核心零部件采用世界上最先进的配套元件,保证盾构掘进机的可靠性和稳定性,运转寿命达 1 万 h 以上;

②推进系统:设计独特的油缸推进结构,改善管片受力状况,其可以根据施工状况,实施分区控制、无级调速,提高工作效率;

③拼装系统:自行研制遥控拼装机,降低作业人员的工作强度;

④同步注浆控制系统:自行研制柱塞式泥浆泵,由此组成的注浆控制系统达到国际同类产品的技术水平;

⑤盾尾密封系统:自行研制盾尾密封装置和油脂分配器,选用优质盾尾油脂泵,盾尾密封性能达到国际一流水平;

⑥自动控制系统:采用国际上最先进的 Q 系列 PLC 技术研发自动控制系统,它包括 1 个

主站、3个从站。

这些关键技术的创新,使该装备的主要技术指标均达到了国外同类盾构的先进水平,先后获得知识产权30余项。2004年10月,"先行号"盾构应用于上海地铁2号线西延伸段古北路—中山公园区间隧道施工,并于2005年6月28日完成了首次掘进,创造了国内地铁盾构日推进38.4m(进口盾构最快单日推进31.2m)、单月推进566.4m(进口盾构最快单月推进531m)的纪录,安全穿越了内环线高架、明珠线一期轻轨高架、人防通道以及污水箱涵等保护要求极高的诸多建构筑物。

2006年,该类盾构一举获得22台次的批量订单,产品先后应用于上海、郑州、杭州、南京、武汉等城市的地铁项目建设。同年,该产品被列入国家重点新产品、上海市重点新产品系列,获得国家科技进步一等奖。

国产地铁盾构的诞生得到了各级领导的高度重视,极大地加快了我国盾构产业化的进程,实现国家推行"863"计划的初衷——用国字号品牌挡住洋品牌的攻城略地。

(5)砂砾复杂地层关键技术研究

中铁隧道集团以国家"863"计划为依托,在完成针对上海软土地层土压平衡盾构关键技术研究的基础上,进一步扩大研究范围,以北京地铁4号线为工程对象,联合上海隧道工程股份有限公司、上海盾构设计试验研究中心有限公司、浙江大学、洛阳九久技术开发有限公司开展了适合砂砾复杂地层的刀盘刀具技术研究,通过掘进模拟试验,研制出了具有自主知识产权的复合式刀盘刀具切削系统及其磨损检测装置,以及盾构实时远程测控系统,以满足盾构在砂性土、卵石、砾岩交互的复杂地层条件下安全高效施工的要求。2005年12月,中铁隧道集团牵头研制的适用于砂砾复杂地层的土压平衡盾构刀盘(图1-31),成功应用于北京地铁4号线19标颐和园—圆明园区间。

(6)大直径泥水盾构技术消化吸收

为缩小我国在泥水盾构的设计、制造技术方面与国际先进水平的差距,科技部于2005年7月将泥水盾构的研究列入"863"计划,对大直径泥水盾构消化吸收与设计课题进行了专题立项。本项目由中铁隧道集团为主承担,并取得了以下成果:

①在消化吸收国外大直径泥水盾构技术的基础上,依托南水北调中线一期穿黄工程,开展了泥水盾构的掘进系统和管片拼装机等设计制造的研究工作,完成了直径9m泥水盾构总体设计图、电气控制和泥水系统等系统设计图,在泥水系统接管器方面有创新,并申报了国家发明专利(ZL200610025637.1)。

图1-31 中铁隧道集团牵头研制的砂砾复杂地层刀盘

②在消化吸收武汉长江公路隧道引进的直径11.38m泥水盾构刀盘的基础上,根据南水北调中线一期穿黄工程具体地质条件,开展了泥水盾构刀盘刀具的结构设计、刀盘磨损极限检测系统和主驱动密封等关键技术的研究,完成了直径9m泥水盾构刀盘的设计,在优化设计方面取得了进展。

③研制出了具有自主知识产权的直径2.5m盾构控制系统模拟试验平台(图1-32)。申请了"盾构控制系统检测试验台"国家发明专利(200610160040.8)。盾构控制系统试验台的研制成功为盾构的研发奠定了基础。

图 1-32 中铁隧道集团研制的泥水盾构控制系统检测试验台

(7) 复合土压平衡盾构研制与应用

制造出能够在软土、风化岩、软硬不均地层、砂层及砂卵石地层等不同地质条件下掘进的复合盾构,是中国盾构设计和制造者的夙愿。2008 年 4 月 26 日,依托国家"863"计划,由中铁隧道集团隧道设备制造公司(中铁工程装备集团有限公司的前身)牵头,浙江大学、华中科技大学、天津大学共同参与研制的复合盾构——中国中铁 1 号(图 1-33),成功地实现了从"造中国人自己的盾构"到"造中国最好的盾构"历史性跨越的这一梦想,成为我国首台具有自主知识产权的复合盾构。

该盾构直径 6.4m、最大推进速度 80mm/min、最大推进力 32000kN、油缸推力 989kN、总推力 31650kN、刀盘功率 630kW、扭矩 4377kN·m、脱困扭矩 5225kN·m。该盾构在刀盘刀具适应性设计、分布式 I/O 系统控制技术、渣土改良系统技术等方面进行了突破创新,成功掌握了复合盾构设计与集成技术、六自由度管片安装机设计技术、螺旋输送机结构优化设计技术、带压进舱安全系统设计技术、复合式渣土改良系统技术等关键技术,获国家发明专利 3 项、实用新型专利 8 项、软件著作权 1 项。

图 1-33 "中国中铁 1 号"盾构出厂仪式

"中国中铁 1 号"成功应用于天津地铁轨道交通 3 号线营口道站—和平路站盾构区间(图 1-34、图 1-35),成功穿越张学良旧宅、"瓷房子"、范竹斋旧居、天津电报总局、辽宁路住宅、久大精盐公司、渤海大楼等多座老式标志性建筑集中的复杂繁华城区,施工中最大掘进速度达到 18m/d。

2009 年 7 月 18 日,由河南省科技厅组织的专家对该成果进行了鉴定,认为"成果达到了国际先进水平,在复合刀盘刀具研制和泡沫同步注入技术方面达到了国际领先水平,项目具有很大的经济、社会和环境效益"。"中国中铁 1 号"的研制填补了我国在复合盾构领域的空白,打破了国外技术垄断,开启了中国盾构自主研发、设计、制造并应用于施工的新篇章,为我国盾构产业化迈出了关键性的第一步。2011 年,该成果获河南省科技进步一等奖。

图1-34 "中国中铁1号"始发

图1-35 "中国中铁1号"天津地铁3号线营和区间贯通

(8) 大直径泥水盾构研制与应用

2008年12月26日,在世博配套工程——上海打浦路复线隧道工地,一台直径为11.22m 的国产大型泥水平衡盾构"进越号"(图1-36)静等发力。这标志着国产盾构产业化又迈出了坚实的一步,也是上海隧道继具有完全自主知识产权的"先行号"盾构批量生产后,在盾构设计制造技术上的又一次突破。

2007年8月,科技部在"十一五"的"863"计划中,设立了大型泥水平衡盾构关键技术与样机研制的项目。有了"先行号"盾构的经验积累,上海隧道工程有限公司牵头,联合浙江大学与中铁隧道集团,成功研制出具有完全自主知识产权的国产大直径泥水平衡盾构,并在同步注浆系统、管片拼装机、泥水系统、电气控制系统等核心关键技术上取得了重大突破,更添加了人性化设计,使整台盾构更为可靠、耐用、稳定、易于操作,同时具有良好的性价比和完善的售后服务。实

图1-36 大直径泥水盾构"进越号"诞生

际操作中,成功地将泥水压力的波动幅度平稳控制在0.01MPa以内,优于当时的国际水平,保证了盾构掘进过程中开挖面的稳定,满足了特殊的环境保护要求。

通过研究,大直径泥水盾构成套装备关键技术在大型盾构掘进模拟试验平台、模拟盾构试验模拟土箱、盾构管片储运机、六自由度管片拼装机、接管装置、进出洞洞门密封装置、隧道管片纠偏选型方法、盾构掘进姿态实时测量系统等方面具有重大创新,授权国家发明专利12项,实用新型专利1项,开发了盾构通用数据采集软件V1.0、盾构施工信息可视化分析软件V1.0、盾构掘进自动测量系统V1.0、盾构管片纠偏选型系统V1.0等4项软件,并注册了软件著作权4项,荣获2010年中国国际工业博览会金奖第一名。作为自主创新跨越发展的标志性成果,大直径泥水盾构成果成功入选"十一五"国家重大科技成就展,标志着我国在大直径泥水盾构自主创新方面取得了重大突破,开创了我国盾构领域的又一新篇章。主要创新成果如下:

①盾尾密封系统:设置22个感应点,实时监控盾尾油脂压力,在确保施工安全的同时,有效保证盾尾密封可靠性,节省油脂的消耗。

②同步注浆系统:自动实时监控流量和注浆压力,真正实现与推进同步,有效控制地表沉降,稳定成型隧道。

③管片拼装机:采用真空吸盘夹取管片的结构形式,提高拼装机的安全性;创新设计吸盘可拆卸功能,满足不同宽度尺寸的管片拼装需要;具有六自由度控制,提高管片拼装质量。

④泥水处理与输送系统:科学配置泥水输送泵组,智能控制可变速渣浆泵及泥水控制阀组。

⑤控制系统软件:配备自主设计开发的泥水盾构控制系统。

⑥电气系统:提供总线通信控制方式与工业以太网通信方式两种通信网络;实现系统实时数据的采集、显示、存储、分析及远程传输,直观易懂;配备触摸式电气系统操作台,操作简单快捷。

⑦自行式接管机:首次将独创的自行式接管机车架运用于国内泥水平衡式盾构,确保接管时切口水压稳定,大大提高施工效率。

打浦路隧道复线工程,起自浦西中山南路—日晖东路交叉口,终于浦东耀华路—长清路交叉口,全长2.969km,位于第一条黄浦江越江隧道——打浦路隧道西侧。工程按照两车道规模建设,建成后将与打浦路隧道一起形成双向四车道,其中复线为浦西往浦东的单向通道,原打浦路隧道的2条车道将改为浦东往浦西的单向通道。

该工程需穿越700m宽的黄浦江,隧道覆土深,地下水压高,对盾构的制造工艺和安全保障要求极高。此外,该隧道有约442m长的超小半径(转弯半径380m)平曲线推进施工。在施工过程中,国产直径11.22m泥水平衡盾构开发了智能操作控制系统来进行实时监控,成功克服了近距离穿越打浦路隧道沉井段、长距离穿越黄浦江与大口径污水南干线以及380m小半径曲线段等难点,彰显了国产盾构的技术优势。

打浦路复线隧道所使用的国产第一台863泥水平衡盾构,施工效率高。掘进过程中,"进越号"穿越垂直净距离只有4.8mm的打浦路老隧道备用车道,在最大坡度达到4.8%的江中段下穿500m长的污水南干线,登陆浦西后穿越日晖港的防汛墙,又穿过大楼桩基群和复杂地下管线,在黄浦江底实现了半径380m的转弯,创造了当时国内大型泥水盾构最小转弯半径的纪录。"进越号"平均月进尺244m,泥水平衡压力控制精度等级为0.01MPa,故障停机率仅3.6%。此外,其压力波动、地表沉降、轴线精度等多项技术指标均领先于国外同类产品,在操作灵便性与稳定性等方面的综合指标均达到国际先进水平。

2009年9月9日,"进越号"盾构处女之作——上海打浦路复线隧道顺利贯通(图1-37),填补了我国在大直径泥水平衡盾构的设计、制造核心技术方面的空白,改变了大直径盾构完全依赖于进口的局面。从此,我国进入了具备大直径泥水盾构自主设计、制造和施工技术的盾构大国行列。

图1-37 "进越号"盾构成功贯通上海打浦路隧道复线工程

3. 中国盾构技术跨越发展期

2009年至今,中国盾构致力于"造世界最好的盾构",中国盾构技术从优秀到卓越,并走向国际,从2009年开始,中国进入盾构技术跨越发展期。在这一时期,中国盾构自主创新能力显著提高,在关键核心技术、试验平台研制、盾构产业发展等方面取得了重大突破。

在关键核心技术方面,以"盾构装备自主设计制造关键技术及产业化"项目为依托,围绕盾构施工的失稳、失效、失准等三大国际难题,攻克了稳定性、顺应性、协调性三大关键技术(图1-38)。针对失稳,研制出了压力动态平衡控制系统,提高了界面稳定性,有效防止了地面塌陷;针对失效,首创了载荷顺应性设计方法,降低了载荷对装备的冲击;针对失准,开发了盾构姿态预测纠偏技术,提高了隧道轴线精度。

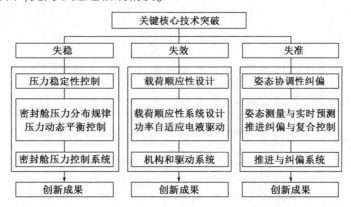

图1-38 关键核心技术突破(解决了失稳、失效、失准等三大国际难题)

在试验平台研制方面,研制出了多台具有自主知识产权的盾构技术科研仪器设备。建成了"盾构及掘进技术国家重点实验室"(图1-39)和"全断面掘进机国家重点实验室"(图1-40)等盾构技术先进制造领域的两个国家重点实验室。

图1-39 全国第二批首家建成的"盾构及掘进技术国家重点实验室"　　图1-40 全断面掘进机国家重点实验室内景

在盾构产业发展方面,土压平衡盾构、泥水平衡盾构、异形盾构和岩石掘进机(TBM)产业化取得重大突破,在中国巨大的盾构市场需求的拉动下,中国盾构制造企业迅速崛起。目前中国已有中铁工程装备集团有限公司(简称"中铁装备")、中国铁建重工集团有限公司(简称"铁建重工")、北方重工集团有限公司(简称"北方重工")、上海隧道工程有限公司机械制造分公司(简称"上海隧道")、中交天和机械制造有限公司(简称"中交天和")、辽宁三三工业有限公司(简称"三三工业")、三一重工股份有限公司、中信重工机械股份有限公司、中国船舶重工集团有限公司、中船重型装备有限公司、江苏锐成机械有限公司、大重、大起、二重、广重、北京华隧通掘进装备有限公司、首钢集团、湖北天地重工有限公司、杭州锅炉厂、上海沪东厂、上海重型机器厂有限公司、中车资阳机车有限公司、江苏凯宫隧道机械有限公司、安徽凯盛重工有限公司、重庆睿安特盾构技术股份有限公司等近30家企业涉足盾构制造业。其中最具竞争优势的是中铁装备、铁建重工、北方重工、上海隧道、中交天和、三三工业共6家优秀的盾构设计制造企业,所制造盾构的性能指标达到或超过国际同类产品,替代了进口设备,并出口新加坡、马来西亚、以色列、印度等国家。

◆思考题◆

1. 什么是盾构?其工作原理是什么?
2. 简述盾构法及其优缺点。
3. 简述盾构法的适用范围。
4. 世界盾构的发展历程划分为哪几个阶段?
5. 中国盾构的发展主要经历了哪几个时期?
6. 盾构按支护地层的形式怎么分类?
7. 盾构根据其断面形状怎么分类?
8. 盾构按直径大小怎么分类?

单元二

盾构选型

项目描述

主要介绍盾构选型的三角理论、盾构选型的基本原则、盾构选型的主要依据、盾构选型主要步骤,并结合具体工程介绍盾构选型相关案例。

学习目标

1. 知识目标

(1)掌握盾构选型的三角理论及基本原则;

(2)掌握盾构选型的主要依据及步骤。

2. 能力目标

(1)能够正确理解盾构选型的基本理论与原则;

(2)能够合理利用水文地质条件进行盾构选型。

盾构法是建造地下隧道最先进的施工方法之一，自从1825年布鲁内尔在英国泰晤士河下首次使用手掘式矩形盾构开挖世界上第一条盾构法隧道以来，盾构技术至今(2020)经历了195年的应用与发展。布鲁内尔指导建成的穿越泰晤士河的水下隧道，是世界上第一条水下铁路隧道，但布鲁内尔发明的世界上第一台盾构仅仅掘进370m长的隧道就历时18年，施工中经历了5次特大涌水，整个工程中有10人献出了生命。

目前盾构法几乎能够适用于任何地质条件及环境条件下的地下暗挖隧道施工，无论是松软的、坚硬的，有地下水的、无地下水的，有地面建(构)筑物的、无地面建(构)筑物的，有地下障碍物或地下管线的、无地下障碍物或地下管线的，基本上都可采用盾构法。

盾构法隧道施工技术在世界许多国家不断发展，但在推广与应用过程中出现了一些施工事故，不仅影响了整个工程的工期，还造成了极大的经济损失和不必要的人员伤亡。

盾构是根据工程地质、水文地质、地貌、地面建筑物及地下管线和构筑物等具体特征来"度身定做"的，盾构不同于常规设备，其核心技术不仅仅是设备本身的机电工业设计，还在于设备如何适用于所应用工程的各类地质条件和环境条件。盾构施工的成功率，主要取决于盾构的选型，决定于盾构是否适应现场的地质条件和施工环境，盾构的选型正确与否直接决定着盾构施工的成败。

任务一　盾构选型理论

一、盾构选型理论与原则

1. 三角理论

如图2-1所示，盾构选型三角理论总则是：以开挖面稳定为中心，以地质条件和环境条件为基本点；以地层粒径、渗透系数、地下水压为基本依据，并综合考虑具体工程实际；确保所选择的盾构能解决"稳得住、掘得进、排得出、耐得久"四个最根本问题。

2. 基本原则

盾构选型是盾构法隧道能否安全、环保、优质、经济、快速建成的关键之一。盾构选型的原则是安全性、技术性、经济性相结合，其首要原则是安全性，即以确保开挖面稳定为中心。为此，应注意地质条件(种类、强度、渗透系数、细颗粒含有率、粒径)及地下水条件，同时应充分明确场地条件、竖井周边的环境条件、施工线路上的地上及地下建(构)筑物条件、特殊场地条件等所

图2-1　盾构选型三角理论示意图

要求的功能，在此基础上，还必须连同技术性和经济性等一并考虑，才能选择出合适的盾构。如果选择错误，就不得不采用多余的辅助工法，还可能导致无法开挖及推进，甚至引发重大工程事故。盾构选型时主要遵循下列原则：

（1）应对工程地质、水文地质有较强的适应性，首先要满足施工安全的要求；

（2）安全可靠性、技术先进性、经济合理性相统一，在安全可靠的情况下，考虑技术先进性和经济合理性；

（3）满足隧道外径、长度、埋深、施工场地、周围环境等条件；

（4）满足安全、质量、工期、造价及环保要求；

（5）后配套设备的能力与主机配套，满足生产能力与主机掘进速度相匹配，同时具有施工安全、结构简单、布置合理和易于维护保养的特点；

（6）盾构制造商（专业制造、专业服务）的知名度、业绩、信誉和技术服务。

根据以上原则，对盾构的型式及主要技术参数进行研究分析，以确保盾构法施工的安全、可靠，选择最佳的盾构施工方法和选择最适宜的盾构。盾构选型是盾构法施工的关键环节，直接影响盾构隧道的施工安全、施工质量、施工工艺及施工成本，为保证工程的顺利完成，对盾构的选型工作应非常慎重。

二、盾构选型依据

1. 依据地层粒径选型

土压平衡盾构在不进行渣土改良及泥水盾构在不使用添加剂时，盾构类型与地层粒径的关系见图2-2。图中，左边深灰色区域为黏土、淤泥质土及细砂区，为土压平衡盾构最适用的颗粒级配范围；右边浅灰色区域为粗砂及砂砾区，为泥水盾构最适宜的颗粒级配范围。

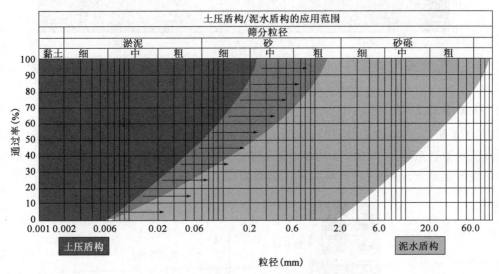

图2-2 盾构类型与地层粒径关系曲线

从图2-2可以看出，在不进行渣土改良的情况下，土压平衡盾构最适应的地层粒径范围为0.2mm以下（灰色区域），最多可以上延到约1.5mm（中灰色区域）地层粒径范围；而泥水盾构的粒径适应范围下起0.01mm，上至80mm（浅灰色区域）。

土压平衡盾构主要适宜于粉土、粉质黏土、淤泥质粉土和粉砂等黏稠土壤地层施工，在黏性土层中掘进时，由刀盘切削下来的土体进入土仓后再由螺旋机输出，并在螺旋机内形成压力梯降，以保持土仓压力稳定。一般来说，细颗粒含量多，渣土易形成不透水流塑体，容易充满土仓每个部位，能够在螺旋机内形成土塞效应，在土仓中可以建立压力来平衡开挖面的水土压力。当岩土中粉粒和黏粒的总量达到40%以上时，通常宜选用土压平衡盾构，否则选择泥水盾构比较合适。粉粒的绝对大小通常以 0.075mm 为界。

特别应注意的是,在依据地层粒径进行盾构选型时,应结合工程的具体情况。虽然土压平衡盾构和泥水盾构适应的地层粒径不同,如图 2-3 所示,在不进行渣土改良的情况下,土压平衡盾构适用于地层粒径范围为 1.5mm 以下的黏土、淤泥、砂质地层;在不使用添加剂时,泥水盾构适宜的地层粒径范围为 0.01～80mm 的淤泥、砂、砾石、卵石等多种地层,但若土压平衡盾构进行渣土改良或泥水盾构使用适当的添加剂时,则土压平衡和泥水盾构适应的范围是一样的。

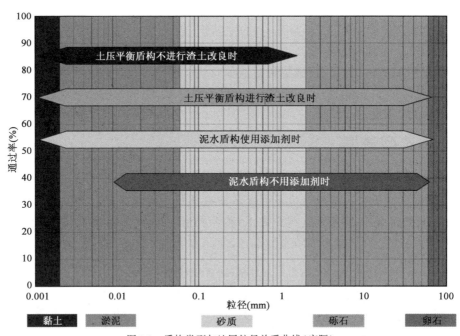

图 2-3　盾构类型与地层粒径关系曲线(实际)

2. 依据渗透系数选型

如图 2-4 所示,根据欧美的经验,当地层的渗透系数小于 10^{-7} m/s 时,宜采用土压平衡盾构;当地层的渗透系数大于 10^{-4} m/s 时,宜采用泥水盾构;当渗透系数在 10^{-7} m/s ～ 10^{-4} m/s 之间时,既可采用泥水盾构,也可采用土压平衡盾构。

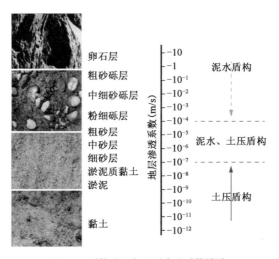

图 2-4　盾构类型与地层渗透系数关系

特别应注意的是,在依据渗透系数进行盾构选型时,应考虑具体的工程地质情况,根据日本的经验,当地层中黏土含量不足10%时,泥膜很难形成,开挖面易坍塌,这时,不宜采用泥水盾构,宜采用土压平衡盾构施工。

3. 依据地下水压选型

无论是地层粒径还是地层渗透系数,对土压平衡盾构的限制比对泥水盾构的限制要大,其根本原因是土压平衡盾构的压力平衡媒介是渣土、出渣方式是螺旋机。如果渣土的粒径太大、渗透系数太高就会造成两个主要后果:一是开挖面土层水的流失,不能建立压力平衡;二是螺旋机喷涌不能正常出渣。

如图2-5所示,土压平衡盾构采用螺旋输送机出渣,地层的压力经过土仓、螺旋输送机逐步衰减后,需要在到达螺旋输送机排渣口前,将压力降为大气压,否则就会发生喷涌。而泥水盾构前有泥膜防止地层中水的流失,后有排泥泵保压出渣,所以泥水盾构对高水压、高渗透性的地层,具有土压平衡盾构不具备的优势。

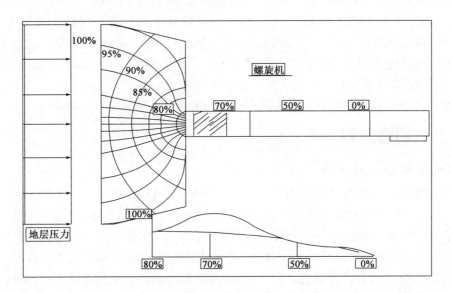

图2-5 土压平衡盾构压力衰减示意图

通常情况下,根据地下水压进行选型时,当地下水压小于0.3MPa时,宜采用土压平衡盾构;当地下水压大于0.3MPa时,宜采用泥水盾构。

特别应注意的是,在依据地下水压进行盾构选型时,应考虑具体的工程地质情况。一是当水压大于0.3MPa时,如因地质原因需采用土压平衡盾构,则需增大螺旋输送机的长度,或采用二级螺旋输送机;二是当渣土改良效果不能满足土塞效应需求时,在地下水丰富时,即使地下水压小于0.3MPa,也不宜采用土压平衡盾构。在这类地层进行盾构法施工,虽然地下水压小于0.3MPa,若采用土压平衡盾构,盾构在该地层下掘进时,渣土和水处于分离状态,渣土在螺旋输送机内无法阻塞减压,无法形成土塞效应,即使使用双螺旋输送机,一旦螺旋机舱门开启出渣,依然会在水压的作用下发生螺旋输送机喷涌,导致开挖面压力无法稳定。若采用保压泵,虽然可以稳定开挖面压力,但螺旋机输出来的渣土含有大量的大粒径石块,保压泵无法处理,渣土同样无法排除。

任务二　盾构选型主要步骤

(1) 在对工程地质、水文地质条件、周围环境、工期要求、经济性等充分研究的基础上选定盾构的类型。根据围岩的自稳性对敞开式、闭胸式盾构进行比选;根据地质条件对软土盾构、复合盾构进行比选。

(2) 在确定选用闭胸式盾构后,根据地层的粒径、渗透系数、地下水压以及环保、辅助施工方法、施工环境、安全等因素对土压平衡盾构和泥水盾构进行比选。

(3) 在土压平衡盾构和泥水盾构都不能满足开挖面稳定的要求时,则应考虑选择多模式盾构。

(4) 根据详细的地质勘探资料,对盾构各主要功能部件进行选择和计算、设计(如刀盘驱动形式,刀盘结构形式、开口率,刀具种类与配置,螺旋输送机的形式与尺寸,沉浸墙的结构设计与泥浆门的形式,破碎机的布置与形式,送排泥管的直径等),并根据地质条件等确定盾构的主要技术参数。盾构的主要技术参数在选型时应进行详细计算,主要包括刀盘直径,刀盘开口率,刀盘转速,刀盘扭矩,刀盘驱动功率,推力,掘进速度,螺旋输送机功率、直径、长度,送排泥管直径,送排泥泵功率、扬程等。

(5) 根据地质条件选择与盾构掘进速度相匹配的盾构后配套施工设备。

一、主机构造选型

1. 刀盘结构形式的选择

刀盘主要具有三大功能:①开挖功能:刀盘旋转时,刀具切削隧道掌子面的土体,对掌子面的地层进行开挖,开挖后的渣土通过刀盘的开口进入土仓;②稳定功能:支撑掌子面,具有稳定掌子面的功能;③搅拌功能:对于土压平衡盾构,刀盘对土仓内的渣土进行搅拌,使渣土具有一定的塑性,然后通过螺旋输送机将渣土排出;对于泥水盾构,通过刀盘的旋转搅拌作用,将切削下来的渣土与膨润土泥浆充分混合,优化了泥水压力的控制和改善了泥浆的均匀性,然后通过排泥管道将开挖的渣土以流体的形式,泵送到设在地面上的泥水分离站中。

刀盘的结构形式主要有面板式和辐条式两种,具体应用时应根据施工条件和土质条件等因素决定。

对于土压平衡盾构,采用面板式刀盘(图2-6)时,由于泥土流经刀盘面板的开口进入土仓,盾构掘进时土仓内的土压力与开挖面的土压力之间产生压力降,且压力降的大小受面板开口的影响不易确定,从而使得开挖面的土压力不易控制。面板式刀盘的优点是通过刀盘的开口限制进入土仓的卵石粒径,缺点是由于受刀盘面板的影响,开挖面土压≠测量土压,因而土压管理困难;由于受面板开口率的影响,渣土进入土仓不顺畅、易黏结和堵塞,且刀具负荷大,使用寿命短。在黏土层施工时,如果采用面板式刀盘,则由于刀盘支承将土仓分隔成两个区域,当刀盘旋转切削土体时,中心区域以外部分的土体流动顺畅,易于搅拌;中心区域内的土体流动较差,当切削土体黏性较大并长期积聚于中心区域时,中心区域内的土体逐渐增多并最终形成泥饼,会完全丧失流动性,造成出土不畅、阻力增大、开挖面压力控制不稳定,对控制地面沉降不利。

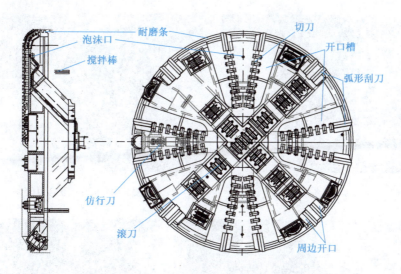

图 2-6 用于风化岩及软硬不均地层的面板式刀盘

辐条式刀盘(图 2-7)仅有几根辐条,土、砂流动顺畅,有利于防止黏土附着,不易黏结和堵塞;由于没有面板的阻挡,渣土从开挖面进入土仓时没有土压力的衰减,开挖面土压=测量土压,因而能对土压进行有效的管理,能有效地控制地面沉降;同时刀具负荷小,寿命长。辐条式刀盘仅有几根辐条,切削下来的土体直接进入土仓,没有压力损失,同时在辐条后设有搅拌叶片,土、砂流动顺畅,土压平衡容易控制。因此辐条式刀盘对砂、土等单一软土地层的适应性比面板式刀盘较强;辐条式刀盘也能安装滚刀(图 2-8),在风化岩及软硬不均地层或硬岩地层掘进时,也可采用辐条式刀盘。

图 2-7 无滚刀的辐条式刀盘

图 2-8 装有滚刀的辐条式刀盘

常见地层刀盘结构形式选型:

(1)砂层、砂砾层、小粒径砂卵石地层:对刀盘刀具磨损较大,渣土改良较困难,不利于保持土压平衡,宜采用辐条式刀盘(图 2-9)。辐条式大开口率(70%~75%),易于进渣和控制土压平衡,有利于减小刀具磨损。

(2)岩石地层:盾构在岩石地层施工时,刀盘需具有较强的破岩能力,宜采用面板式复合刀盘(图 2-10)。

(3)黏土层:黏土层具有泥饼形成堵仓的先天条件,宜采用小面板辐条式刀盘(图 2-11)。

(4)大粒径卵石层:卵石地层对刀盘的磨损大,特别是大直径卵石不易破碎,宜采用辐条式复合刀盘(图 2-12)。

图 2-9 辐条式刀盘

图 2-10 面板式复合刀盘

图 2-11 小面板辐条式刀盘

图 2-12 辐条式复合刀盘

2. 刀具选型

盾构的掘进刀具一般按以下进行分类：①滚压破岩：球齿滚刀、楔齿滚刀、盘形滚刀；②切削破岩：切刀、先行刀；③辅助刀具：周边刮刀、仿形刀。

（1）滚刀

滚刀分为齿形滚刀和盘形滚刀。齿形滚刀主要有球齿滚刀和楔齿滚刀两种，常用于软岩；盾构上应用较广的是盘形滚刀。盘形滚刀按刀圈的数量分有单刃、双刃、多刃等三种形式（图2-13）。

图 2-13 单刃、双刃、多刃滚刀

在风化的砂岩及泥岩等较软岩地层时，一般采用双刃滚刀，较硬岩采用单刃滚刀。盘形滚刀按刀圈材质主要分为耐磨层表面刀圈、标准钢刀圈、重型钢刀圈、镶齿硬质合金刀圈滚刀等，并分别适应于不同的地层。

①耐磨层表面刀圈：适用于掘进硬度40MPa的紧密地层，硬度80~100MPa的断裂砾岩、砂岩、砂黏土等地层。

②标准钢刀圈:适用于掘进硬度 50～150MPa 的砾岩、大理石、砂岩、灰岩地层。

③重型钢刀圈:适用于掘进硬度 120～250MPa 的硬岩,硬度 80～150MPa 的高磨损岩层,如花岗岩、闪长岩、斑岩、蛇纹石及玄武岩等地层。

④镶齿硬质合金刀圈:适用于掘进硬度高达 150～250MPa 的花岗岩、玄武岩、斑岩及石英岩等地层。

(2) 切刀

切刀安装在刀盘开口槽的两侧,也称刮刀。用来切削未固结的土壤,并把切削土刮入土仓中,刀具的形状和位置按便于切削地层和便于将土刮入土仓来设计,在同一个轨迹上一般有多把切刀同时开挖。切刀的宽度使得每把刀的切割削轨迹之间有一定的重叠。目前最有效的切刀为双层耐磨设计(图 2-14),配有双层碳钨合金刀齿以提高刀具的耐磨性,在第一排刀齿磨损后,第二排刀齿可以代替第一排刀齿继续发挥作用。同时在刀具的背部设有双排碳钨合金柱齿。切刀在刀盘上的安装采用背装式,可以从开挖仓内拆卸和更换。

(3) 先行刀

先行刀一般安装在辐条中间的刀箱中。采用背装式,可从土仓进行更换。先行刀超前切刀布置,使得先行刀超前先切削地层,从而保护切刀并避免其先切削到砾石或块石地层。先行刀主要有三种形式:贝壳刀(图 2-15)、齿刀和撕裂刀(图 2-16)。日本盾构通常采用贝壳刀,德国海瑞克公司盾构通常采用齿刀,加拿大罗威特公司和法国 NFM 公司盾构通常采用撕裂刀。

图 2-14　双层耐磨切刀　　　　图 2-15　先行贝壳刀

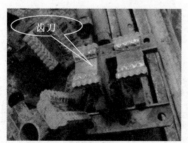

a)先行齿刀　　　　　　b)先行撕裂刀

图 2-16　先行齿刀和先行撕裂刀

先行刀在切刀接触地层之前特别是较硬的地层之前先松动地层。一般切削宽度较窄,从而使得先行刀在砾石地层等较硬的地层中有更高的切削效率。先行撕裂刀除先行将致密的土层松动外,同时还起着击碎砂卵石的作用,先行刀还能起到延长切刀寿命的作用。

先行撕裂刀也可采用双层耐磨设计,配有双层碳钨合金刀齿以提高刀具的耐磨性,在第一排刀具磨损后,第二排刀具可以代替第一排刀具继续发挥作用。同时在刀具的背部设有双排碳钨合金柱齿。

先行刀按刀盘双向转动设计,齿刀和撕裂刀可安装在一个特殊设计的刀箱中,允许根据刀盘的转动方向做适当的微动,这种微动的设计主要用来减少先行刀侧面的磨损。必要时,齿刀和撕裂刀的刀座可设计成与滚刀可互换的结构。

(4) 周边刮刀

也称铲刀,安装在刀盘的外圈,用于清除边缘部分的开挖渣土防止渣土沉积、确保刀盘的开挖直径以及防止刀盘外缘的间接磨损。该刀的切削面上设有一排连续的碳钨合金齿和一个双排碳钨合金柱齿,用于增强刀具的耐磨。确保即使在掘进几公里之后刀盘仍然有一个正确的开挖直径。周边刮刀采用背装式,可从土仓内进行更换。对周边刮刀而言,单排连续碳钨合金刀齿是足够的,因为周边刮刀仅其端部切削地层,而切刀在整个宽度范围切削地层。不同类型的周边刮刀如图 2-17 所示。

(5) 仿形刀

仿形刀(图 2-18)安装在刀盘的外缘上,通过液压油缸动作,采用可编程控制,通过刀盘回转传感器来实现。司机可以控制仿形刀开挖的深度(即超挖的深度),以及超挖的位置。例如:决定要对左侧进行扩挖以便盾构向左转弯时,那么仿形刀只需在左侧伸出,扩挖左侧水平直径线上、下 45°的范围便可以了。

a) 滚刀形仿形刀　　b) 柱形仿形刀

图 2-17　不同类型的周边刮刀　　　　图 2-18　仿形刀

3. 刀盘驱动方式的选择

刀盘的驱动方式有三种,一是变频电机驱动,二是液压驱动,三是定速电机驱动。鉴于定速电机驱动,刀盘转速不能调节,目前一般不采用。变频驱动与液压驱动的比较见表 2-1。

刀盘驱动方式比较表　　　　表 2-1

项　目	①变频方式	②液压方式	备　注
驱动部外形尺寸	大	小	一般:①:② = (1.5~2):1
后续设备	少	多	②需要液压泵、油箱、冷却装置等

续上表

项　　目	①变频方式	②液压方式	备　　注
效率(%)	95	65	液压传动效率低
起动电流	小	小	①变频起动电流小； ②无负荷起动电流小
起动力矩	大	小	①起动力矩可达到额定力矩的120%
起动冲击	小	较小	①利用变频软起动，冲击小； ②控制液压泵排量，可缓慢起动，冲击较小
转速控制、微调	好	好	①变频调速； ②控制液压泵排量，可以控制转速和进行微调
噪声	小	大	液压系统噪声大
隧道内温度	低	高	液压系统传动效率低，功率损耗大，温度高
维护保养	容易	较困难	②液压系统维护保养要求高，保养较复杂

　　液压驱动具有调速灵活、控制简单、液压马达体积小、安装方便等特点，但液压驱动效率低、发热量大。变频驱动具有发热量小、效率高、控制精确等优点，在工业领域应用较广。虽然目前的中小型盾构的刀盘驱动较常采用液压驱动，大直径盾构较常采用变频驱动，但由于变频驱动效率高，从节能环保及发展趋势来看，变频电机驱动方式将是刀盘驱动今后的发展方向。

二、施工辅助设备选型

　　盾构及后配套拖车以外的设备称为施工辅助设备。施工辅助设备因围岩条件、施工环境及施工方法的不同而不同，一般包括材料堆放场、渣土运输设备、材料运输设备、电力设备、照明设备、通信设备、通风设备、竖井升降设备、给排水设备、消防设备、砂浆拌和设备、地基加固设备、起重设备、始发(到达)与调头设备、泥水处理设备等。施工辅助设备应结合工程的特点和施工环境进行优化配备。

　　通风设备应符合以下要求：一次通风宜采用压入式通风，风管采用软管，管径根据隧道断面、长度、出渣方式确定；根据计算风量和风压，结合通风方式及布置选择通风设备，宜采用轴流式通风机；长距离通风时，为满足风压的要求，宜采用相同型号的风机等距离间隔串联方式。施工区域的风速不宜低于0.3m/s。

任务三　盾构选型案例

　　盾构选型主要依据工程地质及水文地质、区间隧道设计、施工条件、施工规范及相关标准，结合工程的特点和难点对盾构类型、驱动方式、功能要求、主要参数、辅设配置等进行研究，从安全性、可靠性、适用性、先进性、经济性等方面综合考虑。

一、土压平衡盾构选型案例

　　西安市轨道交通二号线试验段工程张家堡站—尤家庄站地处渭河二级阶地，地形平坦开阔,拟采用盾构法施工。盾构区间左线长 1450.75m,右线长 1450.6m;隧道埋深 13.6~21.6m。盾构区间穿越的地层主要为黄土、古壤土、砂性土,盾构在地下水位以下施工,且新黄土和砂性土渗透系数较大,因此不宜使用敞开的手掘式盾构或半机械式盾构,宜使用密闭型的土压平衡盾构或泥水加压平衡盾构。

1. 盾构类型与地层粒径的关系

本工程穿越地层主要为黄土、古壤土、砂性土,细颗粒含量多,渣土易形成不透水的流塑体,容易充满土仓的各部位,在土仓中可以建立压力平衡开挖面土体,根据盾构选型三大依据"盾构类型与地层粒径的关系"(图2-2),本工程较适宜采用土压平衡盾构施工。

2. 盾构类型与地层类别的关系

土压平衡盾构主要适用于粉土、粉质黏土、淤泥质粉土、粉砂层等黏稠土壤的施工,在黏性土层中掘进时,由刀盘切削下来的土体进入土仓后由螺旋机输出,在螺旋机内形成压力递降,保持土仓压力稳定,使开挖面土层处于稳定。泥水盾构利用循环悬浮液的体积对泥浆压力进行调节和控制,采用膨润土悬浮液(俗称泥浆)作为支护材料。开挖面的稳定是将泥浆送入泥水室内,在开挖面上用泥浆形成不透水的泥膜,利用该泥膜保持水压力,以平衡作用于开挖面的土压力和水压力。开挖的土砂以泥浆形式输送到地面,通过泥水处理设备进行分离,分离后的泥水进行质量调整,再输送到开挖面。

从地质条件来看,本工程可使用土压平衡盾构和泥水平衡盾构。但泥水盾构对黏土的分离较困难,施工成本高,因此本工程最适宜采用土压平衡盾构施工。

3. 选型结论

与土压平衡盾构相比,泥水盾构的造价要高出20%~30%;且泥水盾构需要长距离的送排泥泵,需在地面设置泥水分离站,导致能耗大幅度增加。同时黏性土分离困难,分离成本大,泥水盾构在施工中需要有一套完备的泥水处理系统与之配套,施工场地占地大,且易污染环境。经综合对比分析,选用土压平衡盾构最能适合西安的地质,能确保安全、优质、高效、经济地完成区间隧道工程施工。

二、泥水盾构选型案例

北京铁路枢纽北京站至北京西站地下直径线工程,自北京起,沿崇文门西大街、宣武门大街、莲花池东路至北京西站,线路全长9.156km,其中地下隧道长7.23km,地下隧道中盾构施工长度为5.7km。北京铁路地下直径线工程是国内第一条采用盾构法施工的铁路地下隧道,也是目前最大直径的城市双线铁路隧道工程。盾构区间采用钢筋混凝土管片衬砌,外径11.6m,内径10.5m,环宽1.8m,管片分块采用8+1形式。盾构法隧道分为2个标段,共采用2台11.97m大直径盾构施工,其中1标段盾构在前门站始发,向西掘进3.2km到达宣武门站;2标段盾构在天宁寺桥北侧设置盾构始发井,向东掘进2.5km到达宣武门站。

盾构穿越的地层95.21%为砂卵石地层,地层细颗粒含量极少,0.074mm以下的约占2.4%,10mm以上的含量大于60%,最大砂卵石粒径达到280mm左右,且不能排除有大直径孤石的可能。盾构区间覆土厚度为11~29m。含水层主要为砂卵石层、圆砾层及砂层,最大渗透系数为1.74×10^{-3}m/s,最大水土压力为0.3MPa。

1. 初步方案比选

(1)盾构类型与地层渗透性的关系:北京铁路地下直径线盾构穿越地层的渗透系数为

1.74×10^{-3} m/s,大于 10^{-4} m/s 时采用泥水盾构施工是可行的。

(2)盾构类型与地层粒径的关系:北京地下直径线的地层主要为砂卵石地层,砂卵石含量占95.21%,北京直径线的地层粒径不适宜采用土压平衡盾构,较适于采用泥水盾构。但样件1与样件2的曲线局部超出了泥水盾构的适用范围,因此,北京地下直径线使用泥水盾构也存在一定的风险。

2. 综合对比

盾构选型应从安全性、可靠性、经济性等方面综合考虑,所选择的机型要能尽量减少辅助施工工法并能确保开挖面稳定、施工安全可靠、地面建筑物的安全、以最低的成本完成施工进度目标。从技术上来说,直径线工程不论是选用土压平衡盾构还是选用泥水盾构都是可行的,但哪类盾构更适用,从以下几个方面予以分析:

(1)地表沉降:大直径土压平衡盾构施工的困难在于难以有效地控制螺旋输送机内的土压力,难以达到理想的渣土混合效果。由于直径太大,泡沫堆积在土仓的上部,较重的土体集中在土仓的下部。大直径盾构比小直径盾构刀盘的转速慢,更加剧了这种趋势,要想渣土达到同样的搅拌效果,土仓中的渣土混合耗时长,这导致掘进过程中,螺旋输送机内的土体的黏性变化剧烈,从一开始的密质,到掘进一段时间后会变成浆液。此外,在泡沫积累的过程中还可能造成气体泄漏。大直径土压平衡盾构的土仓压力的控制精度不会低于 ±0.05MPa,也就是说地表沉降会较高,不利于地面建筑物的安全。相反,泥水盾构的压力控制精度不受盾构直径大小的限制,不论直径多大,泥水压力的控制精度都是 ±0.01MPa,地表沉降会低于5mm。

(2)装机功率:土压平衡盾构的功率大部分用于土仓内土体混合,泥水盾构的装机功率要比土压平衡盾构的功率小很多。比如,西班牙项目15.16m的土压平衡盾构刀盘的装机功率为14000kW,而格林哈特项目14.87m泥水盾构刀盘的装机功率仅为3600kW。

(3)刀盘及刀具的磨损:土压平衡盾构高装机功率的后果就是造成刀盘及刀具磨损严重,大部分功率都消耗在土仓内土体的混合、地层与刀盘及刀具之间的摩擦上。施工经验数据表明,同直径盾构的两种机型的磨损率和其装机功率成正比,因此土压平衡盾构的刀盘及刀具的磨损比泥水盾构严重。根据北京地铁土压平衡盾构的施工经验,在砂卵石地层掘进时,由于砂卵石地层石英含量高,每掘进300~500m需换刀一次,带压换刀不仅安全性差,而且严重影响了施工进度。泥水盾构的刀具在泥水环境中工作,由于泥水的冷却和润滑作用,刀具磨损较小,可减少或避免中途换刀,有利于长距离掘进,不仅降低了盾构法施工风险,更节省了成本,加快了施工进度。

(4)施工成本:大直径土压平衡盾构的综合施工成本比泥水盾构高。一方面,高装机功率会带来盾构价格的增加,从使用成本来说,高装机功率造成能源消耗增加,在电能和冷却水的消耗方面,土压平衡盾构比泥水盾构要高,这种成本的增加相当于地面泥水处理设备的成本;另一方面,大直径土压平衡盾构采用螺旋输送机将渣土转运至皮带输送机上,然后通过渣车运至竖井,由地面上的门吊将渣车吊至地面进行卸渣,土压盾构的渣土运输成本要略高于泥水盾构;第三方面,土压平衡盾构的维护费用大约是泥水盾构的2倍,特别是刀具的更换费用很高;第四方面,土压平衡盾构在砂卵石地层施工时,渣土的改良成本相当昂贵。

(5)施工进度:由于砂卵石地层的孔隙率高达38%,为了能形成具有塑流性的渣土,需要添加大量的膨润土、泡沫、聚合物进行渣土改良,不仅在地面要设置添加剂存储场地,而且增加了洞内的运输量,严重制约了施工进度。泥水盾构采用管道以流体形式将开挖土渣运输至地面,施工工序连续性强,有利于提高施工效率。

3. 选型结论

北京铁路地下直径线的盾构选型，先后进行了多次专家论证，在专家首次论证时选用了土压平衡盾构方案，以后经多次反复论证后，最终决定采用泥水盾构方案。从技术上来说，土压平衡盾构和泥水盾构都是可行的，但泥水盾构更适应北京铁路地下直径线的工程地质和水文地质，可以确保盾构施工的安全可靠。北京铁路地下直径线选用泥水盾构施工，是首都"安全第一"的需要。

三、双模盾构选型案例

随着泥水、土压盾构掘进的经验积累和对两种模式盾构机的认识不断加深，双模式盾构机的设计理念逐步成熟。实现了泥水模式与土压模式在同一盾构机上集成的系统设计，能够根据实际需要实现泥水或者土压盾构掘进功能并能快捷切换。双模盾构具有适应性强、切换快捷、功能齐全、环保经济等特点。

广州市轨道交通九号线施工2标段花都汽车城站—广州北站盾构区间采用两台泥水/土压双模式盾构机施工(图2-19)，右线单线总长1679.608m，左线单线总长1682.883m，从花都汽车城站始发往广州北站掘进。

图2-19　广州地铁9号线双模式盾构

1. 盾构特点

盾体长约8.92m，8节台车总长约77.35m。台车上配套的设备比单一模式的盾构机多，不仅布置环流系统设备，还布置渣土输送系统。

设计掘进速度为50mm/min，配备了6个160kW刀盘电机(总功率960kW)、刀盘最大扭矩6528kN·m、刀盘转速0.3～3.0r/min。

24个盾构机推进油缸(行程1900mm)、总推力最大3600t、16个主动铰接油缸总推力最大3200t。

注浆系统采用的是"两套系统(单液同步注浆系统+二次双液补充注浆)+三台柱塞泵"的配置方式。

六台泡沫泵各自独立提供动力，实现了大流量、高压力、低故障率、泡沫出孔无堵塞的设计要求。

2. 施工效果

本区间盾构开挖面以砂层为主占56%，灰岩线长(上软下硬)占45%，其余部分夹杂黏土;溶土洞见洞率为63%,裂隙发育(图2-20)。岩面直接过渡到砂层,砂层非常厚,渗透性大;线路沿风神大道、农新大道行进。

图2-20 岩溶地层裂隙发育

(1)盾构始发即开始下穿泥浆处理场(上覆大型设备)、风神大道全断面砂层时掘进、在下穿天马河河堤(高差8m)时均采用泥水模式通过,充分利用了双模式盾构机在地质和地面环境方面的最广泛通用性,做到了沉降控制优良,减少振动的施工效果。

(2)掘进岩面变化起伏非常大,同一环掘进断面岩面线不同,盾构在上软下硬地层掘进超过450m,占33%。岩面最高达到4m,强度大、岩面起伏大,同一断面上左、右线岩面变化大。由于上覆砂层很厚,盾构进入岩溶区,沉降控制是关键。在荔红路、天马河、农新排水站、广清高速公路区域出现上软下硬地层,微风化岩侵入隧道高度在1~4m;靠近广州北站端出现全断面岩层地层,上软下硬地层对盾构设备的强度要求更高,且盾构姿态控制较难,容易出现盾构抬头或偏位。

(3)安全顺利通过溶土洞,未发生沉降过大、坍塌等问题。结合溶洞的处理及浓泥浆的技术,掘进控制流畅。

(4)土压模式下利用泥水系统稳压,具体体现在盾构穿越溶洞区域和全断面富水砂层。由于岩溶裂隙很发育,砂层厚地下水丰富,盾构掘进有失压(压力偏低)、保压困难、喷涌等现象。可利用管路将泥浆快速送至掌子面,快速稳压,并结合浓泥浆或惰性浆的使用,可有效解决上述问题。

(5)另外泥水模式下利用土压的泡沫系统,在刀盘前方的注水孔和泡沫孔可进行注入改良剂,防结泥饼;结合双模式环流系统,区间推进约1300m(其中黏土层占15%),开仓检查无结泥饼现象。其次,利用螺旋机排大粒径石块,配置浓泥浆,利用其特性来实现排石。

3.模式转换情况

盾构自西向东需下穿风神大道、农新路两条主干道;下穿荔红路下沉隧道、天马河、农新排水站、广清高速公路、7.3m×1.9m污水渠箱;侧穿天马河西岸楼盘、天马河一号楼盘、农新大桥、祈福辉煌台楼盘及布心塘村天然地基居民楼群,三维立体沉降控制要求非常高。左、右线盾构共进行了14次模式切换。初步掌握了盾构在全断面砂层、黏土层、加固体、灰岩地层及上软下硬复合地层等条件下的切换技术和应对措施管理。真正实现盾构不需在特定条件下拆装任何部件,就能安全、快速的连续切换。

盾构选型必须以开挖面稳定为中心,以工程地质和水文地质为基本点,以地层粒径、渗透系数、地下水压为依据,并综合考虑具体工程实际,确保所选择的盾构满足稳得住(平衡工作面)、掘得进(切削工作面)、排得出(排出渣土)的总体目标。无论是土压平衡盾构还是泥水盾构,在其适宜的地层里均能发挥其应有的功效。地层粒径、渗透系数、地下水压是盾构选型最根本的依据,但具体选型时,应结合工程的具体情况进行选择,需要解决理论的合理性与实际的可能性之间的矛盾,必须考虑环保、地质和安全因素,必须根据地层粒径大小和分布、地层渗透系数、地下水压、洞径、开挖面稳定性、埋深、成本、工期、场地等因素综合考虑而定。盾构施工段一般较长,工程地质的复杂性主要反映在围岩岩性和工程地质特性多变的方面。在一个盾构施工段或一个盾构合同标段中,某些区段的施工环境适合选用土压平衡盾构,但某些部分又很适合选用泥水盾构,盾构选型时应综合考虑并对不同选择进行风险分析后择其优者。当土压平衡盾构和泥水盾构都不能满足开挖面稳定的要求时,则应考虑选择多模式盾构。

◆ 思考题 ◆

1. 盾构选型时主要遵循哪些原则?
2. 盾构选型主要依据有哪些?
3. 简述盾构选型的主要步骤。
4. 盾构选型首要考虑的问题是什么?
5. 结合典型施工案例分析如何进行盾构选型?
6. 简述盾构选型三角理论。
7. 盾构刀盘主要具有哪些功能?
8. 刀盘的结构形式主要有哪些?
9. 刀盘的驱动方式有哪些?

单元三

现场组装与调试

项目描述

主要介绍盾构的现场组装准备、组装顺序、现场调试与现场验收的技术要点。

学习目标

1. 知识目标
(1) 掌握盾构组装工作准备及组装顺序；
(2) 掌握盾构现场调试工作主要内容及技术要点；
(3) 掌握盾构现场验收主要内容及技术标准。

2. 能力目标
(1) 能够正确描述盾构组装顺序；
(2) 能够规范进行盾构现场调试；
(3) 能够规范组织开展盾构现场验收。

作为一种庞大的隧道施工专用设备,盾构的现场组装与调试对整个工程施工进度控制具有重要影响。对盾构这种大型特种设备而言,结构件重量大,起吊设备多,组装工艺复杂,现场装配极端复杂困难,整机性能要求高,也使得盾构的现场组装与调试技术成为隧道施工中的一项关键技术。本章重点介绍盾构整机进入现场后的组装、调试、验收等关键技术。

任务一 盾构组装准备

一、场地布置

场地布置内容主要包括:场内施工道路、排水和防洪设施、临时房屋、临时生产设施、安全及消防设施、施工围蔽及大门、临时用水用电、网络与通信等方面,场地布置的相关原则如下:

(1)施工场地不超出招标文件规定的施工用地范围,以满足施工生产和现场管理为主,尽量减少对道路、交通等公用设施的干扰;

(2)方便施工组织;

(3)生活、生产区域要分开;

(4)经济合理、简洁美观,有利于安全生产;

(5)合理布置临时建筑,避免重复建设;

(6)严格遵守当地有关部门的规定要求。

二、基座安装与测量

盾构始发基座(也称始发架)一般采用钢结构,预制成品,盾构始发基座的安装如图3-1所示。图中,始发基座的水平位置按设计轴线准确进行放样,且将基座与工作井底板预埋钢板焊接牢固,防止基座在盾构向前推进时产生位移。盾构基座安装时应使盾构就位后的高程比隧道设计轴线高程高约30mm,以便盾构初始掘进姿态的调整。

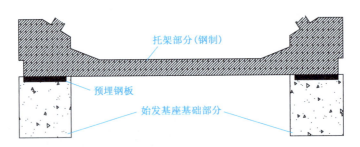

图3-1 盾构始发基座的安装

盾构在吊入始发井组装前,须对盾构始发基座的吊装过程进行准确测量,以确保盾构始发时的正确姿态。测量工作包括如下两个方面:

1. 始发基座轴线安装测量

始发基座的轴线在吊入始发井时必须进行标记。当基座吊入始发井后,先对照始发井底部测量准确的轴线及始发井两端端墙上的中心标记,采用投点仪辅以钢丝投点的方法对基座进行初步安放,同时在始发井圈梁上的轴线点架设经纬仪,将轴线点投入始发井底部,调节基座,使基座的轴线标记点与设计轴线点位于同一竖平面内。安装安成后,须用盘左及盘右进行检测,以确保盾构始发基座轴线标志点的误差均在 3mm 以内。

2. 始发基座高程安装测量

始发基座安装前,应根据始发基座的结构尺寸,计算出基座上表面的设计高程值。

在始发基座轴线位置安装完成后,进行基座的高程测量,其方法为:用水准仪将所需要的高度放样于始发井两侧侧墙上,并作上明显的标志;所放样的高程点要有足够的密度(例如标设 6 个高程标志点),并使之均匀分布在始发井侧墙的两侧;高程标志完成后,对所在标志进行复核,应保证任意两个标志间的高程差不超过 2mm,且与绝对高程的差值不超过 1mm。

始发基座安装时,在相对应的高程标志间拉小线,进行基座的初步安装。完成后,用水准仪进行精测,对基座的高程进行微调,达到设计高程的精度要求(允许偏差为 0~+3mm)。考虑到在进行轴线及高程微调时两者之间互相影响,在完成整个基座的安装后,须进行全面细致的复核,以确保盾构始发基座的准确安装。

任务二 盾构组装

盾构组装顺序本着由后向前、先下后上、先机械后液压、电气的总原则。以土压平衡盾构为例,组装的一般顺序如下:

1. 后配套拖车下井

各节拖车按从后到前的顺序下井,如盾构有 4 节拖车时,其下井顺序为:4 四号拖车→3 号拖车→2 号拖车→1 号拖车。拖车下井后,组装拖车内的设备及其相应管线,由电瓶机车牵引至指定的区域。拖车间由连接杆连接在一起,如图 3-2 所示。

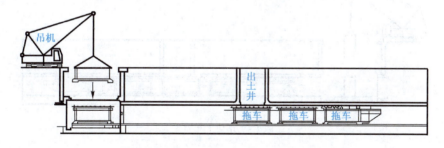

图 3-2　后配套拖车及设备桥下井

2. 设备桥下井

设备桥(也称连接桥)长度较长,下井时须由汽车吊与履带吊配合着倾斜下井。下井后其一端与 1 号拖车由销子连接,另一端支撑在现场施焊的钢结构上,然后将上端的吊机缓缓放下后移走吊具。用电机车将 1 号拖车与设备桥向后拖动,将设备桥移出盾构组装竖井,1 号拖车与 2 号拖车连接,如图 3-3 所示。

3. 螺旋输送机下井

螺旋输送机长度较长,下井时同样须由汽车吊与履带吊配合着倾斜下井。2 台吊机通过起、落臂杆和旋转臂杆使螺旋输送机就位。螺旋输送机下井后,摆放在拖车底盘上,用手动葫芦拖至指定区域,如图 3-4 所示。

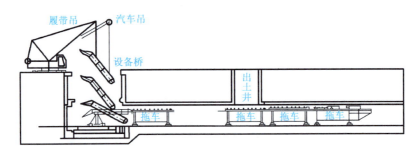

图 3-3　设备桥下井

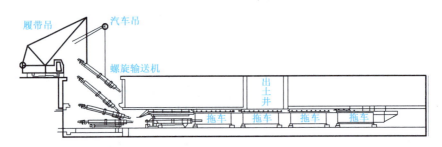

图 3-4　螺旋输送机下井

4. 中盾下井

中盾在下井前将两根软绳系在其两侧,向下吊运时,由人工缓慢拖着,防止中盾扭动,吊机缓慢下钩,使中盾自然下垂,由平放翻转至立放状态送到始发基座上,如图 3-5 所示。

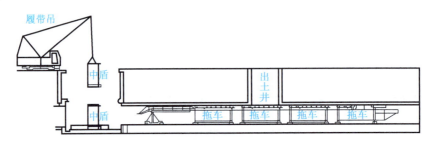

图 3-5　中盾下井安装

5. 前盾下井

前盾翻转及下井同中盾,送至始发基座上后与中盾对位,并安装与中盾的连接螺栓。

6. 安装刀盘

刀盘翻转及下井同中盾,送至始发基座上后安装密封圈及连接螺栓,如图 3-6 所示。

7. 主机前移

在始发基座两侧的盾构外壳上焊接顶推支座,借助两个液压千斤顶,使得主机前移,并使刀盘顶到掌子面。

8. 安装管片安装机

管片安装机翻转及下井同中盾,下井安装后再进行两个端梁的安装,如图 3-7 所示。

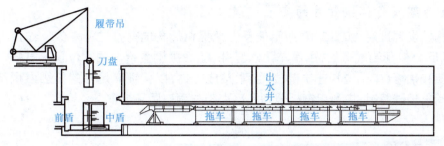

图 3-6　刀盘下井安装

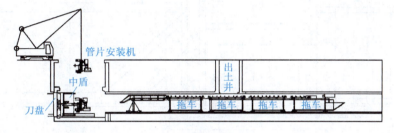

图 3-7　管片安装机的下井安装

9. 盾尾下井

盾尾焊接完成后,在汽车吊与履带吊配合下,倾斜着将盾尾穿入管片安装机梁,并与中盾对接,如图 3-8 所示。

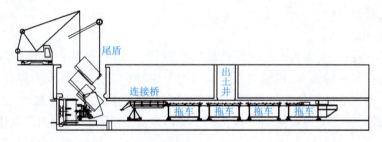

图 3-8　盾尾下井安装

10. 安装螺旋输送机

延伸铺设轨道至盾尾内部,将螺旋输送机与矿车底盘一起推进盾壳内。螺旋输送机前端用倒链拉起,使螺旋输送机前端通过管片安装机中空插到中盾内部。螺旋输送机与前盾连接处密封要求紧固,中体与螺旋输送机固定好,如图 3-9 所示。

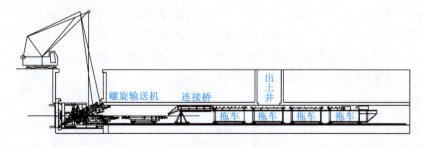

图 3-9　安装螺旋输送机

11. 反力架及负环钢管片的安装

在盾构始发掘进时，如图 3-10 所示的反力架提供盾构向前推进所需的反作用力，其安装过程为：钢反力架预制成形后，由吊车吊入竖井，随后由测量给出轴线位置及高程，并进行加固。反力架和端墙(车站结构连接部位)应紧贴成一体，以保证有足够的接触面积；若反力架与端墙之间出现缝隙时，应利用钢板分别和反力架与洞口圆环焊牢。

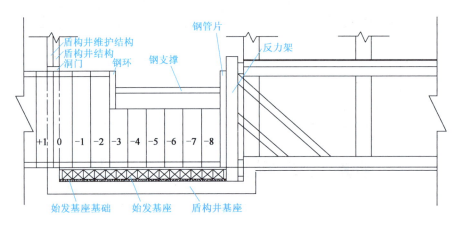

图 3-10　反力架及负环钢管片

反力架安装质量的好坏，尤其是反力架的竖向垂直度及与设计轴线的垂直度大小，直接影响到初始掘进质量，以及盾构轴线与隧道设计轴线之间的偏差大小。为保证反力架的垂直度，可按如下方法进行放样：

(1) 反力架中心放样

钢反力架中心的安装采用水准仪配合经纬仪进行。其中，经纬仪架设于盾构始发端的圈梁轴线点上，后视另一轴线点，将轴线点投向反力架中心标志处，指挥反力架左右平移，直至与轴线重合；然后用水准仪测量中心标志的绝对高程，指挥钢反力架上下移动，达到设计的高程值。由于反力架的中心不是影响始发掘进的主要因素，因此安装时，反力架的中心误差控制可在 15mm 以内。

(2) 反力架与轴线及自身垂直放样

反力架中心完成放样后，须使反力架面在竖直方向上垂直，且此面与盾构设计轴线垂直。放样时，首先使用水平尺使反力架在竖直方向上基本垂直。然后使用经纬仪将轴线引入始发井底部，在靠近反力架处的设计轴线上设站，后视另一轴线点，经纬仪置 0°，旋转 90°，在始发井侧墙一侧放样两点，然后用倒镜在始发井另一侧墙处同样放样两点。

放样后，须再旋转经纬仪 180°，检查是否与起初放样的点位于同上平面内，分别在侧墙上方及下方的两点间拉线，用直尺准确量出钢反力架不同部位与线之间的距离，以任一点为基准，调节钢反力架，使反力架表面与线组成的现面平行(线任意一部位到反力架表面的距离相等)，使反力架处竖相垂直且反力架面与设计轴线垂直。

12. 管线连接

连接液压和电器管路，从后向前连接后配套与主机各部位的液压及电气管路。

在上述盾构组装的环节中，部分工序可以根据现场实际情况进行调整，如图 3-11 展示了盾构从始发机座安装到反力架安装的实物图。

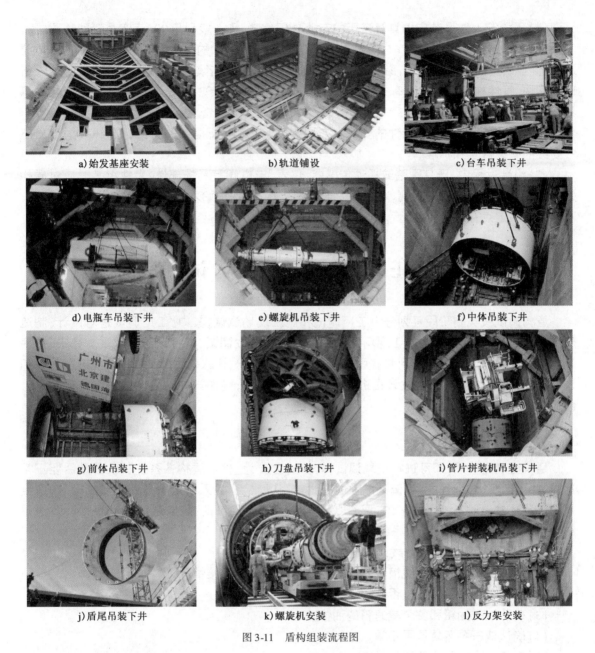

图3-11 盾构组装流程图

盾构组装的总体要求如下：

(1) 盾构组装前，为了保证组装的安全顺利进行，必须制订详细的组装方案与计划，同时组织有经验的作业人员组成组装班组，并对其进行技术和安全培训，使之熟知所组装部件的结构、连接方式及技术要求；对所使用设备、工具进行安全检查。

(2) 由具有资质的专业大件运输公司负责盾构运输进场；进场时，对每一拖车或部件进行拆包时必须做好标记，并注意供应商工厂组装标记，例如：VRT→表示隧道掘进方向，NL2 表示 2 号拖车，L 表示左侧，R 表示右侧。

(3) 起吊作业前，应根据履带吊机（一般采用250t）对地基承载力的要求，对其工作区域进行处理，如浇筑钢筋混凝土路面、铺设钢板等，防止地层不均匀沉陷；盾构主机吊装之前必须对始发基座进行准确的定位；每班作业前，遵照《起重作业安全操作规程》进行安全技术交底。

(4)盾构等大件吊装应由具有资历的专业队伍负责,且一般利用90t汽车吊辅助其翻转。

(5)机械或液压部件组装前,需要弄清其结构及安装尺寸的关系,螺栓连接紧固的具体要求等,并自始至终保持其清洁;必须检查泵、阀等液压件的封堵是否可靠,如有需要,必须进行现场清洗;管件在组装前如没有充满油液,也必须进行严格清洗以保证清洁,禁止使用棉纱等易脱落线头的物品擦拭。

(6)高低压设备和电气元件的安装,应严格执行制造厂所提供的有关标准和我国电力电气安装的有关规定和标准。

(7)组装过程中,严禁踩踏或扳动传感器、仪表、电磁阀等易损部件;大件组装时应对盾构始发井端头墙进行严密的观测,掌握其变形与受力状态,保证始发井结构安全;组装场内氧气、乙炔瓶必须定点存放、专人负责。

任务三 盾 构 调 试

盾构调试按实施阶段可划分为工厂调试和施工现场调试,其中:工厂调试是对设计、制造质量及主要功能进行调试;施工现场调试又分为井底空载调试、试掘进重载调试。其中,井底调试阶段的工作是在盾构吊到井底后按照井底调试大纲对其总装质量及各种功能进行检查和调试;试掘进重载调试是通过试掘进期间进行重载调试,经调试并验收合格后方可正式交付使用。

一、空载调试

盾构组装完毕后,即可进行空载调试,其目的主要为:检查盾构各系统和设备是否能正常运转,并与工厂组装时的空载调试记录进行比较,从而检查各系统运行是否按要求运转,速度是否满足要求。对不满足要求的,要查找原因。调试内容包括:配电系统、液压系统、润滑系统、冷却系统、控制系统、注浆系统以及各种仪表的校正。

以土压平衡盾构为例,空载调试的内容如下:

(1)确认每台电机的接线情况,各种管路、信号线路的连接情况。
(2)确认各种紧急按钮是否有效。
(3)确认液压油箱和各个减速箱的油位。
(4)确认液压泵运转是否正常。
(5)在有危险的部位放置警示牌。
(6)排掉各活塞泵内的空气。
(7)接通电源,确认各个部分电压是否符合要求。
(8)确认各个漏电保护开关是否有效。
(9)检查各个电动机的转向是否正常。
(10)排掉润滑油管路内空气,并确认转换压力和各油路分配阀运行情况是否良好。
(11)依次对每台液压泵进行无负荷运转,直到泵内无空气混入的声音为止。
(12)通过控制室启动各个液压油泵和刀盘马达,检查运转是否正常。
(13)随时观察各种管路是否漏油。
(14)对推进和铰接系统,检查推进油缸和铰接油缸的伸缩情况,管路有无泄漏油现象,及其泵站的运转情况。

(15) 对管片拼装机进行运行确认：

①对拼装机的控制系统即有线操作和无线操作进行确认，检查拼装机各机构运转及自由度情况；

②对旋转马达进行运转，检查是否灵活可靠，并将其内部的空气排净；

③对拼装机伸缩、提升、支撑油缸的动作确认并排净其内部的空气；

④检查拼装机上各种连接油管，检查是否有漏油现象及其泵站的运转情况。

(16) 检查管片吊机和管片输送小车的操作遥控手柄，检查其运转情况。

(17) 对螺旋输送机进行空载试车，检查检查螺旋输送机前后闸门伸开和关闭情况及螺旋杆伸缩情况，管路有无泄漏现象及其泵站的运转情况。

(18) 在主控制室操作对刀盘进行旋转试验：

①在试验前，将刀盘位置处的盾构始发基座割去一块，以防止刀盘旋转时和始发基座发生碰撞；

②刀盘进行正、反方向旋转，检查是否正常。

(19) 管片整圆器的调试：

①将整圆器液压油缸中的空气排净；

②检查其各个部分的油管是否漏油，滑道是否顺滑，行进是否灵活。

(20) 皮带输送机的调试：在辊子摆放到位、皮带硫化完毕，检查皮带运转情况，及时调整皮带跑偏和刮板状况：

①检查皮带机的转向；

②检查各个滚轮转动是否灵活可靠；

③检查输送皮带有无裂纹和撬渣；

④调整输送皮带在滚筒上的位置；

⑤对盾构设备进行一次最后的全面检查及局部调整。

(21) 泡沫系统和刀盘加水：泡沫系统参数设定好后，启动泡沫泵和风水供应，查看泡沫发生器混合发生情况，刀盘前部泡沫喷射和混合效果。

(22) 注浆系统：检查注浆泵运转和管路连接情况。

盾构设备经空载试验，确认各项性能达到设计要求后，方可进行试掘进施工。

二、负载调试

待空载调试证明盾构具有工作能力后，即可进行盾构的负载调试，其调试的主要目的是：检查各种管线及密封设备的负载能力，对空载调试不能完成的调试工作进一步完善，以使盾构的各个工作系统及其辅助系统达到满足正常施工要求的工作状态。通常，试掘进时间即为设备负载调试时间。

任务四　盾构现场验收

一、基本要求

盾构现场验收应满足盾构设计的主要功能及工程使用要求，验收项目应包括下列内容：

(1) 盾构壳体;
(2) 刀盘;
(3) 管片拼装机;
(4) 螺旋输送机(土压平衡盾构);
(5) 皮带输送机(土压平衡盾构);
(6) 泥水输送系统(泥水平衡盾构);
(7) 泥水处理系统(泥水平衡盾构);
(8) 同步注浆系统;
(9) 集中润滑系统;
(10) 液压系统;
(11) 铰接装置;
(12) 电气系统;
(13) 渣土改良系统;
(14) 盾尾密封系统。

当盾构各系统验收合格并确认正常运转后,方可开始掘进施工。当盾构现场验收时,应记录运转状况和掘进情况,并进行评估,满足技术要求后方可验收。

二、盾构设备控制要点

1. 盾构设备的组装阶段验收

组装阶段的监理依据是盾构制造商提供的组装图及质量控制技术指标,对电气安装应要求元件质量好,型号、规格符合设计要求,经检测各项技术指标均满足要求。

(1) 盾构井下安装调试完毕后,施工单位应组织建设单位、监理单位、盾构制造(修理)厂对盾构井下安装、调试进行验收;

(2) 盾构井下验收时,主要检验电气系统、液压系统及其他系统安装调试的质量;

(3) 盾构井下验收时,要求各系统调试项目实测数据达到盾构合格证中的指标,对不满足要求的系统应进行维修和调试,以确保盾构安装、调试质量;

(4) 盾构井下验收合格后,方可进行试掘进,同时确定盾构速度;

(5) 盾构掘进时,应将刀盘切割下的土体输入泥水室,经搅拌器充分搅拌后,采用流体输送并进行水土分离,分离后的泥水应返回泥水室,土体排走;

(6) 有条件时,应尽量组织对盾构设备进行工厂内验收。

2. 盾构试运转

盾构在试运转前要再次检查其各部尺寸、盾壳的圆度、纵向平直度、机内各种安装质量、焊接、机内及拖车的电气配线、液压管路及各主电路与接地间的绝缘电阻等是否完全符合要求。一切合格后,进行试运转,对以下各部性能进行确认:

(1) 液压回路泵的启动、停止、回路的耐压、油泵的排量;
(2) 刀盘回转功能、转速、压力;
(3) 无负荷推进油缸、安装器、超控刀,真圆器动作等;
(4) 螺旋输送机正逆转动作、转速、压力等;
(5) 油脂泵的手动及自动运转;

(6)中央回转节内加泥管通气试验;

(7)液压电气的连锁试验。

以上试验运转通过后,即可进行正式推进的准备。

3.试掘进验收

(1)在试掘进过程中,盾构制造厂应对盾构运行状态进行跟踪调试和维修,及时调整盾构各系统的运行参数,确保盾构正常运行;

(2)试掘进完毕后,盾构制造厂应组织建设、设计、监理和施工承包单位对盾构进行验收;

(3)试掘进验收后,主要检验电气系统、液压系统及其他系统运行效果;

(4)各测试项目的实测数据应符合盾构合格证中的指标,对不满足要求的系统,应进行维修和调试,确保盾构正常进行;

(5)盾构试掘进验收合格后,盾构制造厂方可将盾构交付施工单位进行掘进施工,同时提供掘进验收记录;

(6)盾构验收各阶段中,监理应根据盾构设计标准对各系统抽检,对不合格项,要求盾构制造厂立即进行维修和调试。

表3-1为盾构机验收样表。

盾构机验收样表　　　　　　　　　　　　　　　　　　　　　　　　表3-1

项目名称	子系统	确认项目及内容	评估结论	备注
刀盘驱动	驱动系统	安装到位、参数调整正常		
	润滑系统			
	密封系统			
推进系统	推进模式	工作是否正常、可控		
	管片安装模式			
出渣系统	螺旋输送机	工作是否正常、参数是否正确、是否可控		
	皮带机	运行状态是否存在跑偏、擦刷现象		
管片系统	管片安装机	运行是否平稳、无抖动		
	管片存储小车	运行是否正常		
	管片吊机	运行是否平稳、无抖动		
	有线操作	操控性		
	无线操作			
	连锁可靠性	管片安装模式与掘进模式是否连锁		
人舱系统	空压机	设备运转是否正常		
	管路	管路连接是否可靠		
	记录仪	记录系统是否工作正常		
	气密性	人舱保压时间是否正常		
控制系统	主控室	主控室操作平台按钮是否正常		
	上位机	工作是否正常		
	界面显示			
	现场控制面板	各控制面板按钮是否正常		
	皮带机运转控制面板			
	螺旋输送机控制面板			
	连锁	各系统连锁是否满足设计		

续上表

项目名称	子系统	确认项目及内容	评估结论	备注
辅助系统	铰接油缸	工作状态是否满足设计要求		
	盾尾油脂系统			
	同步注浆系统			
	冷却系统			
	泡沫系统			
	膨润土系统			
	盾壳膨润土系统			
	压缩空气系统			
	供水系统			
	照明系统			
	通信系统			
	导向系统			
	消防系统			
	视频监视系统			
动力系统	高压供电	变压器		
		高压电缆卷筒		
		高压开关柜		
	分系统供电			
	绝缘监测及防护			
	液压泵站	补油泵		
		控制泵		
		1号主驱动液压泵		
		2号主驱动液压泵		
		螺旋输送机液压泵		
		管片安装机液压泵		
		推进系统液压泵		
		注浆液压泵		
		辅助设备液压泵		
		循环过滤系统液压泵		
管路连接	水管路	连接是否良好,无渗漏现象,并做必要保护		
	气管路			
	液压管路			
	泡沫管路			
	膨润土管路			
	注浆管路			
其他				

◆ **思考题** ◆

1. 盾构组装准备工作主要有哪些？
2. 盾构始发基座测量工作包括哪些内容？
3. 简述盾构现场组装与调试程序。
4. 简述土压平衡盾构现场组装的顺序。
5. 简述盾构组装的总体要求。
6. 简述盾构组装要点。
7. 盾构调试时，对刀盘主要调试哪些指标？
8. 土压平衡盾构空载调试的内容有哪些？
9. 盾构现场验收的主要依据有哪些？

单元四

盾构始发

项目描述
主要介绍盾构法施工的端头加固、洞门凿除与洞门密封安装、始发托架及反力架安装、负环管片拼装、始发掘进等技术要点。

学习目标

1. 知识目标

(1) 掌握盾构法施工端头加固常用工法类型、流程、特点及适用范围；

(2) 掌握盾构洞门凿除及密封安装作业流程及质量控制要点；

(3) 掌握盾构始发托架、反力架与负环管片安装作业流程及质量控制要点。

2. 能力目标

(1) 能够组织实施端头加固作业；

(2) 能够组织实施盾构洞门凿除及洞门密封作业；

(3) 能够组织实施盾构始发托架、反力架与负环管片安装作业。

任务一　盾构始发流程

作为盾构法施工的关键环节之一,现代盾构始发技术是指利用反力架和负环管片,将始发基座上的盾构,由始发竖井推入地层,使之开始沿设计线路以全断面方式掘进的一系列作业,盾构始发流程如图4-1所示。

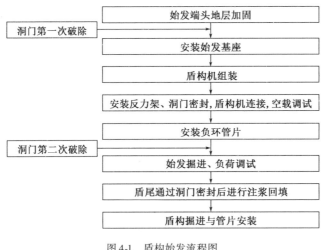

图4-1　盾构始发流程图

动画:盾构始发技术

任务二　端头加固

一、端头加固方法

工程案例:端头加固方案

端头加固的事故多发因素主要有:桩身垂直度不满足规范要求,桩身倾斜致使加固体不连续,桩间咬合达不到设计要求,止水失败引发涌水、涌砂以及地面沉陷;加固施工参数选取不合理,达不到预想的加固效果;端头加固体与围护结构之间的夹层处理措施不当;过早破除围护结构,使掌子面暴露时间过长,或拆除墙体方法错误引起掌子面坍塌;洞门密封措施选用不得当;抽芯后未回灌砂浆使之密实;未处理好承压水层的降水工作等,端头加固问题导致涌水涌砂或坍塌。

端头加固是指通过改良端头土体,提高端头土体强度和自稳能力,堵塞颗粒间隙,防止坍塌、流沙、涌水等现象发生,确保盾构始发和接收的安全。因此,端头加固不仅要有强度要求,还要有抗渗透性要求,要保障如下几点:

(1)端头加固范围要合理,主要体现在加固长度、深度上,具体如下:①加固长度值对于软土地层(特别是砂层)和采用泥水盾构特别重要,其最大的风险不仅来自加固强度,更是来自盾构机壳与土体之间间隙形成的渗流通道。②加固深度对于下部有承压水的地层至关重要,如果洞门下部为承压水层,洞门破除和盾构顶进掌子面的过程,均容易发生管涌现象。加固深度还要考虑上部大件吊装作业时,地基承载力能否满足要求。

（2）端头加固质量要达到设计要求，主要体现在：①加固体本身强度不够，难以满足抗滑移或剪切的要求；②加固体不连续，局部出现渗漏；③加固节点处理不好，特别是围护桩与加固体之间的间隙处理、不同工法之间的界面处理。

此外还要特别注意控制地表沉降，端头不坍塌，控制水土流失，保证重型机械作用时土体的承载力。由于盾构吊装或卸载时，重型吊机往往作用在端头位置，为防止重型机械作用在软弱土体上起吊时发生失稳、坍塌，或对已成型隧道的安全造成不利影响，常用的端头加固方法如下：

1. 注浆加固

注浆加固是将浆液注入地层以改善地层强度和止水能力。该方法对地层强度的改良有限，主要是增强地层凝聚力。注浆方式的种类多种多样，按浆液固结状态分类主要有填充注浆、渗透注浆、劈裂注浆和压密注浆等。

2. 搅拌桩加固

搅拌桩加固是软土地层常用的端头加固方法，主要适用于淤泥、黏土层和砂层。在砂层加固时，处理深度受国产设备性能限制，一般小于15m。当深度大于15m时，由于钻头摇摆幅度加大，垂直度较难控制，下部易开叉，止水效果很差。搅拌桩加固的优点是工程造价相对较低。搅拌桩加固一般不单独使用，与旋喷桩等工法配合使用时经济效益较好。

3. 旋喷桩加固

旋喷桩加固是软土地层最常用的端头加固方法之一，适用于淤泥、粉土、黏土层、砂层，加固效果好，但遇到砾砂地层和黏着力大的黏土时，抗渗效果欠佳。旋喷桩主要有三种工法：单重管、双重管、三重管。使用时候要根据地层进行试验确定。

4. 冻结法

冻结法是利用钻孔机械对土体钻孔布置一定数量的垂直冻结孔，利用氨压缩调节制冷，通过盐水媒介热传导原理进行冻结。盐水在热交换中不断循环，冻结管周围地层的冻土圆柱体直径不断扩大，并与相邻冻土圆柱体相交，在冷冻土体范围内形成完整的屏障，成为具有一定厚度和强度且能防渗的挡土墙或拱形体。冻结法适应面广，适用于任何含一定水量的松散岩土层，在复杂水文地质如软土、含水不稳定土层、流沙、高水压及高地压地层条件下，冻结技术有效、可行。

冻结法的缺点：冻结法占用场地较大，费用较高。对于动水层，质量不易保证；对于含水率低的地层也不适用；冻土产生的冻胀和融沉效应对地面隆沉控制和周边建筑物影响较大。

5. 素混凝土人工挖孔桩、素混凝土钻孔桩、素混凝土地下连续墙

该法适用于强度较高、旋喷桩难以施工的地层。施工时要注意做好连续墙、钻孔桩、挖孔桩上部的充填；素混凝土连续墙、钻孔桩、挖孔桩与围护结构形成离壁式的双层结构，其加固体与围护结构之间的夹层需要处理，可采用旋喷桩加固将夹层的两端头封闭。

6. SMW法

SMW法是水泥类悬浊液在原地层中与土体搅拌混合形成墙体的技术工法。SMW法作挡土墙使用时，一般使用H型钢芯材，适用于砂层、淤泥、黏土层，加固宽度小，造价较低，是此类地层最安全可靠的加固方法之一。SMW法成桩效果好，止水性好，对周围地层影响小。

7. 降水法

降水法也是一种地层加固方法，尤其适合于花岗岩残积土地层，主要作用机理是固结作用和压密作用。在有些土质条件下，降水法往往会产生地基沉降和水井地下水位下降等现象，必须事先周密研究地下水位下降对周围地基等的影响。因此，降水法一般在地层较好，周边环境适应，对建（构）筑物影响范围小时采用，且主要应用于始发阶段。盾构接收时要考虑降水对隧道的影响，须与其他加固措施结合使用。

8. MJS 工法

日本在传统旋喷工艺基础上，通过加入多孔管排泥装置，克服了传统旋喷工艺压力过大、对周围环境影响较大的难题，形成了新型的 MJS 工法。但该方法价格昂贵，需要慎重选择。

9. 组合处理法

在端头加固处理时，由于受地质条件、施工条件和工程造价等诸多因素的限制，往往不采用单一的加固方法，而是采用两种或两种以上加固方法进行组合处理。常见的组合如下：

(1) 旋喷桩 + 搅拌桩：加固范围四周用旋喷桩封闭，加固处理范围内部采用搅拌桩，适用于淤泥、粉土、黏土层、砂层。相比单一的搅拌桩加固，此法止水效果好、工程安全性高，造价相对较高；相比单一的旋喷桩加固，此法安全性相当，但造价低。

(2) 钻孔桩 + 袖阀管注浆：加固范围外圈用钻孔桩（或挖孔桩），桩间采用旋喷桩止水，圈内采用注浆加固，适用于旋喷桩、搅拌桩不适应的强度较高的地层。该法比单一的注浆效果好，但造价稍高。应当注意，钻孔桩与围护结构之间的夹层需要处理，可以用旋喷桩加固将夹层的两端头封堵或在该处进行注浆加固。

二、端头加固范围

加固方案应根据地质条件而定，土体加固加固范围、效果等对始发和接收端的地层沉降影响大。加固长度根据土质而定。当端头井为砂性土层或富水地层时，加固长度应大于盾构主机长度（刀盘 + 盾壳），否则盾构始发时，当刀盘从加固区进入隧道的原状土区时，盾尾还位于隧道土体外，隧道中的水土会通过洞门与盾壳外周的间隙流失，从而引起地表塌陷。同理，到达接收时，当刀盘从加固区破土后，其盾尾还在隧道内的原状土区，流塑状的原状土仍会通过洞门与盾壳的间隙处从刀盘四周流失，从而引起地表塌陷。

端头加固范围可以归纳为以下几点：

(1) 盾构始发端头加固范围应该根据始发端的地层情况和盾构主机长度以及强度、整体稳定性验算结果来综合确定。当盾构始发端地层稳定性较差且受地下水影响较大时，端头加固长度应该取盾构主机长度 + (1.5~2.0)m 和强度、整体稳定性验算结果两者中的大值。

(2) 盾构到达端头加固范围应该根据到达端的地层情况和盾构主机长度来综合确定。当盾构到达端地层稳定性较差且受地下水影响较大时，盾构到达端加固长度应该取盾构主机长度加上 2~3 环管片长度。

(3) 盾构始发、到达端头隧道底部加固厚度取 1.0~3.0m，底部加固厚度太大不会提高加固区底部的止水性，反而会增加工程成本。

(4) 盾构始发、到达端上部加固除了起止水和稳定地层的作用外，还能减小始发/到达时的地表沉降量。上部加固高度一般取 2.0~3.0m，当始发到达端地表沉降要求较严格时，可以适当增加上部加固高度，以减小地面沉降。

(5)盾构始发/到达端两侧加固主要起止水作用,对地层稳定性也起到一定的影响,两侧加固宽度一般取 1.0~3.0m。

为了更好地便于读者理解,对有水富水地层和无水地层端头加固范围进行阐述。

1. 有水砂砾、粉砂层加固范围

地下水丰富,端头加固需要综合考虑强度、稳定性、变形特征、渗透性因素,参考图 4-2 和图 4-3。加固长度 = 盾构长度 + (1.5~2.0)m,上下左右各 3m(条件允许)。

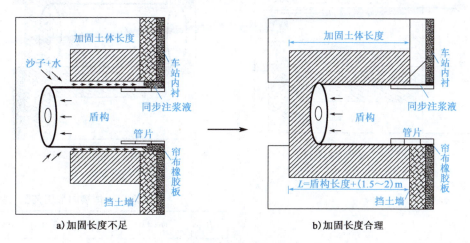

图 4-2 盾构有水始发

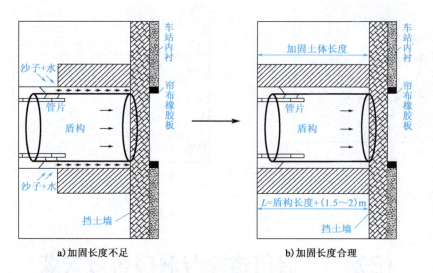

图 4-3 盾构有水到达

2. 无地下水或地下水贫乏端头加固范围

始发端头加固长度不小于 6m;到达端头在地质条件较差时加固长度不小于 3m。参考图 4-4 和图 4-5。

3. 地层横断面加固范围

盾构始发及到达端头土体的横向范围主要起止水和稳定地层的作用,考虑横断面上加固区可以和盾壳共同作用抵抗周围水土压力,根据国内外盾构施工经验,横断面上加固长度如

图 4-6 所示,各加固范围与隧道直径 D 有关,取值见表 4-1。目前,上海地铁(主要为淤泥质粉土)、南京地铁(主要为淤泥质粉土、粉土及粉砂地层)、深圳地铁和广州地铁均采用 3.0m 的参数。而北京地铁则采用 1.5~3.0m 不等的径向加固厚度。

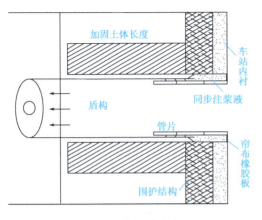

图 4-4 盾构无水始发

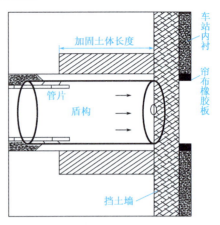

图 4-5 盾构无水到达

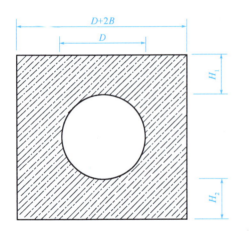

图 4-6 端头土体横向加固长度示意图

盾构洞口土体横向加固范围 表 4-1

D	$D<1.0$	$1.0\leq D<3.0$	$3.0\leq D<5.0$
B	1.0	1.0	1.5
H_1	1.0	1.5	2.0
H_2	1.0	1.0	1.0
D	$5.0\leq D<8.0$	$8.0\leq D<12.0$	$12.0\leq D<15.0$
B	2.0	2.5	3.0
H_1	2.5	3.0	3.5
H_2	1.5	2.0	3.0

任务三 洞门凿除与洞门密封安装

一、洞门凿除

在盾构始发之前,需把洞圈封门破除。封门破除分二次,第一次破除其厚度的一半。然后将槽壁剩下的部分分成九块,在盾构将要始发之前予以割除。

破除方法:破除洞门之前,为确保洞门加固效果,以防壁后地下水涌出,首先应采取探孔检查工作。通过沿水平方向区 5 点作为探测位置进行钻孔取样(图 4-7),观察是否有清水流出。

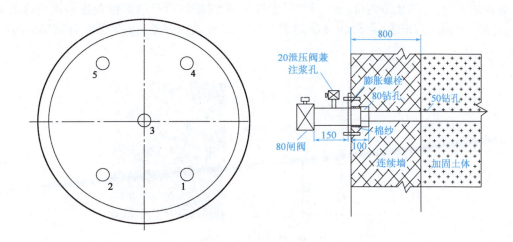

图 4-7 水平钻孔取样(尺寸单位:cm)

洞门采用人工凿除,将洞门划分为 9 部分,凿除时按编号顺序先上后下、先中间后两侧进行作业。第一次洞门凿除为凿除围护桩外侧混凝土保护层和钢筋,洞门凿除顺序见下图洞门凿除顺序示意图(图 4-8)。

洞门第一次破除完成后,待盾构机安装调试完毕具备始发条件后,凿除围护桩主筋内圈混凝土,保留外排主筋及混凝土保护层。在盾头与洞圈之间搭设支架,由下而上切割洞门钢筋。洞门凿除迅速凿除残留钢筋混凝土,将洞门周围钢筋修整切割圆顺,尽量缩短洞门土体无支撑时间,拆除完毕后盾构机必须迅速靠上洞门土体,以免土体暴露时间过长发生洞门坍塌。人工用风镐、钻机破除钻孔桩依照

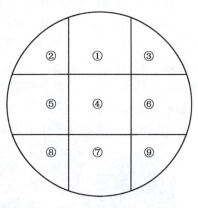

图 4-8 洞门破除顺序图

洞门破除先后顺序,从上往下凿除桩身的混凝土;同时割除桩身钢筋网;然后清理洞门凿除产生的废渣、脚手架等。

在打开洞门过程中,若遇发生流清水现象,必须用双快水泥和水玻璃进行堵漏,并适当加快对钢筋的切割速度;割除钢筋时若发生流泥、流沙现象,必须立即停止对钢筋的切割,在流泥、流沙处进行双液注浆处理,堵住后方可再次切割。整个破除过程应安排专职安全员进行全过程的监督,杜绝安全事故隐患,确保人身安全。

二、洞门密封安装

洞门密封的施工分两步进行:第一步是在结构的施工过程中,做好洞门预埋件工作,预埋件必须与结构的钢筋连接在一起;第二步在盾构正式始发或到达前,应先清理完洞口的渣土,然后进行洞口密封装置的安装。

洞门密封装置由帘布橡胶、扇形压板、防翻板、垫片和螺栓等组成。安装洞门密封之前,应对帘布橡胶的整体性、硬度、老化程度等进行检查,对环板的成圆螺栓孔位进行检查,并提前把帘布橡胶的螺栓孔加工好,然后将洞门预埋件的螺栓孔清理干净,最后按照帘布橡胶板、圆环板、扇形压板、防翻板的顺序进行安装。

盾构始发时,为防止盾构进入洞门时刀盘损坏帘布橡胶,可在帘布橡胶板外侧涂抹适量的油脂。随着盾构向前推进,需根据情况对洞门密封压板进行调整,以保证密封效果,如图4-9所示。

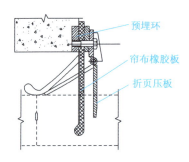 

图4-9　洞门密封防水示意图

洞口密封的施工分两步进行施工,第一步是在车站结构的施工工程中,做好始发洞门预埋件的埋设工作,要特别注意的是在埋设过程中预埋件必须与车站结构钢筋连接在一起;第二步在盾构正式始发之前,应先清理完洞口的渣土,再完成洞口密封的安装。

洞门密封装置安装时,需注意密封橡胶帘布及扇形压板的安装方向。密封橡胶帘布端头的凸起方向与盾构掘进方向一致。盾构机进入洞门前,在刀盘边缘和帘布橡胶板外侧涂润滑油以免盾构机刀盘挂破帘布橡胶板影响密封效果。盾构机整个机身进入洞门后,需检查下折页板以及橡胶帘布是否完好无损,如果出现折页板松动或脱落必须采取加固措施。

洞门密封装置除了常见的折页式、压板式外,还有箱体式止水装置等(图4-10)。

图4-10　箱体式止水装置

任务四　始发托架及反力架安装

一、始发基座安装

始发基座(也叫始发托架,图4-11)一般采用钢结构形式,主要承受盾构机的重力及推进时盾构机产生的摩擦力和扭转力。结构设计考虑盾构前移施工的便捷和结构受力的合理,以满足盾构在组装时对主机进行向前移动的需要。盾构机主机总重达 300t 以上,始发托架必须具有足够的强度、刚度和稳定性。

安装始发基座前先进行定位测量,在车站底板设立控制护桩,根据护桩精确定位始发台的高程和左右位置。然后将始发台安设在预定的位置上,并由测量组进行复核,在完成定位之后,再将始发台固定。此外在始发基座增加横向型钢支撑(图 4-12),可提高始发基座的稳定性。

图 4-11　始发基座

图 4-12　限制始发基座水平位移的横撑

二、反力架安装

反力架是为盾构始发推进提供一个反向推力作用,推力通过反力架传递到车站主体结构上。反力架的安装是在盾构主机与后配套连接之前安装(图 4-13)。反力架端面应与始发台轴线垂直,以便盾构轴线与隧道轴线保持水平。

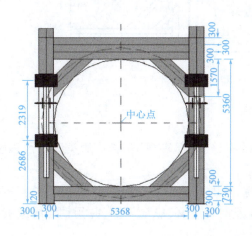

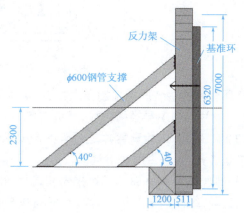

图 4-13　反力架立面图(尺寸单位:cm)

反力架底部的横梁和立柱下端,采用钢支撑块支顶在后面车站预留的钢板上,位置确定之后,再焊接固定后部两排斜撑。斜撑采用 $\phi 600$ 钢管支撑。安装反力架与车站结构连接部位的间隙要垫实,以保证反力架脚板有足够的抗压强度(图 4-14)。

图 4-14 反力架施工

任务五　负环管片拼装

负环管片是为盾构始发时提供临时反推力和初始盾构姿态重要部件。通常负环管片的 0 环伸入洞内 0.4~0.8m（图 4-15），在洞门施工前再将这环管片凿除。管片的安装顺序是：先安装底部管片，再安装左右管片，每环相邻管片应控制环面平整度和封口尺寸（图 4-16）。安装负环管片时推进油缸推力控制在 1000t 以内，推进时保证每组推进油缸行程差小于 10mm。

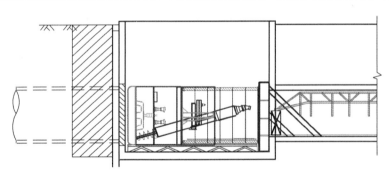

图 4-15　反力架及负环管片安装示意图

负环管片的拼装质量控制要点如下：

(1) 管片运输中要轻吊轻放，避免碰撞。

(2) 安装前专人检查管片是否有不合要求的裂缝、破损等缺陷，管片的类型是否正确，管片标志是否齐全，是否已达龄期。

(3) 根据高程和平面的测量报表和管片间隙，及时调整管片拼装的姿态，并严格控制管片成环后的环、纵向间隙。用三角方木每隔 0.5m 及时填补环、纵向间隙，并用钢丝绳或者槽钢固定拉紧每环管片，防止其失圆（图 4-17~图 4-20）。

负环管片安装注意事项如下：

①在安装负环管片前，为保证负环管片能顺利向后推进并且不破坏盾尾尾刷，在盾尾内安设厚度为盾尾间隙大小的方木，以使管片在盾构内的位置得以保证。负环管片的最终位置通过推进油缸的行程进行控制，在负环管片与钢管片之间的空隙要用钢板或铜板塞满。

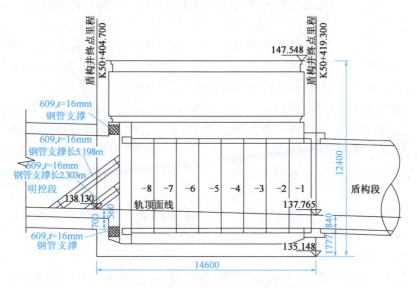

图 4-16 负环管片安装结构图(尺寸单位:cm)

图 4-17 钢丝绳加固负环管片

图 4-18 负环管片与基准环连接

图 4-19 型钢支撑负环

图 4-20 负环下的楔形垫木

②由于负环安装的期间,喂片机尚未有空间安放,管片的运输只能依靠临时导轨,应注意吊装和拼装的安全。

③由于洞门注浆的需要,零环必须安装橡胶止水条,否则注浆容易从管片间隙流出。

④尽管负环对管片没有精度要求,但考虑保护盾尾密封刷和节约盾尾密封油脂的需要,务必保证管片的平整度满足要求,尤其注意管片外侧的平整度。

⑤推进过程中,跟踪加固负环管片。在负环管片脱出盾尾后,及时用钢丝拉结和木楔子等进行加固,以保证在传递推力过程中管片不会浮动、下沉变位。管片安放在托架上,外侧采取钢丝拉结和钢管支撑等加固措施,以保证在传递推力过程中管片不会浮动变位。

⑥管片木楔垫块塞紧管片,在掘进过程中,应设专人看管,并及时加紧,防止因震动出现松懈。

负环管片的拼装类型:在安装井内的负环管片的拼装类型通常采取通缝拼装,主要是因为盾构井一般只有一个,在施工过程中要利用此井进行出渣、进管片。所以采用通缝拼装可以保证能及时、快速的拆除负环管片。

反力架、负环管片的拆除:反力架、负环管片的拆除时间是根据背衬注浆的砂浆性能参数和盾构的出洞掘进推力决定。一般情况下,掘进100m以上(同时前50环完成掘进7日以上),可以根据工序情况和工作整体安排,开始进行反力架、负环管片拆除(图4-21)。

图4-21 负环管片拆除

任务六 始发掘进控制要点

盾构始发也称为盾构出洞,是指利用反力架和负环管片,将始发基座上的盾构,由始发竖井推入地层,开始沿设计线路掘进的一系列作业,直至具备拆除负环条件为止的过程。

(1)盾构始发前,为防止其进入预留洞门时刀盘损坏帘布橡胶,可在外围刀盘和帘布橡胶板外侧涂抹适量的油脂。随着盾构向前推进需根据情况对洞门密封压板进行调整,以保证密封效果,如图4-22所示。

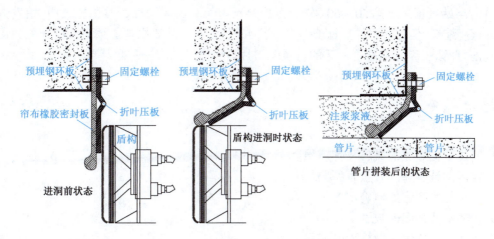

图 4-22 土压平衡盾构始发洞门密封示意图

(2) 当盾构刀盘全部通过第一道密封后,开始向土仓内加压,压力仅满足泥土充满土仓,然后在两道密封间利用预留注脂孔向内注油脂,使油脂充满两道帘布橡胶密封间的空隙。当盾尾通过第一道密封且折叶板下翻后,进一步加注油脂,保证洞门临时密封具有足够的防水效果。当盾尾通过第二道密封且折叶板下翻后,要及时利用注脂孔向内继续注油脂,使油脂压力始终高于泥土压力 0.01MPa 左右,从而使盾构顺利始发并减少始发时的地层损失。

(3) 泥水盾构始发时,除防止泥水盾构始发掘进时泥土、地下水从盾体和洞门的间隙处流失外,还要防止循环泥浆的流失,同时为建立一定的泥水压力,在盾构始发时一般需安装由两道相同密封组成的洞门临时密封装置。

(4) 盾构始发掘进前,应首先以盾构推进时所需的最大推力及盾构工作井轴线与隧道设计轴线的关系为设计依据确定钢反力架的型式,并以盾构推进时所需的最大推力进行校核,然后根据设计加工盾构钢反力架;盾尾钢丝刷必须用油脂进行涂抹,涂抹质量必须达到饱满、均匀,保证每一根钢丝上均粘有油脂。

(5) 在始发阶段由于盾构设备处于磨合阶段,要注意推力、扭矩的控制,同时也要注意各部位油脂的有效使用。

(6) 在盾构始发推进、建立土压过程中,应注意对洞门密封、始发基座、反力架及反力架支撑的变形、渣土状态(渣土管理)、地表沉降等情况进行认真观察与监控,及时调整盾构掘进参数。一旦发现异常,应适当降低土压力(或泥水压)、减小推力(总推力应控制在反力架承受能力以内)、控制推进速度,防止由于渣土管理控制不当造成地表沉降或隆起。

(7) 由于始发基座轨道与管片有一定的空隙,为了避免负环管片全部推出盾尾后下沉,可在始发基座导轨上焊接外径与理论间隙相当的圆钢,使圆钢将负环混凝土管片托起;严禁盾构在始发基座上滑行期间进行盾构纠偏作业。

(8) 在盾尾拼装好整环负环管片后,利用盾构推进油缸将负环管片缓慢推出盾尾,直至与钢负环接触,并用管片螺栓连接固定。负环管片的最终位置要以推进油缸的行程进行控制,在第一环负环管片与负钢环之间的空隙用早强砂浆或钢板填满,确保推进油缸的推力能较好地传递至反力架上;第二环负环及以后管片将按照正常的安装方式进行安装。

(9) 随着上述负环管片的拼装,应不断用准备好的木楔填塞负环管片与始发基座轨道及三角支撑之间的间隙,待洞门围护结构完全拆除后,盾构应快速地通过洞门进行始发掘进施工。

(10) 当始发掘进至第 50~60 环时,可拆除反力架及负环管片。盾构施工中,始发掘进长度应尽可能缩短,但应能容纳后配套设备,且同时保证管片外表面与土体之间的摩擦力应大于盾构的推力(该长度可根据管片环的自重及管片与土体间的摩擦系数计算出)。

◆ **思考题** ◆

1. 简述盾构始发的概念及其流程。
2. 常用的端头加固方法有哪些?
3. 端头加固范围如何确定?
4. 论述端头加固的技术要点。
5. 简述盾构始发关键技术及流程。
6. 简述盾构始发掘进要点。

单元五

盾构掘进

项目描述

主要介绍土压平衡盾构掘进、泥水平衡盾构掘进、联络通道施工的关键技术要点。

学习目标

1. 知识目标

(1) 掌握土压平衡盾构掘进作业流程及质量控制要点;

(2) 掌握泥水平衡盾构掘进作业流程及质量控制要点;

(3) 掌握联络通道施工作业流程及质量控制要点。

2. 能力目标

(1) 能够指导实施土压平衡盾构掘进作业;

(2) 能够指导实施泥水平衡盾构掘进作业;

(3) 能够组织实施地铁联络通道施工作业。

任务一　土压平衡盾构掘进

土压平衡(Earth Pressure Balanced)盾构,简称EPB盾构,是由刀盘开挖工作面的土壤、在土仓中以渣土为主要介质平衡隧道开挖面地层压力、通过螺旋输送机出渣的压力平衡式盾构。如图5-1所示,土压平衡盾构是在机械式盾构的前部设置隔板,使土仓和排土用的螺旋输送机内充满切削下来的渣土,依靠推进油缸的推力给土仓内的渣土加压,使渣土土压作用于开挖面以保持其稳定。

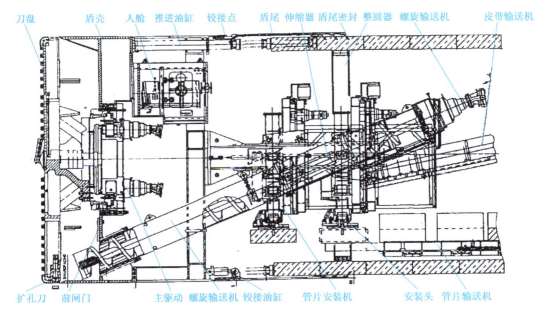

图 5-1　土压平衡盾构

一、土压平衡盾构施工流程

土压平衡盾构是在机械式盾构的前部设置隔板,在刀盘的旋转作用下,刀具切削开挖面的泥土,破碎的泥土通过刀盘开口进入土仓,使土仓和排土用的螺旋输送机内充满切削下来的泥土,依靠盾构推进油缸的推力通过隔板给土仓内的土渣加压,使土压作用于开挖面以平衡开挖面的水、土压力。切削下来的土渣通过螺旋机转到皮带机上,然后输送到渣车里。盾构在推进油缸的推力作用下向前推进,盾壳对挖掘出的还未衬砌的隧道起着临时支护作用,承受周围土层的土压和水压以及将地下水挡在盾壳外面。掘进、排土、衬砌等作业在盾壳的掩护下进行。

土压平衡盾构施工的关键在于土仓内建立土压力是否始终能与开挖面产生的水土压力保持平衡。即依靠土仓内塑流状土体作用在开挖面上的压力 P_{TBM}(包括:泥土自重产生的土压力 + 盾构推进过程中盾构推进油缸的推力)和盾构前方地层的静止土压力 P_E 与地下水压力 P_W 的合力相平衡。

当土仓压力 $P_{TBM} > P_E + P_W$ 时,土压平衡盾构压力过高,容易引起地表隆起现象(图5-2)。

当土仓压力 $P_{TBM} < P_E + P_W$ 时,土压平衡盾构压力过低,容易引起地表塌陷现象(图 5-3)。

随着土压平衡盾构机的不断推进,在刀盘切土与螺旋输送机排渣的交替中始终保持一种动态压力平衡过程(图 5-4)。要实现土仓压力动态平衡控制,需要控制盾构机的推进速度和螺旋输送机的转速,来分别控制进入土仓的渣土量和排出土仓的土渣量,最终控制土仓内渣土的总量,实现土仓压力与掌子面压力的动态平衡。

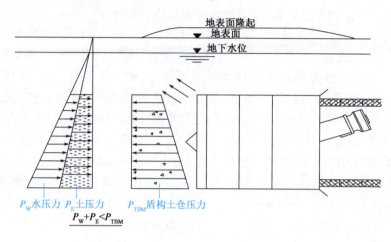

图 5-2　土仓压力过大引发地表隆起

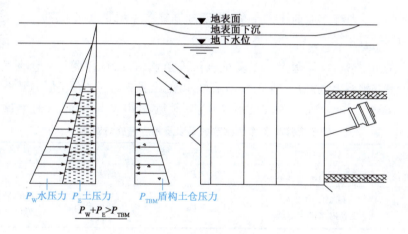

图 5-3　土仓压力过小引发地表沉陷

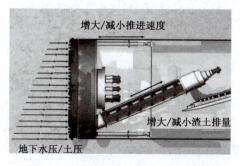

图 5-4　土压平衡盾构压力动态控制示意图

二、掘进管理原则

掘进参数控制要素主要包括:刀盘转速、土仓压力、油缸推力及螺旋输送机转速等参数的选择。由于各型盾构在工作原理和功能结构上的差异,其关键掘进参数范畴和控制精度要求存在一定差异,导致相应控制策略和采取的具体应对措施也不同。对土压平衡盾构而言,掘进管理原则如下:

微课:土压掘进管理

(1)施工前,技术人员一般根据地质条件、隧道埋深、地面荷载、地表沉降、盾构姿态、刀盘扭矩、油缸推力、盾尾间隙、油缸行程等各种测量和量测数据信息,正确下达每班掘进指令及管片指令。

(2)开机前,主司机应全面检查冷却循环水系统、压缩空气系统、推进系统、管片拼装系统、主轴承密封润滑系统、盾尾注脂系统等,在确保系统正常后再严格按照启动顺序开机。

(3)施工时,主司机遵照技术人员给出的掘进指令上的各种参数进行掘进,并根据相应状况及时调整,以确保刀盘和刀具不超载,掘进方向误差不超限。关键掘进参数包括:刀盘扭矩、螺旋输送机扭矩、掘进速度、土仓压力、铰接变化、渣土状况和盾构姿态等。

(4)停止掘进时,土仓内应保持相应的压力,以防止在安装管片或停机时,掌子面发生坍塌。地表最大变形量在 +10 ~ -30mm 之内,每一循环盾构的纠偏值水平方向不超过 9mm,竖直方向不超过 5mm,隧道轴线和折角变化不能超过 0.4%。

三、土压平衡工况掘进

为了保持土仓压力与作业面压力平衡,关键掘进参数控制要点如下:

1. 土仓压力值

微课:土压平衡盾构掘进-盾构土仓压力

掘进时,根据地质条件、埋深大小以及地表沉降监测信息,优化调整土仓压力值 P 值,使其与地层土压力 P_0、地下水压(孔隙水压)及预先考虑的预备压力相抗衡。地表沉降与工作面稳定关系以及相应措施对策见表 5-1。有关参数工程估算方法如下:

地表沉降与工作面稳定关系以及相应措施与对策　　表 5-1

地表沉降信息	工作面状态	P 与 P_0 关系	措施与对策	备 注
下沉超过基准值	工作面坍陷与失水	$P_{max} < P_0$	增大 P 值	P_{max}、P_{min} 分别表示 P 的最大峰值和最小峰值
隆起超过基准值	支撑土压力过大,土仓内水进入地层	$P_{min} > P_0$	减小 P 值	

(1)地层土压力 P_0

根据隧道埋深不同,将隧道分为深埋隧道和浅埋隧道,其土压计算方式不同。深、浅埋隧道的判定原则一般以隧道顶部覆盖层能否形成"自然拱"为原则。其中,深埋隧道围岩松动压力值是根据施工坍方平均高度(等效荷载高度)确定的。深、浅埋隧道分界深度通常为施工坍方平均高度的 2 ~ 2.5 倍。

$$H_p = (2 ~ 2.5) h_q$$

式中:H_p——深、浅埋隧道分界的深度;

　　　h_q——施工坍方平均高度,$h_q = 0.45 \times 2^{6-s} \omega$;

　　　S——围岩类别,如Ⅲ类围岩,则 $S = 3$;

　　　ω——宽度影响系数,且 $\omega = 1 + i(B - 5)$;

　　　B——隧道净宽度,单位以 m 计;

i——以 $B=5\mathrm{m}$ 为基准，B 每增减 $1\mathrm{m}$ 时的围岩压力增减率；当 $B<5\mathrm{m}$ 时，取 $i=0.2$；$B>5\mathrm{m}$ 时，取 $i=0.1$。

在深埋隧道中，按照太沙基土压力理论计算公式以及日本村山理论，可以较为准确地计算出盾构前方松动土压力。但在实际施工过程中，可以根据隧道围岩分类和隧道结构参数，采用我国现行《铁路隧道设计规范》(TB 10003—2016) 中推荐的计算围岩竖直分布松动压力 q 的计算公式：

$$q = 0.45 \times 2^{6-s}\gamma\omega$$

式中：γ——围岩重度。

地层在产生竖向压力的同时，也产生侧向压力。侧向水平松动压力 σ_a 的计算见表5-2。

侧向水平松动压力计算　　表5-2

围岩分类	Ⅵ~Ⅴ	Ⅳ	Ⅲ	Ⅱ	Ⅰ
水平松动压力 σ_a	0	$(0\sim1/6)q$	$(1/6\sim1/3)q$	$(1/3\sim1/2)q$	$(1/2\sim1)q$

在浅埋隧道中，土处于静止的弹性平衡状态。此时，土压力为静止土压力。在任意深度 h 处，土的铅垂方向的自重应力 σ_z 为最大主应力，而水平应力 σ_x 为最小主应力，见下式：

$$\sigma_x = k\sigma_z = k\gamma h$$

式中：k——侧向土压力系数，$k=v/(1-v)$；

v——岩体的泊松比，一般而言，砂层中，$k=0.34\sim0.45$，黏土地层中，$k=0.5\sim0.7$；日本《建筑基础结构设计规范》建议，不分土的种类，k 均为 0.5。

计算地面以下深度为 z 处的地层自重应力 σ_z，等于该处单位面积上土柱的质量。

$$\sigma_z = \gamma_1 h_1 + \gamma_2 h_2 + \gamma_3 h_3 + \cdots + \gamma_n h_n = \sum\gamma_i h_i$$

式中：γ_i——第 i 层土的天然重度 ($\mathrm{kN/m^3}$)，在地下水位以下一般采用浮重度；

h_i——第 i 层土的厚度 (m)；

n——从地面到深度 z 处的土层数。

根据盾构的特点及盾构施工的原理，采用朗金理论计算主动土压力与被动土压力：

①当盾构推力偏小，土体处于向下滑动的极限平衡状态。此时土体内的竖直应力 σ_z 相当于最大主应力 σ_1，水平应力 σ_x 相当于最小主应力 σ_a。水平应力 σ_x 为维持刀盘前方的土体不向下滑移需要的最小土压力，即土体的主动土压力。画出土体的应力圆 (图5-5)，此时水平轴上 σ_3 处的 E 点与应力圆在抗剪强度线切点 M 的连线和竖直线间的夹角 β 为破裂角：

$$\beta = 1/2\angle ENM = 1/2(90°-\varphi) = 45°-\varphi/2$$

$$\sigma_x = \sigma_a = \sigma_3 = \sigma_z\tan^2(45°-\varphi/2) - 2c\tan(45°-\varphi/2)$$

式中：σ_z——深度为 z 处的地层自重应力；

c——土的黏着力；

z——地层深度；

φ——地层内部摩擦角。

②当盾构的推力偏大，土体处于向上滑动的极限平衡状态。此时作用在刀盘前方的土压力 σ_p 相当于大主应力 σ_1，而竖向应力 σ_z 相当于小主应力 σ_a。画出土体的应力圆 (图5-6)，当应力圆与抗剪强度线相切时，刀盘前方的土体被破坏，向前滑移。此时作用在刀盘上的土压力 σ_p 即土体的被动土压力。由图5-6可知：

$$\beta' = 1/2\angle ENM = 1/2(90+\varphi) = 45°+\varphi/2$$

$$\sigma_p = \sigma_1 = \sigma_z \tan^2(45°+\varphi/2) + 2c\tan(45°+\varphi/2)$$

式中：σ_z——深度为 z 处的地层自重应力；

c——土的黏着力；

z——地层深度；

φ——地层内部摩擦角。

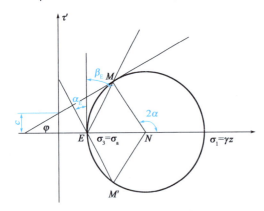
图 5-5 主动土压力应力圆

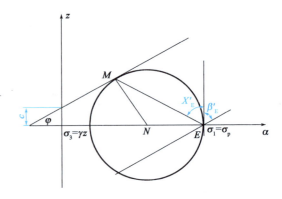
图 5-6 被动土压力应力圆

(2) 地下水压力

当地下水位高于隧道顶部，由于地层中孔隙的存在，从而形成侧向地下水压。地下水压力的大小与水力梯度、渗透系数、渗透速度以及渗透时间有关。在计算水压力时，由于地下水在流经土体时，受到土体的阻力，引起水头损失。作用在刀盘上的水压力一般小于该地层处的理论水头压力。

在掘进中，随着盾构不断往前推进，土仓内的压力在原始的土压力值附近。加上水在土中的微细孔中流动时的阻力。故在掘进时地层中的水压力可以根据地层的渗透系数进行酌情考虑。当盾构因故停机时，由于地层中压力水头差的存在，地下水必然会不断地向土仓内流动，直至将地层中压力水头差消除为止。此时的水压力为：

$$\sigma_w = q \times \gamma h$$

式中：q——根据土的渗透系数确定的一个经验数值。砂土中 $q = 0.8 \sim 1.0$，黏性土中 $q = 0.3 \sim 0.5$；

γ——水的重度；

h——地下水位距离刀盘顶部的高度。

在实际施工中，由于管片顶部的注浆可能会不密实，故地下水可能会沿着管片外部的空隙形成过水通道，当盾构长时间停机时，必将形成一定的压力水头，见下式：

$$\sigma_{w1} = q_{砂浆} \times \gamma h_W$$

式中：$q_{砂浆}$——根据砂浆渗透系数和注浆饱满程度确定的一个经验数值，一般取 $q = 0.8 \sim 1.0$；

γ——水的重度；

h_W——补强注浆处和刀盘顶部的高差。

在计算水压力时，刀盘后部的水压力 σ_{w1} 与刀盘前方的水压力 σ_w 取大值进行考虑。

(3) 预备压力

由于施工存在许多不可预见的因素，致使施工土压力小于原状土体中的静止土压力。按照施工经验，在计算土压力时，通常在理论计算的基础之上再考虑 10~20kPa 的压力作为预备压力。

2. 排土量

控制排土量是盾构在土压平衡工况模式下工作时的关键技术之一。理论上螺旋输送机的排土量 Q_S 是由螺旋输送机的转速来决定的。当推进速度和 P 值给定后,盾构可自动设置理论转速 N：

$$Q_S = V_S \times N$$

式中：V_S——设定的每转一周的理论排土量。

Q_S 与掘进速度决定的理论渣土量 Q_0 相当,即：

$$Q_0 = A \times V \times n_0$$

式中：A——切削断面面积；

n_0——松散系数；

V——推进速度。

通常,理论排土率用 $K = Q_S/Q_0$ 表示。当 K 等于 1 或接近 1 时,渣土就具有低的透水性且处于良好的塑流状态。事实上,地层土质不一定都具有这种特性。这时螺旋输送机的实际出土量就与理论出土量不符。当渣土处于干硬状态时,因摩阻力大,渣土在螺旋输送机中的输送遇到的阻力也大,同时容易产生固结、阻塞现象,实际排土量将小于理论排土量,则必须依靠增大转速来增大实际出土量,以使之接近 Q_0。这时 $Q_0 > Q_S$，$K < 1$。当渣土柔软而富有流动性时,在土仓内高压力的作用下,渣土自身有一个向外流动的能力,从而使实际排土量大于螺旋输送机转速决定的理论排土量,这时,$Q_0 < Q_S$，$K > 1$,必须依靠降低螺旋输送机的转速来降低实际排土量。当渣土的流动性非常好时,由于输送机对渣土的摩阻力减小,有时还可能产生渣土喷涌现象,这时,很小的转速就能满足出土要求,K 值接近于 0。

渣土的排出量必须与掘进的挖掘量相匹配,以获得稳定而合适的支撑压力值,使掘进机的工作处于最佳状态。当通过调节螺旋输送机的转速仍不能达到理想的出土状态时,可以通过改良渣土的塑流状态来调整。

3. 土压平衡控制

土压平衡控制的要点就是维持开挖面稳定,确保土仓内的土压力平衡开挖面的地层土压力和水压力。通过将盾构土仓内的实际土压值 P_i 与设定土压值 P_o 进行比较,以此压差进行相应的排土管理。设定土压值 P_o 应控制在以下范围内：（水压力＋主动土压力）$< P_o <$（水压力＋被动土压力）。结合上述土压值控制策略,给出了土压平衡盾构掘进控制流程图,见图 5-7。

四、盾构掘进姿态控制

1. 掘进方向的控制原则

(1) 使盾构机趋向隧道设计中心线方向,控制蛇行和滚动；

(2) 防止过急纠偏,蛇行的修正以长距离缓慢修正为原则；

(3) 盾构机姿态的调整应适应管片的姿态；

(4) 管片的选型拼装应适应盾构机的姿态及趋势；

(5) 底部推进油缸的压力稍高于顶部的压力,防止盾构机栽头；

(6) 交替刀盘正反转掘进,调整盾构机的滚动值。

微课：盾构姿态控制原则

2. 盾构推进模式

(1) 手动模式

微课：盾构姿态控制技术、细则与措施

优点：操作员可根据正面土压值的变化迅速调整推进速度和螺旋机转速,正面土压基本能保持设定土压值,土压控制比较稳定。

缺点:操作相对比较烦琐,操作时,必须不断调整螺旋机转速或推进速度。

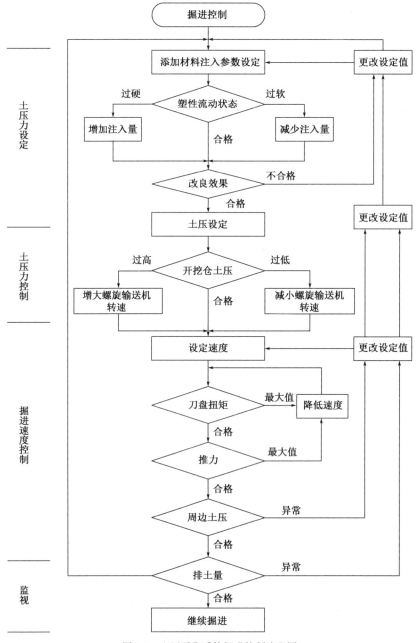

图 5-7　土压平衡盾构掘进控制流程图

(2)联动模式

优点:操作简单,避免了操作上可能存在的操作失误。

缺点:PLC(可编程逻辑控制器)读取正面土压数据和自动调整螺旋机转速这一过程具有时间上的滞后性,如当正面土压过低时,螺旋机会自动停止,致使正面土压迅速上升并超过设定土压,螺旋机又会进入启动及高速旋转状态,迅速把土压降至设定土压以下,这样就造成正面土压控制不稳定,土压变化幅度较大。

3. 盾构纠偏的常用方法

盾构掘进方向控制的目标是根据区间隧道的设计线形(平面线形要素、纵坡坡率等线路的走向和倾向统称为隧道设计轴线DTA),通过对盾构推进时推进油缸区域油压的控制、刀盘回转角及俯仰角的有效控制,使盾构机的空间位置和姿态趋近DTA数值,从而使其偏差达到最小(图5-8)。

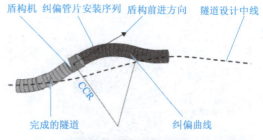

图5-8 盾构姿态控制示意图

(1)推进油缸编组

推进油缸编组是通过对推进油缸的选用,使推进油缸合力位置和外力合力位置组成一个有利于纠偏的力偶,从而调整盾构机高程位置和平面位置。对推进油缸进行编组时必须注意以下几点:

①纠偏量数值不得超过操作规程的规定值。应避免一次性大幅度纠偏,纠偏要做到"勤纠、少纠",避免大幅度纠偏。

②不得停用作用于封顶块的推进油缸。由于作用于封顶块的推进油缸只有一个,如停用该推进油缸,在盾尾的摩擦作用下,封顶块环缝将出现开裂现象。

③推进油缸只数应尽量多。每块管片(除封顶块外)至少保证有2个推进油缸受力。

④管片纵缝处骑缝推进油缸(红色标注推进油缸)一定要使用,防止相邻管片因纵缝两侧受力不同,产生环面不平整。

(2)区域油压控制

盾构将推进油缸分为上、下、左、右四个区域,每个区域为一个油压系统。通过对各区域油压阀门的调整,并结合各区段显示的推力值增加或减小各区域油压(图5-9)。

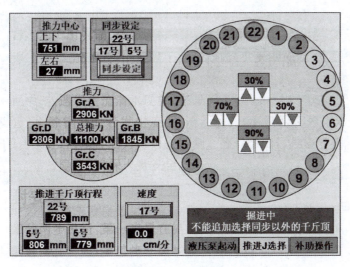

图5-9 区域油压控制

当增加或减小某区域油压的方法无法达到纠偏量时,我们采取降低或增加其他3个区域油压,以此来进一步增加纠偏力偶。

(3)超挖刀的使用

当无法通过推进油缸区域油压的调整和编组的方法完成纠偏时,我们通常采用超挖刀来改变前方阻力的合力位置(图5-10),从而得到一个理想的纠偏力偶,来达到控制盾构轴线的目的,特别是在加固区域推进时,这种方法是非常有效的。但超挖刀的使用必须要注意以下几点:

①在加固区刚开始开启超挖刀时,超挖刀的伸出量应该由小到大逐级调整,避免超挖刀的损伤;如图5-10所示,当在加固区开始采用超挖刀并初定超挖刀伸出设定值为50mm时,我们先开启刀盘,设定初始超挖量25mm,等刀盘旋转数转后,再把设定值调至50mm。

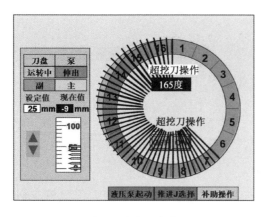

图5-10 超挖刀的使用

②由于超挖区域设定时,超挖起始点即为超挖刀开始伸出的位置,超挖终点即为超挖刀开始缩进的位置,因此在设定超挖区域时,应充分考虑超挖刀因伸出和缩进对起始点超挖产生的滞后性和超挖终点区域的扩大性。如图5-11所示,刀盘顺时针旋转时,设定超挖区域11、12、13、14,但实际上超挖区域与设定超挖区有一定的偏差,实际超挖区域为12、13、14、15区域,而且偏差量还跟刀盘的转速和刀盘旋转方向有关,实际设定超挖区域时,应考虑以上情况。

③当超挖区域较小,超挖刀伸出设定值较大时,如刀盘转速太快,会产生超挖刀还未伸至设定值就已经转过设定区域开始收缩,造成无法完成预期超挖量。如图5-12所示,由于刀盘转速太快,超挖区域的超挖量只能达到50mm,而实际设定超挖量为100mm;当出现以上情况时,我们可以适当降低刀盘切削转速,使超挖刀的伸出达到预先设定值。

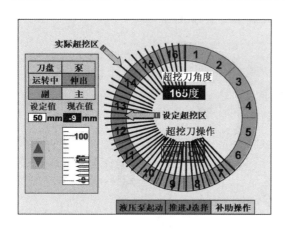

图5-11 超挖刀的扩挖性与滞后性

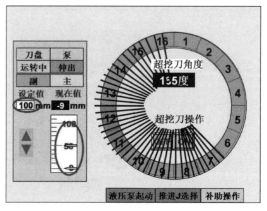

图5-12 超挖刀转速与超挖区域调节

(4)铰接油缸的使用

铰接油缸是安装在盾构推进油缸前方,用于改变刀盘切削方向的,铰接油缸的操作主要有以下几种:

①左铰:以左半区域铰接油缸回缩,右半区域铰接油缸伸出的方式使盾构切口向左转;
②右铰:以右半区域铰接油缸回缩,左半区域铰接油缸伸出的方式使盾构切口向右转;
③上铰:以上半区域铰接油缸回缩,下半区域铰接油缸伸出的方式使盾构切口上仰;
④下铰:以下半区域铰接油缸回缩,上半区域铰接油缸伸出的方式使盾构切口下磕。

操作员可通过控制左铰(右铰、上铰、下铰)量的大小,来完成盾构的纠偏量。采用铰接油缸纠偏的优缺点为:采用铰接油缸纠偏具有纠偏效果良好,灵活性强等特点,但由于在开启铰接油缸时对周围土体扰动比较大,所以不利于地面沉降的控制。

任务二　泥水平衡盾构掘进

微课:泥水盾构掘进流程

一、泥水盾构基本原理

1. 开挖面稳定机理

泥水盾构是通过在泥水仓中注入适当压力的泥浆,使其在开挖面形成泥膜,支承隧道开挖面的土体,并由刀盘切削土体表层的泥膜,与泥水混合后,形成高密度的泥浆,然后由排泥泵及管道把泥浆输送到地面进行分离处理。泥水盾构在泥水舱中产生适当压力泥浆,并形成弱透水性泥膜,利用泥水压力来抵抗开挖面土压力和水压力。在开挖面稳定机理中,泥膜形成是至关重要的。当泥水压力大于地下水压力时,按达西定律渗入土壤,形成与土壤间隙成一定比例的悬浮颗粒,并被捕获积聚于土壤与泥水的接触表面,泥膜就此形成。随着时间的推移,泥膜的厚度不断增加,渗透抵抗力逐渐增强。当泥膜抵抗力远大于正面土压时,产生泥水平衡的效果。

泥水盾构施工时稳定开挖面的机理为:以泥水压力来抵抗开挖面的土压力和水压力以保持开挖面的稳定,同时控制开挖面变形和地基沉降;在开挖面形成弱透水性泥膜,保持泥水压力有效作用于开挖面。从泥水平衡理论中可以看出,在泥水盾构法施工中,尽快形成弱透水的泥膜是一个相当关键的环节。在开挖面,随着加压后的泥水不断渗入土体,泥水中的砂土颗粒填入土体孔隙中,可形成弱透水的泥膜。而且由于泥膜形成后减小了开挖面的压力损失,泥水压力可有效地作用于开挖面,从而可防止开挖面的变形和崩塌,确保开挖面的稳定。因此,在泥水盾构施工中,控制泥水压力和控制泥水质量非常重要。为了保持开挖面稳定,必须迅速地形成可靠的泥膜,以使压力有效地作用于开挖面。

2. 泥水盾构系统构成

泥水盾构由以下五大系统构成:

(1)盾构掘进系统:一边利用刀盘挖掘整个开挖面,一边推进盾构向前掘进;

(2)泥水循环系统:将膨润土浆液送至开挖面,保持开挖面稳定并把泥水舱里的渣土通过管道以泥浆的形式泵送到地面处理厂;

(3)管片衬砌和物料运输系统:运输管片和其他材料,并把管片安装到位成型;

(4)泥水分离处理系统:把泵送出来的泥浆进行分离,回收膨润土并根据施工需要调制膨润土浆液;

(5)壁后同步注浆系统:及时填充盾尾建筑空隙,支撑管片周围岩体,有效地控制地表沉降量。

二、泥水盾构掘进管理要点

对于泥水平衡盾构而言,一般工作过程及控制要素与土压平衡盾构类似,但具有如下特征:①施工前,技术人员应根据隧道地质状况、埋深、地表环境、盾构姿态、施工监测结果等各种测量和量测数据信息,制定盾构掘进施工指令与泥浆性能参数设置指令。②施工时,除监控地质变化、隧道埋深、刀盘切削荷载、地表沉降、盾构姿态、推进油缸推力、盾构姿态和掘进速度等参数外,还应对泥浆性能进行监控,并根据泥浆性能参数设置指令进行泥水参数管理。

1. 泥水压力

(1) 泥水压力确定依据

土体一经盾构开挖,其原有的应力立即被释放,并将产生向应力释放面的变形。此时,为控制地基沉降,保持开挖面稳定,必须向开挖面施加一个相当于释放应力大小的力。在泥水盾构中是用泥水压力来抵消开挖面的释放应力,但在决定泥水压力时,必须考虑开挖面的水压力、土压力和预留荷载。其中:水压力,即指开挖面孔隙水压力,可根据事前的地质勘探准确得到,但有些地区的地下水位随季节变幅较大,必须予以考虑;土压力,目前尚无固定的计算方法,主要靠现场技术人员判断。

预留压力也称附加压。为了在开挖面形成泥膜,必须使泥水压力高于地下水压力,以使泥水向土体渗透,并填充土体中的孔隙。但如果开挖面泥水流入土体,则可能引起泥水压力降低,以致引起开挖面失稳。因此,在决定泥水压力时,一般还需在水压力、土压力的基础上再加一部分预留压力。此预留压力多采用 10~20kPa,但有时会根据渗透系数、开挖面松弛状况、渗水量等情况设定比开挖面状态大的预留压力值。值得说明的是,附加压过大,则盾构推力增大和对开挖面的渗透加强,相反会带来塌方、造成泥水窜入后方等危害,需要慎重考虑。必要时,要从干砂量测定结果等进行推测和考虑,并需要通过试验来考虑对数值等的变更。目前,有关确定预留压力值的理论处于争鸣阶段。

(2) 计算方法

以下介绍几种实际施工中常用的泥水压力计算方法:

①不考虑土压力

根据反循环钻孔施工法观点,取设计泥水压力=水压力+预留压力。由于开挖面的稳定是通过土体本身强度来维持,因此允许开挖面有一定变形。然而,对自稳性差或者软弱地基来说,这样处理是危险的。另外,在大断面盾构中,开挖崩塌和大的变形极有可能引起地基下沉。因此,采用此方法决定泥水压力时,必须作充分论证。

②采用静止土压力

即设开挖释放应力等于静止土压力。为了将开挖面保持在最稳定的状态,且把开挖变形控制到最小限度,并防止地表沉降,最好是在计算设计泥水压力时用静止土压力。

③采用主动土压力

土体中的土压力,以静止土压力为基准,当地基朝开挖面变形时,则为主动土压力;当地基朝土体变形时,则为被动土压力。朗肯根据土体单元主应力的关系,求出了主动状态和被动状态下的土压力系数:

$$K_a = \tan 2(45° - \varphi/2) - 2c/\gamma z \tan(45° - \varphi/2)$$
$$K_p = \tan 2(45° + \varphi/2) - 2c/\gamma z \tan(45° + \varphi/2)$$

式中:K_a——主动土压力系数;

K_p——被动土压力系数;

φ——内摩擦角(°);
c——土的凝聚力(t/m^2);
γ——土的重度(t/m^3);
z——距地表深度(m)。

如果开挖变形在弹性范围内,即使土体中有变形,但仍能保持开挖面稳定,因此,也可用主动土压力、被动土压力来决定泥水压力。但是,一般来说被动土压力都非常大,以此值来控制,采用直接控制型泥水盾构时就必须加大泥水加压设备(泥浆泵),且相应的盾构推进油缸也要加大,压力隔板要加厚。因此,从经济方面考虑,尚无按被动土压力进行控制的工程实例。而当采用主动土压力时,虽然由于开挖面松动,有利于出渣,但必须注意由于开挖面向盾构一侧变形引起的地表沉降。

④采用 Terzaghi 的松弛土压力

当上覆土层的厚度远大于盾构外径时,在良好的地基中可望获得一定的拱效应,因而可将 Terzaghi 的松弛土压力作为铅直土压力考虑。此松弛土压力是指假定开挖时洞顶出现松动,当这部分土体产生微小沉降时,作用于洞顶的铅直土压力。因此,应用 Terzaghi 理论时,必须求出开挖面的松弛范围。用于计算的松弛范围比隧道断面的松弛范围小,当用 Terzaghi 理论设计泥水压力时,所得值偏于安全。以下介绍 Terzaghi 松弛土压力理论。Terzaghi 用干砂进行脱落实验,如图 5-13 所示。

图 5-13 中,当板 ab 一下落,板上部的砂就塌落下来,但作用于滑动面的抗剪力支撑着它,于是,板 ab 上的土压力减小,而 a 和 b 左右的土压力增加,板 ab 上就起了拱。如增大板 ab 的宽度使砂塌落,滑动面将变为 ac 和 bd。Terzaghi 将此种状况模型化(图 5-14),并推导出铅直土压力的理论公式。

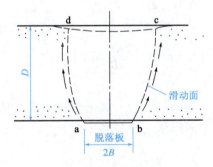
图 5-13 脱落试验

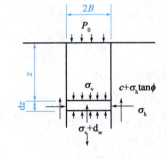
图 5-14 模型化图

由距地表深 z 处某一微小单元铅直方向力的平衡条件得:

$$2B\gamma dz = 2B(\sigma_v + d\sigma_v) - 2B\sigma_v + zcdz + 2K\sigma_v dz \cdot \tan\varphi$$

令 $z=0$,取 $\sigma_v = P_0$,得上式的解为:

$$\sigma_v = \frac{B(\gamma - c/B)}{K\tan\varphi}(1 - e^{-K\tan\varphi \cdot z/B}) + P_0 e^{-K\tan\varphi \cdot z/B}$$

式中:K——经验土压力系数,$K=1.0$;
P_0——上覆土重。

将这一理论应用于盾构断面,得下式:

$$B = R\cot\left[2\left(\frac{\pi}{4} + \frac{\varphi}{2}\right)\right]$$

用这一松弛范围可计算盾构顶端的铅直土压力,进而将此铅直土压力乘以主动土压力系数可得水平土压力。此水平土压力即可作为计算泥水压力的土压力。

⑤采用村山松弛土压力

村山等人将 Terzaghi 的松弛压力观点用于推求盾构前进方向开挖面前方土压力松弛而产生的水平力。即假定盾构前方因开挖面释放应力而形成滑动面,由洞顶的滑动宽度可求出盾构前进方向的松弛范围,并算出松弛土压力。这是一种考虑了实际崩塌的合理的评价方法,在研究泥水压力时也是有用的。但由于无法考虑开挖面变形,所以必须注意地基沉降。以下介绍这一理论。村山等人假定,开挖面前部的滑动面始于开挖面下端,拱顶高度为铅直的对数螺线,滑动面的形状可用下式计算:

$$\gamma = \gamma_0 \exp(\theta \cdot \tan\varphi)$$

为保持稳定,各滑动力(包括由滑动线所围土块 abc 的重量 w,作用于土块上面的松动土压 q_B,沿滑动面的凝聚力的抗滑力 c 以及用泥水压力抑制开挖面变形的水平力 P)围绕对数螺线中心 O 旋转的动力矩必须平衡。

$$Pl_p = wl_w + q_B\left(l_a + \frac{B}{2}\right) - \int_{r_0}^{r_d} r\cos\varphi \, ds$$

$$ds = \sqrt{1 + r^2(d\vartheta/dr)^2} \, dr$$

因此,保持开挖面稳定所需的水平力为:

$$P = \frac{1}{l_a}\left[wl_w + q_B\left(l_a + \frac{B}{2}\right) - \frac{c}{2\tan\varphi}(r_d^2 - r_0^2)\right]$$

当 $\varphi = 0$ 时,则有:

$$P = \frac{1}{l_a}\left[wl_w + q_B\left(l_a + \frac{B}{2}\right) - \frac{\pi r_0^2}{2}c\right]$$

计算水平力 P 时,首先假定松弛范围 B 为某一值,然后按下式计算松弛土压力:

$$q = \frac{\alpha B(r - 2c/\alpha B)}{2K\tan\varphi}\left[1 - \exp\left(-\frac{2KH}{\alpha B}\tan\varphi\right)\right]$$

式中:α——试验常数,$\alpha = 1.8$。

其次,求出各力矩的力臂长和开挖面前方的土块的力矩,算出由泥水压力控制开挖面的水平力 P。按上述方法,假定各种松动范围,从中求出最大控制水平力 P_{max}。由此按下式可求出盾构中心的土压力 $P^* = P_{max}/D$。

(3)泥水压力管理技术

①直接控制型

在实际掘进过程中,直接控制型泥水盾构按如图 5-15 所示原理图自动管理实际泥水压力值。其中,利用压力信号发送器 NO.2 接受由 P1 泵送出的送泥压力,并送往送泥压力调节器,由自动调节来操作控制阀 CV-3,通过调节阀的开闭调整压力。用压力信号发送器 NO.1 接受开挖面泥水压力,并送往开挖面泥水压力保持调节器。在这里把开挖面泥水压力和设定压力的差作为信号送给控制阀 CV-2,通过阀的开闭调整压力。由此,对于设定压力的管理,变动范围控制在 ±0.01MPa 以内。

②间接控制型

间接控制型泥水盾构通过压缩空气来间接地自动调节土仓内悬浮液的压力,使之与开挖面的水土压力相平衡,从而实现支撑作用。压缩空气垫能够调节泥浆的平面高度,即使在发生漏水或水从开挖面进入的情况下,仍然起着一个吸振器的作用,并最终可消除压力峰值。调压舱的压缩空气不断补偿悬浮液的波动,及时满足或补充掘进工作面对膨润土液的需求。这种调整可以达到比较精确的程度。如果平衡状态被打破,空气控制系统会自动迅速向调压舱内补充高压空气,或排出高压空气,保证压力的平衡状态。过压的高压空气通过安全阀或调节阀排出。空气控制系统的原理见图5-16。

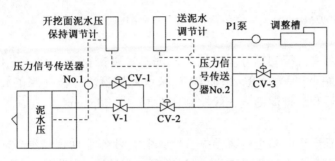

图 5-15　泥水气平衡示意图

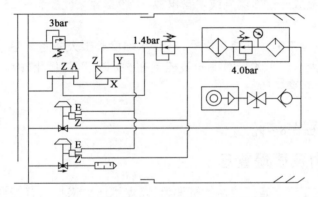

图 5-16　间接控制型泥水盾构泥水压力控制

2. 掘进速度

在控制掘进速度时,应注意以下几点:

(1)盾构启动时,需检查推进油缸是否顶实,开始推进和结束推进之前速度不宜过快。每环掘进开始时,应逐步提高掘进速度,防止启动速度过大冲击扰动地层。

(2)每环正常掘进过程中,掘进速度值应尽量保持恒定,减少波动,以保证切口水压稳定和送、排泥管的畅通。在调整掘进速度时,应逐步调整,避免速度突变对地层造成冲击扰动和造成切口水压摆动过大。

(3)推进速度的快慢必须满足每环掘进注浆量的要求,保证同步注浆系统始终处于良好工作状态。

(4)掘进速度的选取,必须注意与地质条件和地表建筑物条件匹配,避免速度选择不合适对盾构刀盘、刀具造成非正常损坏和造成隧道周边土体扰动过大。例如,正常掘进条件下,掘进速度应设定为 20～40mm/min;在通过软硬不均地层时,掘进速度控制在 10～20mm/min。

3. 掘削量控制

掘进实际掘削量 Q 可由下式计算得到:

$$Q = (Q_2 - Q_1) \times t$$

式中：Q_2——排泥流量（m³/h）；
Q_1——送泥流量（m³/h）；
t——掘削时间（h）。

当发现掘削量过大时，应立即检查泥水密度、黏度和切口水压。此外，利用探查装置，调查土体坍塌情况，在查明原因后应及时调整有关参数，确保开挖面稳定。

4. 泥水指标控制

（1）泥水密度

泥水密度是泥水主要控制指标。送泥时的泥水密度控制在 1.05～1.08g/cm³ 之间；使用黏土、膨润土（粉末黏土）提高比重；添加 CMC 来增大黏度。工作泥浆的配制分两种，即天然黏土泥浆和膨润土泥浆。排泥密度一般控制在 1.15～1.30g/cm³。

（2）漏斗黏度

黏性泥浆在砂砾层可以防止泥浆损失、砂层剥落，使作业面保持稳定。在坍塌性围岩中，使用高黏度泥水。但是泥水黏度过高，处理时容易堵塞筛眼，造成作业性下降；在黏土层中，黏度不能过低，否则会造成开挖面塌陷或堵管事故，一般漏斗黏度控制在 25～35s。

（3）析水率

析水率是泥水管理中的一项综合指标，与泥水黏度有很大关系。悬浮性好的泥浆就意味着析水率小，反之就大。泥水的析水率一般控制在 5% 以下，降低土颗粒和提高泥浆的黏度，是保证析水率合格的主要手段。

（4）pH 值

泥水的 pH 值一般在 8～9。

三、泥水压力及质量管理

泥水式盾构机施工时稳定开挖面的机理为：以泥水压力来抵抗开挖面的土压力和水压力以保持开挖面的稳定，同时，控制开挖面变形和地基沉降；在开挖面形成弱透水性泥膜，保持泥水压力有效作用于开挖面。在开挖面，随着加压后的泥水不断渗入土体，泥水中的砂土颗粒填入土体孔隙中，可形成渗透系数非常小的泥膜（膨润土悬浮液支撑时形成一滤饼层），而且，由于泥膜形成后减小了开挖面的压力损失，泥水压力可有效地作用于开挖面，从而可防止开挖面的变形和崩塌，确保开挖面的稳定。

1. 泥水压力控制

土体一经盾构机开挖，其原有的应力即被释放，并将产生向应力释放面的变形。此时，为控制地基沉降，保持开挖面稳定，必须向开挖面施加一个相当于释放应力大小的力。泥水式盾构机中由泥水压力来抵消开挖面的释放应力。在设定泥水压力时主要要考虑开挖面的水压力、土压力，即 $P_s = P_c + P_w$，如图 5-17 所示。

当泥水舱内的泥水压力大于地层压力和水压力时，地表将会隆起（图 5-18）；当泥水舱内的泥水压力小于地层压力和水压力时，地表将会下沉（图 5-19）。因此泥水舱内的泥水压力应与地层土压力和水压力平衡。

2. 泥水质量管理

泥水在循环过程中，支护作用的好坏，泥水形成的泥膜质量至关重要。泥水最大粒径对泥膜形成效果有很大影响，根据土层渗透系数 K 的不同要求，泥水最大颗粒粒径也不同，其间需互相匹配。

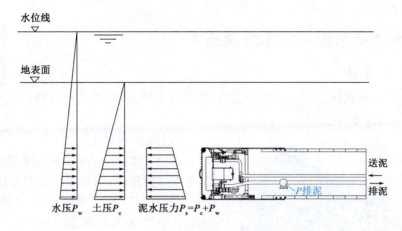

图 5-17　泥水平衡盾构压力平衡示意图

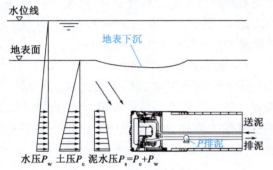

图 5-18　泥水压力过小引发沉降

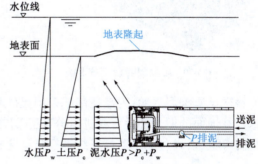

图 5-19　泥水压力过大引发隆起

3. 泥水的技术指标

(1) 泥水比重

为保持开挖面的稳定,即把开挖面的变形控制到最小限度,泥水密度应比较高。但比重高的泥水使得送泥泵处于超负荷状态,将导致泥水运输及分离处理上的困难;而比重低的泥水虽具有减低泵的负荷等优点,但因渗透量增大、泥膜形成速度慢,对维持开挖面的稳定不利。因此,在选定泥水密度时,必须充分考虑土体的地层结构,在保证开挖面稳定的同时也要考虑设备的负荷能力。一般的泥水相对密度 γ_d 在 1.05~1.3 范围内较适宜。

(2) 泥水的黏度

泥水必须具备适度黏度已达到需要的性能,具体如下:

①防止泥水中的黏土、砂粒在泥水室内的沉积,保持开挖面稳定;

②提高黏性,增大阻力,防止逸泥;

③使开挖下来的土料以流体输送,经后处理设备滤除废渣,将泥水分离。

可通过将泥水从漏斗形容器流出的时间来判定泥水的黏性,表示出外观的黏性(在清水中 500mL 漏斗形黏性是 19s)。通常是采用 25~40s/500mL 左右值的泥水。

(3) 含砂量

在强透水性土体中,泥膜形成的快慢与掺入泥水中砂粒的最大粒径以及含砂量(砂粒重/

黏土颗粒重)有密切的关系,这是因为砂粒具有填堵土体孔隙的作用。为了充分发挥这一作用,砂粒的粒径应比土体孔隙大而且含量适中。

四、泥水循环系统与泥水分离技术

1.泥水循环系统

泥水盾构的泥水系统由以下分系统组成:造浆分系统、泥水输送分系统、泥水处理分系统(图5-20)。

微课:泥水循环
与分离技术

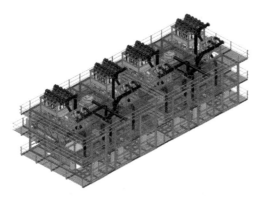

图5-20 泥水盾构泥水系统示意

（1）造浆分系统

包括泥水拌制分系统和浆液调整分系统。盾构在掘进过程中,需要进行新旧泥浆交替补充到盾构开挖面,形成一定厚度的泥膜便于刀盘切削。当旧浆液浆量不足,需要及时补充新鲜浆液,造浆系统根据浆液的黏度、比重等技术指标进行调整,以便及时向盾构泥水舱补充浆液,使开挖面快速形成泥膜,便于开挖面稳定和盾构顺利掘进。拌制泥浆的主要材料是膨润土、CMS等。

（2）泥水输送分系统

泥水输送系统将调整浆通过进浆泵与进浆管道输送至盾构泥水舱;刀盘切削下来的土砂和泥水舱中的泥水合成的泥浆,通过排浆与排浆管道送往地面的泥水处理系统进行分离;泥水输送系统主要由进排浆泵、阀、进排浆管道及配套部件等组成,通过泥水监控系统进行自动化操作(图5-21)。

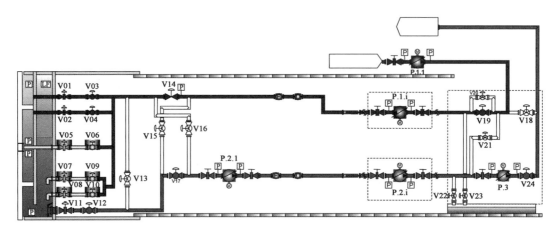

图5-21 泥水输送分系统

2.泥水分离技术

随着盾构机的掘进、切削土随着泥浆被运送,用处理设备将固体和液体分开后再排出。处理后的泥水,经过调整后,再作为送泥水循环使用。处理设备可大致分为一次处理、二次处理、三次处理,泥水处理系统工作原理如图5-22所示。一般情况下,砂质土做一次处理,黏性土做二次处理。

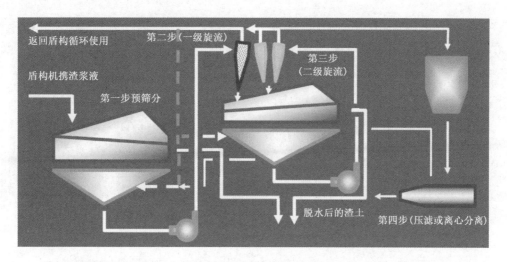

图 5-22 泥水分离设备流程图

(1) 一级处理

一级处理的过程为：由排泥管排出的泥浆经过脱水筛过滤后被送到泥浆沉淀槽内，将泥块、碎石进行首次分离，分离出来的泥块、碎石进入振动筛，再次分离后，进入输送带并运到集料槽排出，而由沉淀槽与振动筛分离出来的泥浆（图5-23），进入泥水分离旋流器内，进行循环分离，分离出来的砂土，再进入脱水筛脱水后，进入输送带运至集料箱排出，分离器分离出来的泥浆，进入调整槽重新使用，在调整槽内，并按比例加入一定量的黏土、CMC、清水进行混合，制成适合地层特征的新泥浆，由送泥泵泵入盾构泥水室内，调整槽内多余的泥浆被送到剩余泥浆槽内。

图 5-23 泥水分离振筛机

一级泥水处理的对象是从作业面返回的排出泥水中粒径在 $74\mu m$ 以上的砂、砾、粉砂、黏土块，使用振动筛和离心分离器等设备对其进行筛分，即可达到目的，分离出的土颗粒由土车运走。

(2) 二级处理

二级处理的过程为：进入溶解槽内的泥浆与 PAC（聚合氯化铝）槽内的聚集剂相混合，被泵送入压力过滤筛中，进行第二次分离，其中被分离出来的土砂、泥土，进入料槽中排出，液体则进入滤液槽中，一部分进入清水槽中，进行循环使用，另一部分则进入 pH 槽中。

二级泥水处理的主要对象是泥水一次处理时不能分离的 $74\mu m$ 以下的粉砂、黏土等细小颗粒，二次处理所使用到的相关设备如图 5-24～图 5-26 所示。处理过程中一般先用絮凝剂 PAC 使其絮凝成团，然后用压力过滤筛将其压滤成含水率较低的泥块后与泥水分离（图 5-27）。

(3) 三级处理

三级处理的过程为：将进入 pH 槽中的液体，进行酸碱处理，达到排放标准后，方可排放。泥水处理中，三级处理就是放流和调整再使用水，对需排放的剩余水作 pH 值调整。采用的材料主要是稀硫酸或适量的二氧化碳气体（图 5-28）。

图 5-24 旋流器

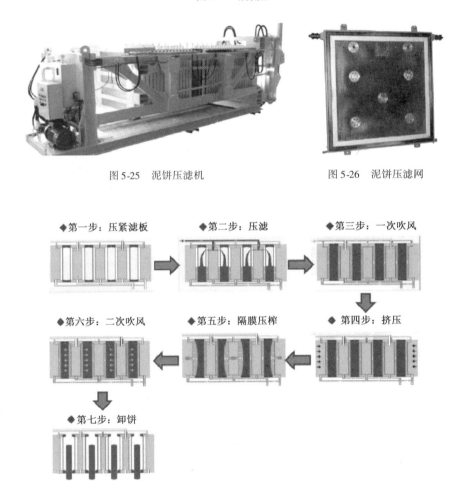

图 5-25 泥饼压滤机　　　　图 5-26 泥饼压滤网

图 5-27 泥饼压滤流程

3. 泥水监控分系统

泥水处理监控系统是泥水平衡盾构施工过程的一个非常重要的组成部分,所有泥水系统的运行和操纵由泥水监控系统来实现和完成。它具有系统各运行数据与盾构数据采集系统的通信功能。

图 5-28 泥水分离和处理分系统

所有泥水处理系统的监控系统都由 PLC 程序实现。通过泥水监控系统的运用,随时为盾构施工中央控制室提供可靠的信息和采集泥水系统的技术数据。同时通过控制系统中的显示屏和触摸屏及时了解和掌握相关的泥浆处理技术指标。

任务三 联络通道施工

根据线路纵断面设计及区间隧道防、排水要求,在区间线路最低点处设置废水泵房,一般情况下,废水泵房与该处联络通道合建(图 5-29)。目前联络通道常见的施工方法有明挖法、盖挖法和暗挖法,辅助技术手段有顶进法、冻结法和地层加固法。

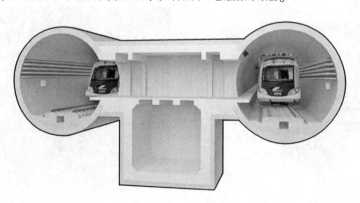

图 5-29 联络通道(带泵房)

一、传统暗挖法施工

通常采用马蹄形断面,结合隧道暗挖"两衬一防水"支护结构,如图 5-30 所示。

1. 施工准备

(1)首先完成联络通道土体加固(地表加固、洞内注浆)或降水井施工(图 5-31)。
(2)技术方案、设备、物资、材料、劳动力等准备到位。
(3)洞门临时支撑安装(图 5-32)。

2. 开洞门

(1) 开洞门之前做水平钻孔,了解土体加固效果。最重要的是了解地下水赋存条件及加固效果,判断是否出现涌水涌沙,诱发地层坍塌的风险。

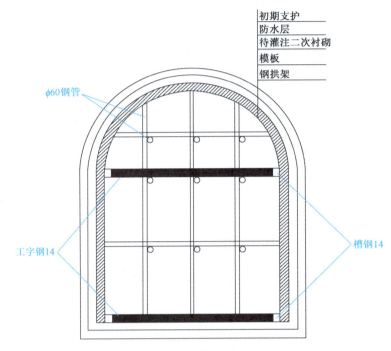

图 5-30 联络通道衬砌构造示意图

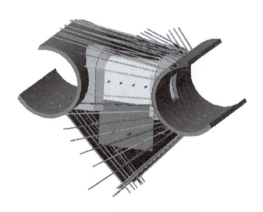

图 5-31 联络通道土体加固

图 5-32 临时支撑安装

(2) 根据测量提供的中线高程在管片上画出洞门轮廓线。

(3) 在管片切割时由技术人员沿管片上用墨线或油漆对切割线进行标识,切割时沿标识线,沿管片直径方向进行切割。采用风镐、取芯机或混凝土切割机沿轮廓线自上而下破除洞门混凝土,同时密切观察围岩及渗漏水情况。

(4) 为确保施工安全,采取台阶法分块切割混凝土,每块自重不超过 1000kg;而且上台阶初期支护安装 2~3m 后,方可切除下台阶混凝土块。保证联络通道洞门尺寸及外观。切割下来的破碎管片混凝土利用区间运行的电瓶车运出隧道。或者预先在联络通道位置处安装钢管片(图 5-33),以备后期打开使用。

打开钢管片时,采用5t手拉葫芦作为辅助拉拔管片用,一端挂住欲拆管片,一端系在对面隧道管片上,水平方向稍加力向外(隧道内)拉拔管片,要配合千斤顶操作。2t葫芦悬吊在欲拆管片的上方,一端钩住欲拆管片,以防管片拉出时突然砸落在工作平台上(图5-34)。

图5-33 联络通道预装钢管片

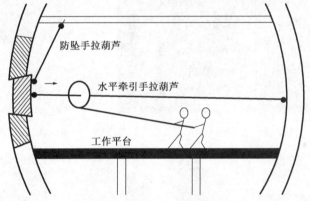

图5-34 联络通道拉钢管片图

3. 洞门框架梁施工

(1)管片切割完毕后,首先进行闭合框架梁施工,按照设计要求沿管片开口厚度的1/2处植入 $\phi16@400$ 钢筋,一端深入管片180mm,另一端深入闭合框架梁400mm,并进行弯折,以加强混凝土和闭合框架梁钢筋连接。闭合框架梁施工时,先底部钢筋及混凝土施工,然后进行两侧及顶部施工(图5-35)。

(2)如地质水文情况较好,此道工序可与后期二次衬砌一起施工。

图5-35 洞门框架梁

4. 初期支护

(1)施工工艺:测量放线→打超前小导管→超前注浆→开挖土方→初喷混凝土→挂钢筋网→安装钢格栅→焊接纵向连接筋→喷射混凝土→初期支护背后注浆→一直向前循环,主要工序如图5-36~图5-39所示。

(2)开挖一般采用正台阶法开挖,上台阶长度控制在2~3m,下台阶紧跟。每循环进尺严格控制在0.5m。开挖采用人工出土,编制袋装渣,再搬到电瓶车渣土斗内,运出洞外。

(3)开挖遵循十八字方针:管超前、严注浆、短开挖、强支护、快封闭、勤量测。

(4)为保证后期防水效果,加强喷射混凝土密实度控制和初支背后注浆质量控制。

(5)初期支护完成后,做净空测量,侵限处凿除,保证二次衬砌厚度。

(6)在无水(水位在仰拱下0.5m)、围岩具备一定自稳能力的情况下才能采用暗挖工法。在不完全具备这2个条件的情况下,要想办法解决,保证施工的安全、质量。

(7)有水处理:排,洞外或洞内打降水井、洞内设集水井排水沟;堵,注浆,有地面旋喷、洞内水平注浆、超前小导管注浆、深层注浆等方式方法。

(8)围岩自稳性差处理:注浆加固,地面旋喷、洞内水平注浆、超前小导管注浆等方法。

图5-36 安装钢拱架

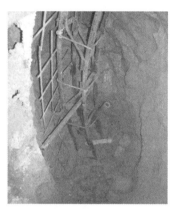

图5-37 安设锁脚锚杆

图5-38 铺设钢筋网

图5-39 网喷混凝土

5.防水作业

(1)渗漏水点处理

通过初期支护背后注浆对渗漏水点进行封堵。

(2)基面处理

基面平整、坚实、圆顺、无渗漏水。

(3)防水层铺设

按设计要求铺设防水层,保证牢固,避免脱落;注意施工缝、变形缝及管片交界处的防水质量。

用射钉和热塑垫圈将土工布固定在初期支护上,钉距拱部50～70cm,边墙100～120cm,呈梅花形(图5-40)。

防水板采用无钉铺设,衬垫为梅花形布置,间距:拱顶0.7m×0.7m,边墙1.0m×1.0m(图5-41)。

铺设防水层时应注意以下问题:
①防水层铺贴应平整、牢固;
②不允许在防水板上钉明钉,防水板接缝采用自动热融机进行双焊缝焊接;
③防水板接缝搭接长度应为100mm,焊接宽度为10mm。

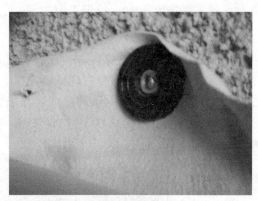

图5-40 土工布铺设

图5-41 防水板的铺设

(4)防水层保护

仰拱设混凝土保护层;拱墙少设焊接接头,焊接时注意遮挡,损坏及时修补。从安全方面考虑,防水层施工时,附近要有带压水管。

6. 二次衬砌施工

(1)施工工艺:测量放线→钢筋绑扎、安装止水带→涂刷脱模剂→简易衬砌台架拼装→调整并锁定→泵送混凝土入模→脱模→养生。

(2)混凝土浇筑:联络通道二次衬砌全断面分两次进行浇筑,先施工底板混凝土,在浇筑底板的同时并对侧墙30cm进行浇筑;安装侧墙、拱顶的钢筋及模板,浇筑混凝土,混凝土等级为C45,P10防水混凝土。

①钢筋笼绑扎:为保证钢筋接头的连接质量,并基于保护防水层的考虑,钢筋接头尽可能地安排在加工场内连接;对于必须在现场连接的,可根据现场条件采用机械连接、人工绑扎相结合来施工(图5-42)。

②二次衬砌混凝土浇筑(图5-43):混凝土采用商品混凝土由搅拌车运输至工地,在运输过程中要避免出现离析、漏浆,并要求浇注时有良好的和易性,坍落度损失减至最小或者损失不至于影响混凝土的浇注与捣实;浇筑混凝土顺序:两端底板→侧墙→拱顶;混凝土通过井口运至工作面,人工入模。分层浇筑,机械振捣,振捣深度控制在300mm左右,振捣器插入下层

混凝土的深度应大于 50mm，但不宜过深。

7. 监控量测

（1）由于地质和水文条件的复杂性、土质参数取值的非唯一性和施工工况的复杂性，矿山法隧道设计和施工过程都存在着不确定性。通过监测可有效地进行信息化施工，使整个施工过程处于受控状态，必要时可采取调整和加强措施，切实、有效地保证施工期间的安全。

（2）围岩及支护状态，地表、地面建筑、地下管线及构筑物变化，拱顶下沉，周边净空收敛为必测项目。

图 5-42　联络通道钢筋绑扎　　　　图 5-43　二次衬砌混凝土浇筑

二、冻结法加固联络通道施工

冻结法加固地层的原理，是利用人工制冷的方法，将低温冷媒送入地层，把开挖体周围的地层冻结成封闭的连续冻土墙，以抵抗土压力，并隔绝地下水与开挖体之间的联系；然后在这封闭的连续冻土墙的保护下，进行开挖和做永久支护的一种地层特殊加固方法（图 5-44）。冻结法加固具有良好的封水性、适应性、可控性，加固连续性好、强度高、环境影响小等特点。

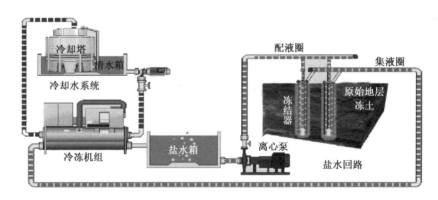

图 5-44　冻结法原理图

冷冻设备主要包括制冷设备、清水循环泵、盐水循环泵、冷却塔。制冷设备根据冻结体、冻结管路的需冷量，选择制冷量满足设计要求的螺杆机组，循环水泵和冷却塔根据水流量选择。为了确保冻结不间断,螺杆机、清水泵和盐水泵均需设置备用设备。冻结法作业流程示意如图 5-45 所示。

图 5-46 为现场冻结法作业流程。

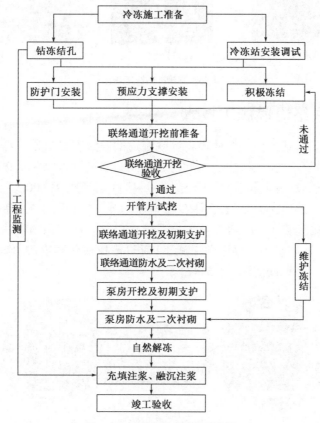

图 5-45 冻结法作业流程示意图

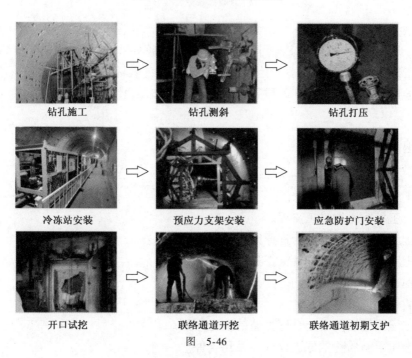

图 5-46

图 5-46　现场冻结法作业流程

三、顶管法联络通道施工技术

地铁联络通道施工,就是用一个通道将地铁隧道的左线右线打通,以方便在一条隧道出现问题的时候可以从另外一条隧道进去,然后再通过联络通道进入需要救援的那条隧道内,达到快速救援的目的。根据地铁消防设计规范的要求,区间隧道每隔 600m 就要设置一处联络通道。若采用传统工艺,通过人力来施工,不仅工期长达 4~5 个月之久,存在施工造价高、对周边环境影响大等问题,而且也是工程重要安全风险点之一。而使用顶管法施工仅需要 1 个月,相比采用传统的冷冻法和矿山法联络通道施工,新工艺机械化程度高,作业环境安全可控,成型结构稳定,有效控制了地面沉降(图 5-47)。

图 5-47　顶管法联络通道示意图

顶管法联络通道施工工艺采用钢套筒始发及接收,无须提前加固地层,具有施工工期短、成型结构稳定质量好、作业环境安全可控、机械化程度高等诸多特点。避免了传统矿山法施工联络通道的工期长、沉降得不到有效控制、对周边影响大、破坏主体结构、作业环境差等缺点。顶管法联络通道施工的顺利实施彰显了国内地下工程施工领域技术的领先水平。

◆ 思考题 ◆

1. 简述土压平衡盾构的概念。
2. 简述土压平衡盾构施工流程。
3. 简述土压平衡盾构掘进管理原则。
4. 简述土压平衡工况掘进关键掘进参数控制要点。
5. 简述掘进方向的控制原则。
6. 简述盾构纠偏常用方法。
7. 简述土压平衡盾构中土仓压力值的选定原则。
8. 简述土压平衡盾构的掘进模式及适用条件。

9. 确保土压平衡采取的技术措施有哪些?
10. 简述泥水盾构的基本工作原理。
11. 简述泥水盾构开挖面稳定机理。
12. 简述泥水盾构系统的构成。
13. 简述泥水盾构掘进管理要点。
14. 简述泥水压力控制要点。
15. 简述泥水盾构泥水系统的组成。
16. 简述泥水分离技术要点。
17. 简述直接控制型泥水盾构的泥水压力管理。
18. 简述间接控制型泥水盾构的泥水压力管理。
19. 怎样选择泥水分离设备?
20. 泥水处理一般分为几级?简述每一级的作用。
21. 根据地质条件,如何选择盾构的掘进速度?
22. 通过对实际隧道工程的调研,盾构司机在现场是如何控制盾构掘进方向的?
23. 简述联络通道传统暗挖法施工技术要点。
24. 简述冻结法加固联络通道施工技术要点。
25. 简述顶管法联络通道施工技术要点。

单元六

管片制作与拼装

项目描述

主要介绍管片制作与管片拼装的有关技术要点。

学习目标

1. 知识目标

(1) 掌握管片制作工艺流程及生产质量控制要点;

(2) 掌握管片选型与拼装作业流程及拼装质量控制要点。

2. 能力目标

(1) 能够组织开展盾构管片生产工作;

(2) 能够进行管片的计算选型及管片拼装作业。

任务一 管片制作

盾构法隧道的一次衬砌一般有多种形式,最常用的是拼装式衬砌,也有采用钢拱肋和背板支护法、现场浇筑混凝土法(挤压混凝土衬砌)的施工实例。采用拼装式衬砌时,一次衬砌每隧道轴向(纵向)一定长度(通常为1000~2000mm)的一段环状物称为管环;把管环沿周向分割成 n 块弧状板块,该弧状板块即称为管片。为了提高盾构隧道的构筑速度,管片是事先在工厂采用钢筋混凝土或球墨铸铁材料制作好的预制件,构筑隧道时运至现场拼装为管环进而串接成一次衬砌。

一、场地布置

场地布置主要包括养护池、生产车间、钢筋车间、搅拌站、管片存放场的规划与设计。图6-1为城陵矶长江穿越隧道(管片内径为2440mm,外径为2940mm)的管片厂场地规划图,供参考。

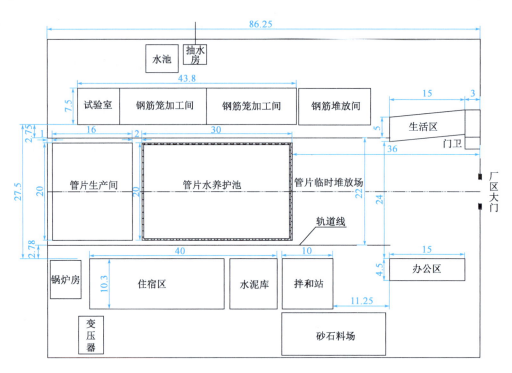

图6-1 管片厂场地规划实例(尺寸单位:m)

1. 养护池

养护池(图6-2)面积应能储存7d所生产的管片,并有一定富余量。管片在水中养护时(图6-3),养护间距一般为纵向0.35m,横向0.4m。在计算养护池的面积时,应充分考虑管片的养护间距。

图6-2 管片养护池全景

图6-3 管片水中养护

2. 车间

管片生产车间(图6-4)主要应考虑模具占地、车间内的通道和管片在车间的临时存放所需要的面积。模具间距一般应大于1.2m,车间内通道主要应包括混凝土运输道路、管片运输道路和钢筋笼运输道路所需面积。临时存放场主要是考虑管片脱模后需要在车间进行管片编号、修补的需要。采用简易车间时,主要使用门吊为起重设备,生产车间的面积应考虑到门吊轨线距厂房基础约2m的安全距离。钢筋车间(图6-5)占地面积根据钢筋用量按需要考虑。

图6-4 管片生产简易车间

图6-5 钢筋加工简易车间

3. 管片存放场

管片存放场地的面积按储存管片数量所需要的面积考虑,并需考虑场内运输道路和管片装运方面的必要面积。

二、管片制作工艺

管片制作工艺流程如图6-6所示。

1. 钢筋笼的制作

(1) 工艺流程

钢筋原材料检验→调直→断料→弯弧、弯曲→部件检查→部件焊接→钢筋骨架成型焊接→钢筋笼检验(图6-7、图6-8)。

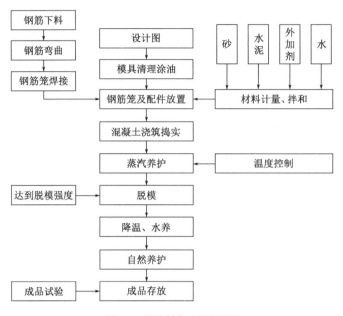

图 6-6 管片制作工艺流程图

图 6-7 钢筋弯曲机

图 6-8 钢筋骨架成型焊接

(2) 工序控制

①材料进场检验

钢筋进场时应有出厂质量证明书(试验报告单),进场后按炉罐(批)号及直径分批堆放,分批查对标牌。

每盘盘条必须由一整根盘成。盘条表面不得有裂缝、折叠、结疤、耳子、分层及夹杂。盘条允许有压痕及局部的凸块、凹坑、划痕、麻面,但其深度和高度不得大于 0.2mm。

月牙肋钢筋表面不得有肉眼可见的裂缝、结疤和折叠。钢筋表面允许有凸块,但凸块高度不得超过横肋的高度。钢筋表面不得沾有油污及其他杂物。

钢筋大量的除锈工作,是通过钢筋冷拉或钢筋调直机调直过程完成的,少量的钢筋除锈可采用电动除锈机或喷砂方法完成,钢筋局部除锈可采取人工用钢丝刷或砂轮完成。

②调直及断料

利用钢筋调直切断机对盘条进行调直,对月牙肋钢筋的局部曲折、弯曲可采用弯曲机,平直锤或人工锤击矫直。

断料前应由2人以上配合，轻吊轻放，将钢筋原材料放置在承料架上，承载量不得大于3t。下料应根据配料表及生产任务单进行。

每次断料前必须对机器刀片及刀口位置进行检查，每种型号、规格的钢筋经过检测无误后进行批量下料。

切断后的材料必须按规格整齐堆放在指定位置（图6-9），并由运输小车送到下一道工序。每日班后必须对调直机、切断机进行清洁、保养。

图6-9　钢筋按规格堆放

③弯弧、弯曲

根据弯弧、弯曲钢筋的规格调整从动轮的位置及芯轴的直径。根据配料表对钢筋进行试弯，并与标准样校核合格后，再进行弯弧、弯曲操作。弯弧前必须检查设备完好状况，发现异常应及时修理。弯弧操作进料时必须轻送，出料口操作者用双手往靠身处压送。弯曲前操作者需检查芯轴挡块、转盘有无损坏及裂纹，将防护罩紧固可靠，经运转确认正常后，方可作业。弯曲操作时严禁超过本机规定的钢筋直径、根数及额定转速工作，弯曲后钢筋先放在运料小车上，送到半成品堆放区指定位置。操作完毕后切断电源，进行机器清洁、保养工作，严格执行弯弧机、弯曲机的操作规程。加工钢筋允许误差见表6-1。

加工钢筋的允许误差　　　　　　　　　表6-1

项　　目	允许误差（mm）
受力钢筋长度	±10
弯起钢筋的弯折位置	±20
箍筋部位长度	5

④部件焊接

根据钢筋配料表对横向矩形箍筋进行焊接，焊接在成型架上进行，焊机电流不得超过额定电流，以免出现烧伤现象。按照图纸规定的焊点焊接。焊接时必须将部件放平、焊牢，严禁出现扭曲现象。

⑤钢筋骨架成型焊接

钢筋骨架成型在符合设计要求的钢筋笼成型胎模（图6-10、图6-11）或焊台（图6-12、图6-13）上进行制作。一般中大型管片采用胎模，小型管片采用焊台。

图 6-10　钢筋笼成型胎模

图 6-11　钢筋骨架吊至水平地面上

图 6-12　钢筋笼成型焊台

图 6-13　在焊台上制作的钢筋骨架

焊接前必须对部件检查,合格后摆放到胎模上的指定位置。各部件安放后,经测量调整和检验各项尺寸均符合要求,才可进行焊接工作。焊接时焊点的位置要准确,不得漏焊,焊口要牢固,焊缝表面不允许有气孔及夹渣。

焊接顺序:先焊牢端部有定位挡板一端的上下主筋,再摆正另一端焊牢连接点位。主筋与箍筋应从中间位置依次分别向两端进行焊接。端部构造附筋按图纸等间距点焊。

焊接以牢固且不伤主筋为标准,凡焊接烧伤主筋 1mm 以上均为不合格。焊接时,采用 CO_2 气体保护焊机根据操作规程进行施焊。焊后氧化皮及焊渣必须及时清除干净,保证焊接质量。焊接成型后的钢筋骨架吊离胎模,放在水平地面上。由专职检测人员测量其弧长、拱高、扭曲度、主副筋间距等项目尺寸均合格后,挂上绿色标识牌,填写记录,例如:A1R 焊工李某,质检王某,日期。以便于发生不合格情况时,追溯焊接者退回返修,直至合格为止。再用四点吊钩将钢筋骨架吊至指定区域堆放整齐。钢筋骨架制作允许误差值见表 6-2。

钢筋骨架制作允许误差值　　　表 6-2

项　目	允许误差(mm)	项　目	允许误差(mm)
主筋间距	±10	分布筋间距	±5
箍筋间距	±10	骨架长、宽、高	+5,-10

2. 管片制作

(1) 工艺流程

模具组装→模具调校→钢筋骨架入模及预埋件安装→混凝土浇筑成型→蒸汽养护→脱模→成品检验、修补及标识→运至水池养护。

(2) 工序质量控制

①模具组装

严格按照先内后外、先中间后四周的顺序，用干净的抹布彻底清理模具内表面附着的混凝土残留物及其他杂物。吊装孔座、手孔座等关键部位必须采用专用工具清除孔内积垢。最后利用压缩空气吹净模具内外表面的残渣。

由专人负责涂抹脱模剂，涂抹前先检查模具内表面是否清理干净，不合格立即返工清理。涂抹时使用干净抹布均匀涂抹，不得出现流淌现象。如出现则采用棉纱清理干净。

将端模板向内轻轻推进就位，用手旋紧定位螺栓，使用端模推上螺栓将端模推至吻合标志，把端模板与侧模板联结螺栓装上，用手初步拧紧后用专用工具均衡用力拧至牢固，特别注意应严格使吻合标志完全对正位，并拧紧螺栓，不得用力过猛。

把侧模板与底模板的固定螺栓装上，用手拧紧后再用专用工具从中间位置向两端顺序拧紧，严禁反序操作，以免导致模具变形。

②模具调校

组装好模具后，由专职模具检测人员对其宽度、弧长、手孔位进行测量，不合格的模具及时调校，必须达到模具限定公差范围，以保证成品精度。检测方法为：

利用 0~1800mm 量程的内径千分尺检测钢模的宽度，误差为 +0.2~0.4mm。

利用 0~5m 量程的钢卷尺检测钢模底板的弧长，误差为 ±1mm。

必须注意，检测宽度时，内径千分尺的测头必须在指定检测点方能进行；检测弧长时，钢卷尺必须紧密贴附在钢模底板上，且对准钢模的边线；在模具投入生产后，每天必须对产品进行宽度、对角线的测量。如发现尺寸有超差，马上对钢模进行检测。

钢模橡胶止水条属易损件，应每天检查并配有足够的备用件。检查方法是：每个工作日由组模人员目视检查，如有破损现象，立即调换新的止水条，避免因止水条破损而引起漏浆。

③钢筋骨架入模及预埋件安装

由专人按模具的型号规格将钢筋骨架、预埋件、螺旋构造钢筋、弯曲螺栓分别摆放在模具指定位置。

检查钢筋骨架是否具备绿色标识牌，然后安装上保护层垫块。垫块根据不同部位选用齿轮形或支架形。支架形用于底部，按设计要求进行设置，无特别要求时，一般每块管片对称设垫 6 只(封顶块对称设垫 4 只)；齿轮形用于侧面，按设计要求进行设置，无特别要求时，一般每块管片两侧面设垫 6 只(封顶块设垫 4 只)，端面每块两侧设垫均为 4 只。

用四点吊钩将合格的钢筋骨架按模具规格对号入模。起吊过程必须平稳，不得使钢筋骨架与模具发生碰撞。

安放预埋管时，先将管套上螺旋钢筋，将螺杆插入模具后进入预埋管管内，对准手孔座孔位处事先安放的垫圈，固定螺杆。

螺杆头部必须全部插入到手孔座的模孔内，防止连接不紧出现缝隙造成漏浆现象。

由专人检查各附件是否按要求安放齐全、牢固，不符合要求必须进行修正。

检查钢筋骨架保护层垫块是否安放正确，保证主筋保护层为 50mm，侧面箍筋保护层为 25mm。

对手孔垫圈锚固脚与钢筋骨架进行焊接,焊口要牢固。如附件、附筋与骨架碰不上,可加焊短钢筋连接,焊接时要用特殊纸皮承接掉落的焊渣,以免烫伤模具内表面,降低光洁度。

④混凝土浇筑、振捣

定期检验混凝土搅拌站上料系统和搅拌系统电子计量系统,保证机器运行精度。由试验工程师负责检查混凝土的搅拌质量,坍落度一般控制在 70～90mm 为宜。

管片模具为附着式振动方式,为确保振捣质量,采取边浇筑边振捣的施工方法。

混凝土浇筑采用分三层下料方式可减少表面气泡。第一次浇入模具端部凹凸槽位置,约厚度 2/5 处,打开中间振动器振动 1min 左右;第二次浇入模具端部止水带位置,约厚度 4/5 处,打开所有振动器振动 1min 左右;再将混凝土全部浇入振动 3～4min,关掉所有振动开关。实际操作时,振动时间根据混凝土的流动性掌握,目视混凝土不再下沉或出现气泡冒出为止。

振捣过程中须观察模具各紧固螺栓、螺杆以及其他预埋件的情况,发生变形或移位,立即停止浇筑、振捣,尽快在已浇筑混凝土凝结前修整好。

⑤混凝土抹面

打开顶板的时间一般在混凝土浇筑后 45min 左右,具体时间视气温及混凝土凝结情况而定。打开顶板时注意插牢顶板插销,以防顶板落下伤人。

粗抹面:使用铝合金压尺,刮平去掉多余混凝土(或填补凹陷处),使混凝土表面平顺。

中抹面:待混凝土表面收水后使用灰匙进行光面,使管片表面平整光滑。

精抹面:以手指轻按混凝土有微平凹痕时,用长匙精工抹平,力求表面光亮无灰匙印。

在混凝土浇筑完 1h 左右拔出螺杆并及时清洗干净,涂抹黄油后放在模具的指定位置。

⑥蒸汽养护

蒸汽养护能提高混凝土脱模强度、缩短养护时间,加快模具周转。养护分两班进行,每班 12h,设专人负责。

混凝土初凝后合上顶板(不用拧紧螺栓),在模具外围罩上一个紧密不透气的帆布罩,进行蒸汽养护。

顶板作为支架支承帆布罩,顶板不能与混凝土表面接触,应有 10～15cm 的距离,让蒸汽在此空间流动,帆布罩应紧贴地面,压上重物,以免蒸汽逸出。

混凝土浇筑完成后静置约 2h,加盖养护罩,引入饱和蒸汽进行养护。升温时间控制在 2～3h,为防止温度升高过快造成混凝土膨胀损害内部结构,在自然温度下,每 1h 升温 10～15℃,不得超过 20℃。恒温阶段一般在 1.5h 左右。蒸汽养护温度为 50～60℃,最高不超过 60℃。降温时间必须控制在 1.5h 以上,到达规定的蒸养时间后关上供汽阀,部分掀开帆布罩(图 6-14),让模具和混凝土自然冷却 1h 后,再全部揭开帆布罩,半小时后开始脱模。

蒸汽养护曲线如图 6-15 所示。管片出模后要加强水养护,以提高混凝土后期强度。

⑦脱模

混凝土降温后将同养混凝土试块送试验室进行试压。接试验室通知强度达到 15MPa 以上时开始脱模。

图 6-14 进行蒸汽养护的帆布罩

脱模顺序：松开灌浆孔固定螺杆→打开模具侧模板→打开模具端板→用吊具连接管片→振动脱模。

脱模必须使用专用吊具，将吊具吸盘固定在管片的指定位置，由专人向门吊司机发出起吊信号，1人稍微开启中间振动阀，使管片与模具脱离。将管片吊至翻片机上进行90°翻转，再用专用吊具将侧立的管片吊至平板车上。脱模过程中严禁锤打、敲击。

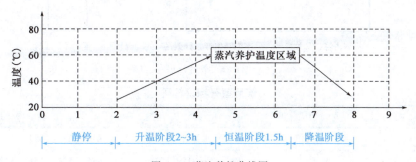

图 6-15　蒸汽养护曲线图

⑧成品检验及修补、标识

a. 成品尺寸检验

用大于管片宽度量程的游标卡尺测量管片的宽度，用大于管片厚度量程的游标卡尺测量管片的厚度。用 5m 规格的钢卷尺测量管片弧长。用直径为 1mm，长度为 7m 的尼龙线对扭曲变形情况进行检验。成品质量检验标准见表 6-3。

管片成品质量标准　　　　表 6-3

序号	内　　容		检 测 要 求	允 许 误 差
1	外形尺寸	宽度	测 3 个点	±1mm
		弦长、弧长	测 3 个点	±1mm
		厚度	测 3 个点	+3mm, -1mm
2	混凝土强度			≥设计等级
3	混凝土抗渗			≥设计等级

每块管片都进行外观质量检验，管片表面应光洁平整，无蜂窝、露筋、无裂纹、缺角。轻微缺陷进行修饰，止水带附近不允许有缺陷，灌浆孔应完整，无水泥浆等杂物。

b. 产品修补

深度大于 2mm，直径大于 3mm 的气泡、水泡孔和宽度不大于 0.2mm 的表面干缩裂缝用胶黏液与水按 1:1 ~ 1:4 的比例稀释，再掺进适量的水泥和细砂填补，研磨表面，达到光洁平整。

破损深度不大于 20mm，宽度不大于 10mm，用环氧树脂砂浆修补，再用强力胶水泥砂浆表面填补研磨处理。

c. 合格管片标识

标识内容：分别为产品的型号、产品型号的生产累积号、产品的生产日期。

标识位置：内弧面右上角；正对内弧面的右上侧端面，见图 6-16。

标识符号见表 6-4。

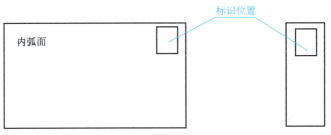

图 6-16 管片标识

管片型号标识符号 表 6-4

型 号	标识	封顶块标识	邻 接 块	标准块标识
标准环	T	KT	BT CT	A1T A2T A3T A4T A5T ……
左转弯环	L	KL	B1L B2L	A1L A2L A3L A4L A5L ……
右转弯环	R	KR	B1R B2R	A1R A2R A3R A4R A5R ……

管片最终检验由安质部质量监督员负责，车间质检员发现产品质量问题向安质部报告。不合格的产品及时标识和隔离。所有产品检验数据应填表记录。

管片出厂前应对如下项目按如下频率抽检：

a. 管片单体弯曲试验：每 1500 块一次，使用标准片。

b. 管片接合破坏试验：每 500 环一次，使用标准片或邻接片接合。

c. 管片单体推力试验：每 500 环一次，使用封顶片。

以上各项若每季生产量不足 500 环时，每季试验一次。a 项管片试验不合格时，可再取两片重新试验、如再不合格则此批管片应不予使用。

螺栓、螺母等组件，每 500 个或一批货抽样取 2 个做外观、形状、尺寸及螺栓精度检查，如不合格则此批螺栓、螺母应不予使用。每 5000 个或一批货抽样取 2 个做机械及物理性能试验，试验不合格时，可再取 2 个重新试验、如再不合格则此批螺栓、螺母应不予使用。

管片生产正常后应对每日生产的不同类型的管片分别抽检两块检漏，检漏标准为：按设计抗渗压力恒压 2h，渗流线不得超过管片厚度的 1/3。

管片水平拼装检验应符合下列规定：由三环管片进行水平组合拼装，并经检验合格方可投入正式生产。

管片投入正式生产后，对每套钢模生产的管片按如下规定作水平拼装检验：管片开始生产 50 环后进行水平拼装一次；开始生产 100 环后，再一次水平拼装检验合格后可定为每生产 100 环作一次水平拼装检验。水平拼装的检验标准应符合表 6-5 的要求。

管片水平拼装检验允许误差表 表 6-5

项 目	检测要求	检测方法	允许误差(mm)
环向缝间隙	每环测 3 点	插片	≤2
纵向缝间隙	每条缝测 3 点	插片	≤2
成环后内径	测 4 条(不放衬垫)	用钢卷尺	±2
成环后外径	测 4 条(不放衬垫)	用钢卷尺	-2, +6

三、管片存放与运输

1. 工艺流程

水池养护→储存→美容→出厂。

2. 工艺质量控制

(1) 管片检测合格打上标识,待管片温度与室外温度相差10℃以下时,由平板车运至养护池,由门式吊车吊入养护池进行水养。管片移入养护池前,应确定其管片混凝土表面温度和水温之差不大于20℃,避免因温差过大致使管片表面产生收缩裂纹。

(2) 管片进入养护池按生产日期及型号侧立排放整齐,并做好记录。养护池底部应铺设枕木,避免管片吊入养生区时因碰撞而受损。

(3) 水池养护须记录水温、管片下水前温度及水养护时间。管片在养护池中一般养护7d,起吊由翻身架翻转90°后,用叉车运至储存场。

(4) 管片移入储存场按生产日期分批放置储存,储存场地面应坚实平整。

(5) 存放时管片应内弧面向上平稳地堆放整齐,管片下及管片之间应垫有柔性材料,垫条应对称放置,使管片间无碰撞,堆放高度不得超过4层。

(6) 管片放置干冷的储存场进行强度养护,混凝土强度达到设计强度的100%管片方可出厂。

(7) 管片出厂前需盖合格印。

(8) 运输管片用叉车装车,管片内弧面向上平稳地置放于运输车辆上,管片底及管片之间垫有柔性木垫(方木),只可堆放3层高,防止运输过程中碰撞。

(9) 管片用平板汽车运到施工现场,用门吊从车上吊下,施工现场管片存储场地应用混凝土硬化,地面坚实平整,存放时管片应内弧面向上平稳地堆放整齐,堆放高度不超过4层。

四、管片质量检查与验收

1. 修整

管片外表面的气泡、水泡均需采用胶皇液拌和的水泥砂浆填补,修补时先使用厚泡沫海绵块蘸浆涂抹,再用灰匙抹平。对于深度大于2mm,直径大于3mm的缺陷宜采用二次填补方式,一次填补的材料干缩,再第二次填料抹平。特别要注意止水带上下3cm处缺陷的修整。工序质量不符合性分级表见表6-6。

管片工序质量不符合性分级表　　表6-6

级别	不符合性内容	检查严格性	处理权
致命性 (A级)	1. 钢筋数量、直径不符,影响产品力学性能。 2. 钢筋笼外形尺寸超差影响保护层厚度。 3. 焊点烧伤钢筋影响材料强度。 4. 混凝土拌和手计量超量。 5. 模具变形,水平调节失控,尺寸超差。 6. 钢筋严重锈蚀	100%测量检验并做记录	车间工艺工程师

续上表

级别	不符合性内容	检查严格性	处 理 权
严重性 （B级）	1. 钢筋笼不水平,影响装配。 2. 钢筋间距超差影响应力均匀性。 3. 钢筋笼箍附件,尺寸和形状不符合图纸要求,造成钢筋笼整体安装,焊接困难。 4. 钢筋长度超度。 5. 主筋弯弧扭曲变形,影响骨架焊接。 6. 混凝土坍落度超出控制范围	100%测量检验并做记录	车间工段长
一般性 （C级）	1. 焊点漏焊、脱焊有焊渣。 2. 钢筋笼部件绑扎不牢。 3. 模具清理不干净。 4. 喷涂隔离剂不均匀或过量。 5. 配件安装不当。 6. 振棒撞击模具。 7. 拆卸面板时间不当。 8. 振捣混凝土时间掌握不好。 9. 光面操作达不到要求	100%目视检查并做记录	检验员

2. 检验及标识

（1）产品检验

①模具测量检验:每周一次。

②产品抽检:逐片检验。

③单片管片制作允许偏差:根据规范规定,宽度:±0.2mm,(测3个点);弧弦长:±1.0mm,(测三个点);管片厚度:±1mm,(测3个点)。

④整环水平拼装允许偏差:根据规范规定,螺栓孔位圆周直径:±3mm;环面间隙:≤1.0mm(插片,每环测3个点);纵缝间隙:≤2.0mm(插片,每条纵缝测3个点);成环后内径:±2.0mm;(钢卷尺测4条);成环后外径:+6mm,-2mm;(用钢卷尺测4条)。

⑤测量检验工具:内径千分尺:120～2000mm,精度0.01mm,用于检验模具宽度;游标卡尺:0～2000mm,精度0.02mm,用于检验宽度;游标卡尺:0～200mm,精度0.02mm,用于检验厚度;样规:用于弧弦吻合度检验;尼龙线:ϕ1mm,长9m,用于检验扭曲变形情况。

⑥目视检验:管片表面应光洁平整、无蜂窝、露筋、无裂纹、缺角、无气泡水泡;止水带附近不允许有缺陷;注浆孔应完整、PVC 管内无水泥浆等杂物。

（2）标识

①内容:分别为产品的型号、产品型号的生产累积号、产品的生产日期(表6-7)。

②字体:黑体;尺寸:2.2cm×3.2cm;颜色:黑;材料:墨。

③标识位置:a.内弯弧面右上角;b.正对内弯弧面的右面端面上端。

管片模具识别码　　　　　表6-7

管片衬砌环	封顶块	邻 接 块	标 准 块		
标准环	KPn	BPn	CPn	A1Pn	A2Pn	A3Pn
左转弯环	KLn	BLn	CLn	A1Ln	A2Ln	A3Ln
右转弯环	KRn	BRn	CRn	A1Rn	A2Rn	A3Rn

3. 管片的存放和保护

（1）管片脱模后运至堆放场继续养护存放，管片堆放场坚实平整，排水流畅，支垫稳固可靠。

（2）管片按吊运、安装顺序和型号应分别堆码，堆垛间应留运输通道并满足吊车的吊距要求。

（3）管片堆垛整齐划一，无倾斜感。合格印戳和型号清楚易见。

（4）管片应搁置在柔性垫条上，管片与管片之间必须要有柔性垫条相隔，垫条摆放的位置应均匀，厚度要一致。

（5）管片采用平卧堆放整齐，吊环面朝上，层间用垫木垫平、垫实，上下层垫木应在一条垂线上，管片的叠放不能超过2层。

4. 实验与试验

（1）成品尺寸检验：用0～2100mm和0～510mm量程（根据管片设计尺寸配置）的游标卡尺分别测量管片的宽度和厚度；用5m规格的钢卷尺测量管片弧长；用直径为1mm，长度为7m的尼龙线对扭曲变形情况进行检验；每块管片都进行外观质量检验，管片表面应光洁平整，无蜂窝、露筋、无裂纹、缺角。轻微缺陷进行修饰，止水带附近不允许有缺陷，灌浆孔应完整，无水泥浆等杂物（表6-8）。

单块管片成品质量标准　　　　　　　　　　　表6-8

序号	内容		检测要求	允许误差
1	外形尺寸	宽度	测3个点	±0.5mm
		弦长、弧长	测3个点	±1mm
		厚度	测3个点	+3mm，−1mm
2	混凝土强度			≥设计强度等级
3	混凝土抗渗			≥设计强度等级

（2）混凝土强度实验：每循环生产至少做2次坍落度试验，强度试验须分3次投料，每次投料需捣实25次；样品应与制品条件完全相同情况下进行养护；施工时每5环应制作4组（12块），分别为6h试验一组，7d试验一组，标养、同条件养护28d各试验一组；强度试验样品尺寸为100mm×100mm×100mm，于正式生产前至少提供2组测试资料。管片生产每30环做一组抗渗试块。

（3）管片抗弯试验：管片正式生产前进行一次抗弯试验以检验管片的抗弯能力（图6-17）。采用千斤顶分配梁系统加荷点标距约1000mm。支承管片两端的小车可沿地面轨道滑动。采取分级加荷载值，加荷完成后，静停1min记录压力表读数及中心加荷点及水平位置变量。该试验为检验设计值，试验中各项数据指标由设计提供。最终管片抗弯试验参数需与设计确定。

（4）管片检漏试验：方法和标准按相关规定进行。一般每生产50环抽查1块做检漏试验，

图6-17　管片抗弯试验

连续三次达到检测标准则改为100环抽检1块管片,再连续三次达到检测标准,最终检测频率为每生产200环抽查1块做检漏试验。若出现一次检测不合格,则恢复每生产50环应抽查1块做检漏测试频率,再按上述要求进行抽检。

将标准片通过螺杆夹紧固定在支承架上,通过手动加压泵进行加压,分4级进行加压;第一级从0MPa加至0.2MPa;第二级从0.2MPa加至0.4MPa;第三级从0.4MPa加至0.6MPa;第四级从0.6MPa加至0.8MPa。每级之间持荷时间不少于15min,每次加压前先检查构件各端面的渗水情况,并做好记录。第4次加压后,达到0.8MPa水压时,连续观察4h。

检漏技术要求:渗水深度不超过管片厚度1/5[《地下防水工程质量验收规范》(GB 50208)];总湿渍面积不大于总防水面积的6/1000[《地下工程防水技术规范》(GB 50108)]。

(5)三环试拼装:管片正式生产前和每生产200环管片后,由于管模可能尺寸不够精确或生产过程中震动变形,因此需要进行三环试拼装以检查管片几何尺寸和模具是否符合规范要求(表6-9)。

管片水平拼装检验允许误差表 表6-9

项 目	检 测 要 求	检 测 方 法	允许误差(mm)
环向缝间隙	每环测6点	插片	≤1
纵向缝间隙	每环测6点(放可压缩至2mm衬垫)	插片	≤2
成环后内径	测8条(不放衬垫)	用钢卷尺	±2
成环后外径	测8条(不放衬垫)	用钢卷尺	0,+3

为保证拼装质量,需制作一个钢筋混凝土平台,平台确保水平,误差控制在2mm以内;制作12个拼装支架,支架能够在高度上进行微调,以便矫正管片拼装后的水平。拼装顺序:首先在平台上画直径为管片内径和外径的两个圆,作为拼装时的参考线;先放置标准块,再邻接块,最后放入封顶块;一环拼装完后,错缝拼装另外两环。检测:管片拼装完后利用不同型号的插片对管片之间的纵缝、环缝进行测量,以检测各管片之间的缝隙是否符合要求;再用水准仪分别测量各接缝的几个点,然后计算这几个点是否在同面上。

5.管片出厂检验

(1)管片出厂时,管片强度达到设计强度的100%。

(2)管片出厂前发货员应检查管片的合格章以及检验人员代号章,均满足要求后才允许装车出厂。管片运到施工场地,须经盾构施工单位验收合格办理签收手续后,方可认为该片管片生产过程的完成。

(3)管片发运前,发货员应登记管片的分块号、生产序号及生产日期等资料。

任务二　管　片　拼　装

一、管片选型基本理论

1.根据设计线型分块

管片按拼装成环后的隧道线型分为:直线段管片(Z)、曲线段管片(Q)及既能用于直线段又能用于曲线段的通用管片(T)三类。

曲线段推进过程中,为协调管片与线路、盾构机姿态与线路、管片与盾构机之间的关系,保证线路圆顺、盾构机姿态正确、管片与盾构机外壳之间不磕碰,曲线管片(Q)又可设计成左转(L)和右转(R)环(图6-18)。

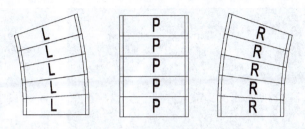

图6-18 曲线段管片设计形式

左转环(L)和右转环(R)均为单侧楔形管片,竖向投影为直角梯形,如图6-19所示。

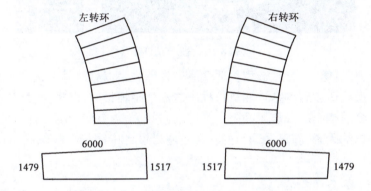

图6-19 左/右转环管片示意图(尺寸单位:mm)

通用环通常为双面楔形,投影图为等腰梯形。如图6-20所示。

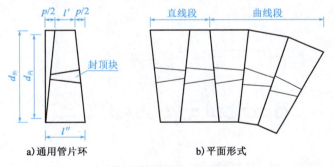

a) 通用管片环　　　　b) 平面形式

图6-20 通用环管片示意图

标准环与楔形环的不同之处在于从拼装完成的一整环管片顶部看,标准环在平面上的投影为一矩形,而转弯环在平面上的投影为对称的梯形,梯形长边比短边长 δ。在管片拼装时,如果正在安装的一环管片为楔形环(图6-21),且楔形环中楔形块的位置处于隧道的正上方,这时隧道腰部两侧将会产生衬砌长度的不同,这种长度上的不同称为超前,它的数值称为超前量。如上面介绍的管片,每拼装一环将会在隧道腰部两侧产生 δ 的超前量。

楔形环可以采用单面楔形或双面楔形皆可,国内皆有应用。楔形量的确定除满足现状线路外,也应考虑盾构机的最小使用半径;楔形量的确定需要考虑拼装条件下,由于管片扭转造成线路拟合的复杂性,需要有一定的余量;楔形量的确定最好能够较优的满足线路拟合需要,一般以在多种曲线半径下,通过与标准环的组合实现错缝拼装为宜。由于管片拼装的不可准确预测性,楔形量的数值不是确定的。隧道通过曲线段时,曲线外侧与内侧的行程差由若干楔形管片的楔形量 δ 的累加完成。

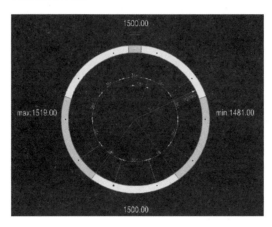

图 6-21　楔形环的设置

管片选型的原则:第一,管片选型要适合隧道设计线路;第二,管片选型要适应盾构机的姿态;第三,管片选型要适应盾构推进油缸行程。这三个相辅相成,概括为:管片选型围绕盾尾间隙和油缸行程配合盾构姿态。盾尾间隙、推进油缸行程差、铰接角度、盾构机的方向趋势,是管片选型需要考虑的因素;施工最理想的状态是隧道设计中线与盾构轴线、管片中线重合(简称三线重合)。

2. 依据盾构姿态选型

盾构机掘进过程中因地质不均匀,很容易偏离隧道轴线方向,当超过一定范围,就需要进行姿态调整,通常是通过调整盾构推进油缸的推力来调整掘进方向,但当效果不理想时,还需要用转弯管片来进行调整(图 6-22)。

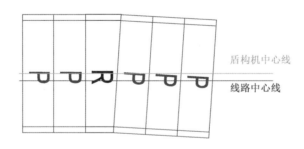

图 6-22　转弯管片示意图

3. 根据管片与盾壳的相对位置(盾尾间隙)选型

管片选型与盾构盾尾、盾构铰接、盾构推进油缸有着重要关系,特别是盾尾间隙的控制,尤为突出。从理论上,当管片安装后,管片环外圆面与盾构盾尾内圆面,其间隙是一致的,但实际施工中,由于受地层、人工操作、盾构蛇行等,造成间隙距离不一。盾尾间隙确定:由管片宽度、隧道设计轴线、注浆工艺、盾尾油脂压注工艺确定。

盾构机盾尾间隙变化三种情况:①使用楔形环管片环;②管片方位角与盾构机方位角不一

致;③盾构机偏移。以上三种情况在实际施工常常同时出现,是一个综合性因素。

盾构管片是先拼装在盾尾盾壳内,在盾构机前进的过程中,管片从尾部露出来。盾尾为一直径6230mm,厚度为40mm 的钢筒,在末端安装由薄钢板和钢丝组成的三道盾尾密封,盾尾密封有很强的弹性和很大的可压缩性,它的作用有两个,一是保护已安装的管片,使管片在密封的弹力握裹作用下保持稳定和形状;二是在注浆时防止浆液通过盾尾间隙进入主机内部。密封刷结构的最小厚度为 45mm。管片的外直径为 6000mm。如果管片的中心轴和主机的中心轴完全重合时,则盾尾间隙的值为 30mm。当管片的中心轴和主机的中心轴不重合时,也就是说当它们的姿态不一致时,盾尾间隙就会变化。如果盾尾间隙变得非常的小,就会在主机与管片间产生非常大的应力,造成管片错台,管片破裂,甚至盾尾密封损等严重后果,因此施工中我们要时刻关注盾尾间隙的大小,以确保管片和盾尾结构的安全。实际施工中要准确的测量盾尾间隙是困难的,推进油缸零平面到盾尾密封位置的距离为 2.0m,而施工中安装管片需要的油缸行程一般只为 1.8m,也就是说盾尾密封结构被管片遮住了,我们所能测量的为管片和盾壳的间隙值,理想情况下的盾尾间隙测量值为 30mm + 45mm = 75mm。

4. 根据模具进行选型

由于模具一旦购买投入生产,其生产能力基本已经定型,所以在管片生产过程中只能进行适度调整。如果拼装过程中大量使用转弯管片,造成转弯环与标准环比例严重失调。转弯环少,标准环多,这种情况是相当危险的。

在曲线段如果 3~4 环内没有转弯管片,错台就非常严重,无法继续施工。所以管片选型也必须要考虑到模具的生产能力。

5. 根据管片安装点位选型

管片划分点位的依据有两个:管片的分块形式和螺栓孔的布置。拼环时点位尽量要求 ABA(1 点、11 点)形式。要求错缝拼装区域,相邻两环管片不能通缝。管片拼装点位有很强的规律,管片的点位可划分为两类,一类为 1 点、3 点、5 点、8 点、10 点;二类为 11 点、2 点、4 点、7 点、9 点。同一类管片不能相连,例如 1 点后不能跟 3、5、8、10 这四个点位相连,只能跟 2、4、7、9、11 五个点位(表 6-10)相连。在成型隧道里两联络通道之间的奇数管片是同一类,偶数管片是同一类。

管片安装点位选型表 表 6-10

点位	1点	2点	3点	4点	5点	7点	8点	9点	10点	11点
1点	×	✓	×	✓	×	✓	×	✓	×	✓
2点	✓	×	✓	×	✓	×	✓	×	✓	×
3点	×	✓	×	✓	×	✓	×	✓	×	✓
4点	✓	×	✓	×	✓	×	✓	×	✓	×
5点	×	✓	×	✓	×	✓	×	✓	×	✓
7点	✓	×	✓	×	✓	×	✓	×	✓	×
8点	×	✓	×	✓	×	✓	×	✓	×	✓
9点	✓	×	✓	×	✓	×	✓	×	✓	×
10点	×	✓	×	✓	×	✓	×	✓	×	✓
11点	✓	×	✓	×	✓	×	✓	×	✓	×

通过选择标准环和转弯环的不同组合形式以及选择转弯环的不同点位,来实现盾构隧道的调向和纠偏,使隧道实际线路满足平面曲线及竖曲线的要求,通过选用正确型号的管片和选择正确的拼装点位,将隧道实际施工线路控制在设计线路的允许公差内。正常情况主机沿着DTA走,管片随着主机走,线形控制为工作内容之首。特殊情况下主机掘进要保护管片,同时注意隧道不能超限;盾尾间隙控制为主,线形控制可以为辅,提前决策做到胸有成竹。

盾构机是依靠推力油缸顶推在管片上产生的反力向前掘进的,推力油缸按上、下、左、右四个方向分成四组,每一个掘进循环这四组油缸的行程差值反映了盾构机与管片的平面位置之间的空间关系,可以看出下一个掘进循环盾尾间隙的变化趋势。当管片平面不垂直于盾构机轴线时,各组推进油缸的行程就会有差异,当这个差值过大时,推进油缸的推力就会在管片环的径向产生较大的分力,从而影响已拼装好的隧道管片以及掘进姿态。管片选型与盾构铰接油缸关系虽然没有直接关系,如在曲线段,但是铰接油缸行程确定与盾构掘进推进油缸有着重要关系。因此,管片选型与盾构铰接油缸具有间接影响。铰接油缸可以被动收放,有利于曲线段的掘进及盾构机的纠偏。同样铰接油缸的行程差也影响管片的选型。应将上下或左右的推进油缸行程差值减去上下或左右的铰接油缸行程差值,最后的结果作为管片选型的依据。

二、管片拼装作业

1. 管片拼装的方式

（1）通缝拼装

通缝拼装是各环管片的纵缝对齐的拼装方法(图6-23),这种拼装方法在拼装时定位容易,纵向螺栓容易穿进,拼装施工应力小,但容易导致环面不平,并有较大累计误差,导致环向螺栓很难穿进,环缝压密量不够。

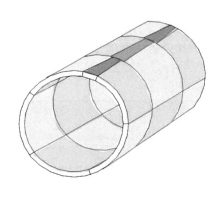

图6-23 通缝拼装

（2）错缝拼装

错缝拼装即前后环管片的纵缝错开拼装(6-24),一般错开1/2～1/3块管片弧长,用这种方式建造的隧道整体性好,拼装施工应力大,纵向穿螺栓困难,纵缝压密差。但环面较平整,穿环向螺栓比较容易。

2. 管片拼装顺序

管片拼装示意如图6-25所示。

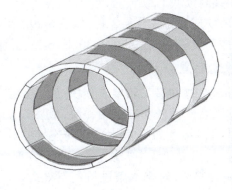

图 6-24 错缝拼装

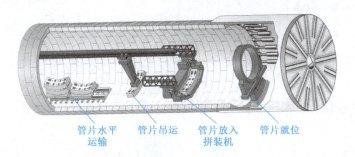

图 6-25 管片拼装示意图

管片是在盾尾内采用管片拼装机进行拼装(图 6-26)。

图 6-26 管片拼装机

用管片拼装机将管片吊起,沿吊机梁移动至盾尾位置。管片安装采取自下而上的原则,由下部开始,先装底部标准块(或邻接块),再对称安装标准块和邻接块,最后安装封顶块,封顶块安装时,先纵向搭接 2/3,径向推上,然后纵向插入。安装时推进油缸交替收回,即安装哪段管片收回哪段相对应的推进油缸,其余推进油缸仍顶紧。管片拼装顺序如图 6-27 所示:

以通缝拼装为例,管片拼装顺序一般为"先下后上"的拼装顺序(图 6-28),具体为:

第一步:拼装落底块 D 块;

第二步:拼装标准块 B1、B2,左右交叉;

第三步:拼装邻接块 L1、L2 左右交叉;

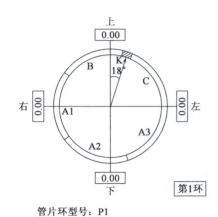

管片环型号：P1
转向：平行向前
管片安装顺序：A2-A3-A1-C-B-K

图 6-27 管片拼装顺序图

第四步：拼装封顶块 F，纵向插入。

常使用封顶块成环方式分为 3 种，如图 6-29 所示。

管片封顶成环及隧道成型如图 6-30、图 6-31 所示。

3. 管片拼装要点分析

（1）管片拼装应按拼装工艺要求逐块进行，安装时必须从隧道底部开始，然后依次安装相邻块，最后安装封顶块。每安装一块管片，立即将管片纵环向连接螺栓插入连接，并戴上螺母，用电动扳手拧紧。

（2）封顶块安装前，对止水条进行润滑处理，安装时先径向插入，调整位置后缓慢纵向顶推。

（3）在管片拼装过程中，应严格控制盾构推进油缸的压力和伸缩量，使盾构位置保持不变；盾构推进后的姿态应符合拼装要求；管片安装到位后，应及时伸出相应位置的推进油缸顶紧管片，其顶推力应大于稳定管片所需力的大小，然后方可移开管片安装机。

（4）管片连接螺栓紧固质量应符合设计要求。

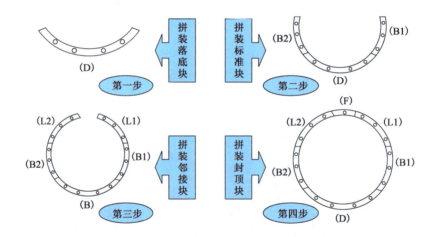

图 6-28 管片拼装分步顺序图

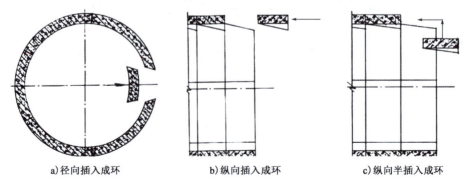

图 6-29 封顶块成环方式

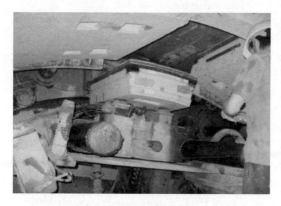
图 6-30 管片封顶成环

图 6-31 成型隧道

（5）拼装管片时应防止管片及防水密封条的损坏，安装管片后顶出推进油缸，扭紧连接螺栓，保证防水密封条接缝紧密，防止由于相邻两片管片在盾构推进过程中发生错动，防水密封条接缝增大和错动，影响止水效果。

（6）对已拼装成环的管片环作椭圆度的抽查，确保拼装精度。

（7）应注意使各种管片在环向定位准确，并保证隧道轴线符合设计要求（曲线段管片拼装时）。一般而言，轴线允许偏差：高程偏差 ±50mm，平面偏差 ±50mm；水平直径和垂直直径允许偏差 <50mm；管片错台 <3mm，管片接缝开口 <3mm，管片拼装无贯穿裂缝，没有大于 0.3mm 宽的裂缝及剥落现象。

（8）同步注浆压力必须得到有效控制，注浆压力不得超过限值。

三、管片常见破损及应对措施分析

拼装完成的管片有缺角掉边和裂缝，会使结构强度受到影响，而且会产生渗漏。管片产生破损现象主要由以下方面因素造成：

（1）管片在脱模、储存、运输过程中发生碰撞，致使管片的边角缺损；

（2）拼装时管片在盾尾中的偏心量太大，管片与盾尾发生磕碰现象，以及盾构推进时盾壳卡坏管片；

（3）定位凹凸榫的管片，在拼装时位置不准，凹凸榫没有对齐，在推进油缸靠拢时会由于凸榫对凹榫的径向分力而顶坏管片；

（4）管片拼装时相互位置错动，管片与管片间没有形成面接触，盾构推进时在接触点处产生应力集中而使管片的角碎裂；

（5）前一环管片的环面不平，使后一环管片单边接触，在推进油缸的推动下形同跷跷板，管片受到额外的弯矩而断裂。在封顶块与邻接块的接缝处的环面不平，也是导致邻接块两角容易碎裂的原因；

（6）拼装好的邻接块开口量不够，在插入封顶块时间隙偏小，如强行插入，则导致封顶块管片或邻接块管片的角崩落；

（7）拼装机在操作时转速过大，拼装时管片发生碰撞边角崩落；

（8）管片整环发生偏转，管片局部受力不均，产生弯矩，使管片角部破损；

（9）管片错台过大，在油缸推力下使管片内弧面破损。

1. 管片背面的裂缝

同一环管片在拼装完成后迎推进油缸一侧环面不在同一平面上,不同块之间有凹凸现象存在,如图6-32所示,给下一环的拼装带来影响,导致环向螺栓穿进困难、管片碎裂等问题。

(1)原因分析

①管片制作误差尺寸累计;

②拼装时前后两环管片间夹有杂物;

③推进油缸的顶力不均匀,使环缝间的止水条压缩量不相同;

④纠偏楔子的粘贴部位、厚度不符合要求;

⑤止水条粘贴不牢,拼装时翻到槽外,使之与前一环的环面不密贴,引起该块管片凸出;

⑥成环管片的环、纵向螺栓没有及时拧紧及复紧。

(2)预防措施

①拼装前检测前一环管片的环面情况,决定本环拼装时纠偏量及纠偏措施;

②清除环面和盾尾内的各种杂物;

③控制推进油缸顶力均匀;

④提高纠偏楔子的粘贴质量;

⑤检查止水条的粘贴情况,保证止水条粘贴可靠;

⑥盾构推进时,管片纵缝处的骑缝推进油缸应开启,以保证环面平整。

(3)治理方法

对于已形成环面不平的管片,在下一环及时加贴楔子纠正环面,使环面平整。

2. 错台引起的裂缝

在同环相邻的管片相互位置发生变动,致使纵缝出现了前后喇叭、内外张角、内弧面产生踏步、纵缝过宽、两块管片相对旋转等质量问题(图6-33)。对于隧道的防水、管片的受力都造成严重的危害。

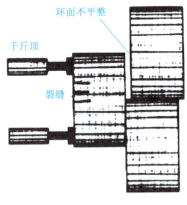

图6-32 管片背面的裂缝

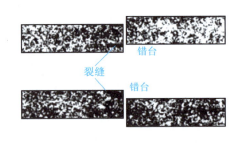

图6-33 错台引起的裂缝

(1)原因分析

①拼装时管片没有放正,盾壳内有杂物,使落底块管片放不到位或产生上翘、下翻,环面有杂物夹入环缝,也会产生前后喇叭状纵缝;

②拼装时管片未能形成正圆,造成内外张角;

③前一环管片的基准不准,造成新拼装的管片位置亦不准;
④隧道轴线与盾构的实际中心线不一致,使管片与盾壳相碰,无法拼成正圆,只能拼成椭圆,纵缝质量也就无法保证。

(2)预防措施
①拼装前做好盾壳与管片各面的清理工作,防止杂物夹入管片之间;
②推进时勤纠偏,尽量减少盾构的轴线与设计轴线的偏差,保证管片能够居中拼装,管片周围有足够的建筑空隙使管片能拼装成正圆;
③环面的偏差及时进行纠正,使拼装完成的管片中心线与设计轴线误差减少,管片始终能够在盾尾内居中拼装;
④管片正确就位,推进油缸靠拢时要均匀加力,除封顶块外每块管片至少要有两只推进油缸顶住;
⑤盾构推进时,管片纵缝处骑缝推进油缸应开启,保证环面平整。

(3)治理方法
①用整圆器进行整圆,通过整圆来改善纵缝的偏差;
②管片出盾尾,环向螺栓再进行一次复紧,可改善纵缝的变形。管片被周围土体包裹住以后,椭圆度会相应地减小,纵缝压密程度提高,此时对螺栓进行复紧可取得较好的效果;
③采用局部加贴楔子的办法,作纵缝质量的纠正。

3. 中心偏移产生的裂缝

管片衬砌环的中心和盾构机的中心有偏移,和由于盾构机方向和隧道的方向存在着偏离,无法充分保障盾尾的空隙,产生了隧道轴向的弯矩(图6-34)。

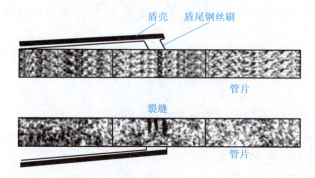

图6-34 管片衬砌环的中心和盾构机的中心有偏移引起的裂缝

(1)原因分析
①拼装时前后两环管片间夹有杂物,使相邻块管片间的环缝张开量不均匀;
②推进油缸的顶力不均匀,使止水条压缩量不相同,累计后使环面与轴线不垂直;
③纠偏楔子的粘贴部位、厚度不符合要求;
④前一环环面与设计轴线不垂直,没有及时地用楔子环纠正;
⑤盾构推进单向纠偏过多,使管片环缝压密量不均匀而使环面竖直度差。

(2)预防措施
①拼装时做好清理工作,防止杂物夹杂在管片环缝间;
②尽量多开启推进油缸,使盾构纠偏的力变化均匀;
③在施工中经常测量管片环面的垂直度,并与轴线相比较,若发现误差,及早安排制作楔

子纠环面消除。

(3) 治理方法

①合理地修改管片的排列顺序,利用增减楔子环(曲线管片)来进行纠偏;

②根据需要纠偏的量,在管片上适当的部位加贴厚度渐变的传力衬垫,形成楔子环,对环面进行纠正。一般一次加贴衬垫的厚度不超过 6mm。偏差大可连续多环的纠偏达到目的;

③当垂直度偏差较大,造成管片拼装极困难,盾壳卡管片严重时,可采用纠偏量较大的刚性楔子。

4. 推进油缸不良顶力引起的裂缝

由于盾构推进油缸靴板处倾斜地作用在管片的接头面上,所以造成对管片块体的损伤(图6-35)。这种类型的损伤,多半发生在小半径曲线的施工和在推进油缸的作用处不能弯曲时。此外,在多数的情况下,是在推进油缸安装和调整不充分时形成的,而在管片衬砌环的平整性不足时亦有可能产生类似的损伤。

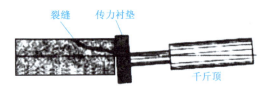

图 6-35 推进油缸不良顶力引起的裂缝

(1) 预防措施

①管片运输过程中,使用弹性的保护衬垫将管片与管片之间隔离开,以免发生碰撞而损坏管片;在起吊过程中要小心轻放,防止磕坏管片的边角;

②管片拼装时要小心谨慎,动作平稳,减少管片的撞击;

③提高管片拼装的质量,及时纠正环面不平整度、环面与隧道设计轴线不垂直度、纵缝偏差等质量问题;

④拼装时将封顶块管片的开口部位留得稍大一些,使封顶块能顺利地插入;

⑤发生管片与盾壳相碰,应在下一环盾构推进时立即进行纠偏。

(2) 治理方法

①因运输碰损的管片进行修补后方能使用,修补须采用与原管片强度相应的材料;

②在井下吊运过程中损坏的管片,如损坏范围大,影响止水条的部位的,应予以更换;如损坏范围小,可在井下修补后使用;

③推进过程中被盾壳拉坏的管片,应立即进行修补,以保证止水效果;

④内弧面有缺损的管片进行修补时,所用的材料应与原管片强度等级相同,以保证强度和减少色差。

◆ 思考题 ◆

1. 制作管片需配备的生产及检测设备主要哪些?
2. 管片制作的场地布置主要包括哪些?
3. 简述管片生产的主要原材料及标准。
4. 试述管片制作工艺流程主要包括哪些?
5. 简述管片养护、储运的工艺流程与质量控制措施。

6. 简述管片蒸汽养护的技术要点。
7. 简述管片拼装的方式及特点。
8. 简述管片拼装技术要点。
9. 简述管片常见破损及应对措施。

单元七

壁后注浆

项目描述

管片壁后注浆按与盾构推进的时间和注浆目的不同,主要可分为同步注浆、二次补强注浆。本单元主要盾构法施工壁后注浆的作用,介绍盾构法施工同步注浆及二次注浆等关键技术要点,重点介绍不同注浆方式的参数控制、工艺要求及相关注意事项。

学习目标

1. 知识目标
(1) 掌握盾构单液浆同步注浆作业的作用、类型及质量控制要点;
(2) 掌握双液浆二次壁后注浆作业的作用、类型及质量控制要点。

2. 能力目标
(1) 能够计算同步注浆量、注浆压力参数并指导单液浆同步注浆作业;
(2) 能够指导开展双液浆拌制及加注作业。

任务一 壁后注浆的作用

盾构推进时,盾尾空隙在围岩坍落前及时地进行压浆,充填空隙,稳定地层,不但可防止地面沉降,而且有利于隧道衬砌的防水,选择合适的浆液(初始黏度低、微膨胀、后期强度高)、注浆参数、注浆工艺,在管片外围形成稳定的固结层,将管片包围起来,形成一个保护圈,防止地下水侵入隧道中。壁后注浆的主要作用如下:

(1)使管片与周围岩体的环形空隙尽早建立注浆体的支撑体系,防止洞室岩壁坍陷与地下水流失造成地层损失,控制地面沉降。

(2)尽快获得注浆体的固结强度,确保管片衬砌早期的稳定性。防止长距离的管片衬砌背后处于无支承力的浆液环境内,使管片发生移位变形。

(3)作为隧道衬砌结构加强层,具有耐久性和一定强度。充填密实的注浆体将地下水与管片相隔离,避免或大大减少地下水直接与管片的接触,从而作为管片的保护层,避免或减缓了地下水对管片的侵蚀,提高管片的耐久性。

任务二 同 步 注 浆

微课:同步注浆

同步注浆与盾构掘进同时进行,是通过同步注浆系统及盾尾的注浆管,在盾构向前推进盾尾空隙形成的同时进行。浆液在盾尾空隙形成的瞬间及时起到充填作用,使周围岩体获得及时的支撑,可有效防止岩体的坍塌,控制地表沉降。

同步注浆是从安装在盾构上的注浆管直接注入盾尾空隙的方法,盾构推进油缸与注浆是联动的,控制系统通过 PLC 与盾构的推进相互锁定,保证盾构前进时环缝中的压力。砂浆流动速度是无级调整的,这样就可以通过调整它来满足盾构前进的速度。注浆操作通过预先设定的压力进行控制,从而保证:避免过高的压力损坏盾尾密封或管片;系统中每个部位都有足够的压力来平衡预计的地面土压力和地面水压力,这样可避免地面的沉降。

一、注浆参数控制

所有操作功能都通过中央控制板控制。注浆操作控制板上可以选择或预先设定:①每个注入点上的砂浆压力;②在每个注入点计算行程(砂浆量);③总行程计算(砂浆量);④每环的注入点砂浆注入量;⑤每环总的砂浆量;⑥预先设定的限定值。

(1)注浆压力

同步注浆时要求在地层中的浆液压力大于该点的静止水压及土压力之和,做到尽量填补而不宜劈裂。注浆压力过大,管壁外面土层将会被浆液扰动而造成地表隆起,浅埋地段易造成跑浆;而注浆压力过小,浆液填充速度过慢,填充不充足,会使地表沉降增大。泥水盾构施工中,一般同步注浆压力比相应水压高 0.2~0.3MPa。

(2)注浆量

同步注浆量理论上是充填切削土体与管壁之间的空隙,但同时要考虑盾构推进过程中的纠偏、跑浆(包括向地层中扩散)和注浆材料收缩等因素。

(3)注浆时间及速度

根据盾构推进速度,以每循环达到总注浆量而均匀注入,从盾构推进进行注浆开始,推进完毕注浆结束,具体注浆速度根据现场实际掘进速度计算确定。

二、单液注浆材料

注浆材料必须选择适合于隧道的土质和盾构型式等条件。作为注浆材料,应具备以下性质:①不发生材料离析;②不丧失流动性;③注浆后的体积减小;④尽早达到围岩强度以上;⑤水密性好。注浆材料最重要的是充填性、流动性及不向盾尾以外的区域流失等特性,满足这些特性是实现壁后注浆目的的关键。但由于上述条件是相互矛盾的,譬如,为了提高充填性,应使浆液的流动性好,但是流动性太好,又易使隧道管片背后顶部部分出现无浆液充填的现象。

单液注浆材料的性质具有:①可压送的流动性;②能填充到目标间隙范围;③在填充的注浆材料硬化前,不发生材料离析或凝固。

单液浆液在搅拌机中经拌和成为流动的液体,再由砂浆泵注入盾尾后部的间隙,注入时要求浆液处于流动性好的液态,以利于充填,浆液经过液体 – 固体的中间状态(流动态凝结及可塑状凝结)后固结(硬化)。但是,由于水泥的水化反应非常缓慢,所以从注入到固结需要几个小时,因此,管片背面的顶部位置很难充填到,加上水泥砂浆液易受地下水的稀释,致使早期强度下降。

在单液浆液中不同的材料配比,决定了它们不同的凝胶时间、抗压强度、固结率等,加入的水玻璃可作为速凝剂加快浆液的凝胶时间。

任务三 二 次 注 浆

微课:衬砌背后
二次注浆

一、二次双液浆概念

盾构机穿越后考虑到环境保护和隧道稳定因素,通过管片上预留的注浆孔进行壁后补注浆,补充同步注浆未填充部分和体积减少部分,减少盾构机通过后土体的后期沉降,还能减轻隧道的防水压力,提高止水效果。采用二次注浆是目前最为有效的技术手段(图7-1),用于二次注浆的浆液主要有单液浆和双液浆两种。由于双液注浆法是以浆液混合方式进行拌制,浆液的凝胶时间可调性较大,对地层的适应能力较强,因此二次注浆主要以双液浆为主。

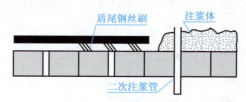

图7-1 二次注浆示意图

(1)二次注浆区别在于同步注浆,主要是针对推出盾尾5环后的壁后,填充管片壁后注浆空隙。

(2)双液注浆是指加注水泥浆液 + 水玻璃双液快凝浆液(初凝时间13s以内),以此达到有效封顶且浆液不流失的效果,起到有效填充空隙,并且阻断流水通道的作用。

二、二次注浆的作用

(1)由于盾构机本身同步注浆系统无法将管片背后拱顶部位空隙填充密实,使得该部位成为潜在壁后汇水区及流水通道。二次注浆可及时封堵此类空洞,阻断管片壁后渗水通道,有效防止掘进过程中出现喷涌等问题。

(2)盾构掘进过程中,管片在盾尾的位置是由盾构掘进方向确定,当管片受油缸推进力推出盾尾而因壁后注浆不密实,导致管片发生侧移等位置变化,容易引发下坡段管片上浮,转弯环错台等现象。此时二次注浆除选择拱顶位置外,还应考虑转弯环外侧点位超挖引起的空隙。

(3)二次注浆一般多采用双液注浆形式。鉴于双液浆速凝的性能特点,太过靠近盾尾位置容易出现浆液回流堵塞盾尾注浆管路的现象。因此二次注浆位置多选择盾尾推出5环之后位置进行。

(4)通过拱部管片手孔位置向管片壁后注入足量双液浆,不仅能有效填充壁厚间隙,还可以使管片与周围地层尽快紧密结合,防止出现工后渗漏水及地表沉降。

现场二次注浆作业如图7-2所示。

图7-2 现场二次注浆作业

三、二次注浆作业步骤

壁后二次注浆作业步骤如图7-3所示。

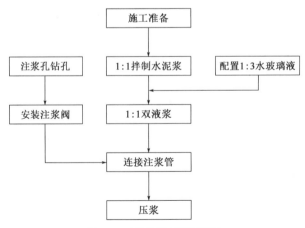

图7-3 二次注浆工艺流程图

(1) 首先进行水泥浆、水玻璃液的拌制;

(2) 在管片预留注浆孔处安装逆浆阀,用錾子打通注浆孔,若有喷气现象须先放气,然后关闭逆浆阀门;

(3) 将阀门与注浆管连接好。然后打开逆浆阀门,将两种浆液通过注浆泵压注,经注浆孔处的混合器混合注入管片壁后;

(4) 浆液注完成后,关闭逆浆阀门并对管路放气卸压,最后拆除连接注浆管并用水清洗管路。

现场二次注浆作业情况如图7-4所示。

图7-4 二次注浆作业步骤示意图

注意事项:压注完一个注浆孔后要先关好泄浆阀,并在注浆泵处对注浆管路进行卸压,避免浆液逆流、反喷,最后再拆卸注浆管。

四、二次注浆施工要求

1. 浆液配比选择

选择符合实际地层的浆液配比,并根据地层的改变进行及时调整,以满足地质条件需要,达到满意注浆效果。根据盾构二次注浆的施工经验,注浆选用的为水玻璃用水稀释1:3,水泥浆水灰比1:1,水泥浆与水玻璃体积比1:1的双液浆,浆液的凝胶时间为0.5~1.0min。

2. 注浆主要技术参数

(1) 注浆压力

双液浆注浆时,根据土压力与静水压力合力计算结果,确定注浆压力,以不损伤盾尾刷的压力值为基准,一般控制在 0.5～0.6MPa。

(2) 注浆量

注浆量需要根据盾构穿越不同土层、曲线类型以及地面变形情况适时进行调整、优化。盾构穿越建、构筑物时应及时进行二次注浆,以加快穿越部分的土层固结,建议每环注浆量控制值为 1.2m³。

(3) 注浆时间

二次注浆于管片脱出盾尾 5 环开始实施,并于管片脱出盾尾 7 环内注完。

3. 二次注浆浆液拌制

(1) 首先按水灰比为 1∶1 在拌浆筒内配制好水泥浆,水玻璃则用体积大于 1m³ 筒用水按 1∶3 稀释配制。

(2) 两种浆液配制好后,采用管道管径大小相同的注浆管分别放入浆筒和油筒内,启开注浆泵,开始注浆作业即可达到 1∶1 比例配制的双液浆。

(3) 水泥浆和水玻璃经过注浆泵压注,在端头的浆液混合器充分混合后即可得到双液浆。

4. 拌浆操作注意事项

(1) 拌浆桶中先加入配比中水的 3/4 量,搅拌下加入水泥等材料,再均匀加入剩余的 1/4 水,压浆浆液必须按配合比拌浆,不得任意更改。

(2) 拌浆时间不得少于 10min,其间搅拌机宜正反交替拌浆,不留死角。待浆液拌匀满足施工要求后方可放入过滤桶。

(3) 及时清理过滤筛上的水泥渣质,防止掉入过滤桶内引起堵管。

五、二次注浆作业顺序

(1) 根据管片的排序,注浆顺序为先下后上,即拱底块→标准块→邻接块→封顶块的顺序(图 7-5),注浆压力控制在 0.5MPa 以下,注浆流量为 10～20L/min。

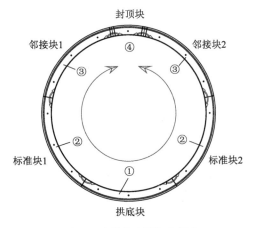

图 7-5 注浆管片顺序示意图

(2) 双液注浆全过程应加强施工检查和监测,防止地面出水溢浆。管片错台现象较严重段,根据管片错台量调整各孔的注浆压力及注浆量。

六、质量控制及检验标准

1. 质量控制要点

(1) 确保浆液配制的均匀性,注浆水泥采用袋装水泥,拌浆筒为圆筒形,体积比较好控制,能够根据水的体积,水泥质量,合理确定每拌水泥浆的合理配制,为控制水泥浆配比的达标,还应采用比重计对水泥浆进行比重检测,按 1∶1 配制的水泥浆比重为 1.5 左右,比重不足的情况下适量增加水泥量。

(2) 水玻璃的拌制则采用圆柱形油筒,配备尺子,以尺度量油筒内液体高度按 1∶3 比例稀释水玻璃。

(3) 注浆过程采用管径相同的注浆管,分别放入水泥浆拌筒和油筒内,然后开启注浆泵开始双液浆注浆作业。

(4) 当二次注浆注浆压力表压力值达到 0.5MPa 时,停止对该孔位进行二次注浆操作。如果注浆量不足 1.2m³ 时,停止注浆 10min 左右,再次进行注浆,如此反复几次进行直到压力值或浆量达标。如果浆液无法足量注入,则减少注浆量。

(5) 对注浆过程中发现管片出现裂缝的,立即停止该部位注浆操作,并堵好注浆孔。双液注浆方向并由专人操作,当压力突然上升或从孔壁、地面溢浆以及跑浆时,立即停止双液注浆。

2. 注浆效果检查

(1) 在注浆过程中主要通过观察压力表值,看指针波动情况。观察压力值是否过高、注浆量是否达到设计的注入量来判定注浆效果,这个过程主要靠现场技术人员及注浆操作人员控制,并及时做好注浆记录。

(2) 通过注浆过程中做好各项注浆记录,及时了解注浆压力和注浆量变化情况,判断注浆效果是否满足设计要求。

(3) 施工中如果发现单孔注入量超过设计量 0.2m³ 时,即停止对该孔位注浆操作,对下一孔位进行注浆,确保各孔位注浆量的均匀。注入量低于预定注入量时,根据压力值的大小,确定是否再次压注,确保壁后空隙充填密实。

七、常见问题及处理方法

1. 堵管

(1) 水泥浆造成的堵管。

解决方法:搅拌水泥浆时确保搅拌的均匀性,同时管口选用多层滤网过滤,确保入管浆液的可通畅性。每拌一次浆液注浆完毕后,人工清理筒底沉淀物,杜绝大量堆积。

(2) 洗管不及时造成的堵塞。

解决方法:双液浆注浆结束后,采用清水及时清洗注浆管道。

(3) 由于突然停电、机械发生故障或人为的注浆停顿造成注浆设备不能正常运转,使浆液停留在管道内失去流动性而呈现早期强度,在管道中凝固堵管。

解决方法:尽量将管内浆液倒出,如果时间较长,则需拆下注浆软管,对注浆泵内管道清洗。

2. 漏浆或高压

(1) 漏浆:主要表现在注浆量超出预计注浆量而压力表压力值达不到预计值,此时应停止对该孔位进行压浆作业;

(2) 高压:表现为注浆开始不久,注浆量没有达到预计量而压力表压力值已超出预计压力值,且压力值较高,此时应停止该孔位注浆作业,避免压裂管片或地面隆起。

◆思考题◆

1. 简述壁后注浆的主要作用。
2. 简述同步注浆的概念。
3. 简述同步注浆的注浆参数控制要点。

4. 简述二次双液浆的概念。
5. 简述二次注浆的作用。
6. 简述二次注浆作业步骤。
7. 简述二次注浆施工技术要点。
8. 简述壁后注浆质量控制及检验标准。
9. 简述壁后注浆常见问题及处理方法。

单元八

渣土改良

项目描述

良好的渣土改良是降低刀具磨损、增强开挖面稳定、排土顺畅、降低掘进时扭矩推力的最好方法之一。本章主要介绍渣土改良剂的类型及渣土改良典型案例。

学习目标

1. 知识目标
(1) 掌握渣土改良常见外加剂的类型、性能、特点及适用范围;
(2) 掌握渣土改良外加剂在不同地层中的应用。

2. 能力目标
(1) 能够正确识别常见渣土改良外加剂类型;
(2) 能够根据不同地层特定合理选用适当外加剂进行渣土改良。

任务一　渣土改良剂的类型

微课:渣土改良技术

渣土改良就是通过盾构配置的专用装置向刀盘面、土仓内或螺旋输送机内注入水、泡沫、膨润土、高分子聚合物、速凝效等添加剂,利用刀盘的旋转搅拌、土仓搅拌装置搅拌或者螺旋输送机旋转搅拌使添加剂与土渣混合,使盾构切削下来的渣土具有良好的流塑性、合适的稠度、较低的透水性和较小的摩阻力。渣土改良的作用主要是提高渣土的流动性、保水性及止水性。具体来讲就是使改良后的渣土具有更好的可排性,能起到降低刀盘扭矩、减少地层中水的流失和结泥饼的风险。

一、膨润土

微课:膨润土改良剂

盾构施工过程中所用泥浆主要为膨润土 + 水 + 外加剂构成,其中最主要的成分就是膨润土(图 8-1)。

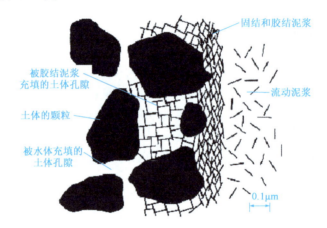

图 8-1　膨润土的工作原理

1. 膨润土的特性

盾构施工中使用的膨润土应当具备以下性质:

(1)吸湿性:能吸附相当于自身体积 8~20 倍的水而膨胀至 30 倍;

(2)在水介质中能分散呈胶体悬浮液,并具有一定的黏滞性、触变性和润滑性,它和泥沙等的掺合物具有可塑性和黏结性,有较强的阳离子交换能力和吸附能力。

膨润土主要成分是蒙脱石,具有层状结构,易吸水膨胀、低渗性、高吸附性及良好的自封闭性能,并具有润滑性。它可以在工作面上形成低渗透性的泥膜,这样有利于给工作面传递密封仓的压力,以便平衡更大的水土压力,也可以改变密封仓内土的和易性,提高砂性土的塑性,以便于出土,减少喷涌。盾壳周边充满膨润土,还可以减少盾构推进力,提高有效推力,降低扭矩、节约能耗。

膨润土泥浆注入法需用大型设备生产相当数量的膨润土泥浆,来保持盾构施工的生产能力,另外,高含水率的膨润土泥浆和开挖土的混合物在对环境保护措施严格的国家被认定为污染物,其处理价格昂贵,有时会引起公害。在欧洲,用发泡剂取代膨润土泥浆,尤其当盾构通过透水性较强的砂土、含有少量黏土、粉砂细屑的砾石层时,应用发泡剂优于应用膨润土泥浆。

2. 膨润土的分类

膨润土的层间阳离子种类决定膨润土的类型：

(1) 层间阳离子为 Na^+ 时称钠基膨润土；

(2) 层间阳离子为 Ca^{2+} 时称钙基膨润土；

(3) 层间阳离子为 H^+ 时称氢基膨润土(活性白土)；

(4) 层间阳离子为有机阳离子时称有机膨润土。

3. 膨润土的适用范围

注入膨润土进行渣土改良常用于细颗粒比例较低的土壤，如砂卵石地层，主要用来增加土壤中细颗粒的比例，使土体具有更好的流动性和不透水性。其作用是使渣土具有更好的可排性、降低刀盘扭矩和减少地层中水的流失。在注入时一定要使用较好的材料，施工人员应掌握好膨化时间，以达到添加效果。

4. 添加膨润土的原因

(1) 使渣土流动性增强，黏稠度降低，渗透性降低；

(2) 降低刀盘和土仓粘住和堵塞的风险；

(3) 增加盾构在 EPB 模式下的压力稳定性；

(4) 降低刀盘和螺旋输送机的驱动力矩，使盾构施工更经济；

(5) 降低刀盘和螺旋输送机的功率损耗。

5. 添加膨润土的目的

在盾构施工中，由于地质原因，在掘进时随着含砂量的增加，加水就显得不够，因为它不能减小内摩擦。渗透性增大，就必须解决好螺旋输送机的密封问题。细土粒含量的缺乏可以通过加入黏土和膨润土悬浮液来补偿。这样孔隙里的水就可以通过膨胀的悬浮液限制，开挖出的土料便可变成流动性很好、渗透性较低的可塑性土浆。

二、泡沫

注入泡沫进行渣土改良常用于细颗粒比例较高的土壤，如黏土。主要用来提高渣土的流动性、保水性及止水性。具体来讲就是使改良后的渣土具有更好的可排性，能起到降低刀盘扭矩、减少地层中水的流失和结泥饼的风险。

微课：泡沫改良剂

1. 发泡剂

发泡剂是一种均质的液体泡沫剂，经管道输送到泡沫发生器产生泡沫，从而增加渣土的流塑性，改善刀盘的工作环境，增加土仓的密封和便于渣土的运输。渣土里的泡沫在使用后几天之内就会完全分解，当泡沫消失后，注入过泡沫的渣土又恢复到其原来的状态。因此，泡沫技术的应用代表着土质改良剂的未来发展方向。

2. 泡沫

泡沫的组成90%以上是空气，泡沫混合液含量仅占10%不到，这两种成分必须经过计量后注入泡沫发生器，并且要根据推进速度、地层情况、土仓压力等相关参数及时进行调整。在控制室里操作人员可通过操作有关的可控球阀，将泡沫通过相关入口注入刀盘前方、土仓和螺旋输送机。如图 8-2 所示。

泡沫是发泡剂(表面活性剂)和压缩空气经过发泡装置产生的,含有憎水基和亲水基。泡沫具有体积小,能分离黏结在一起的黏土矿物颗粒的特点。发泡剂产生的泡沫中90%是空气,另外10%中的90%~99%是水分,剩下的才是发泡剂。在数小时内,渣土中泡沫里的大部分空气就会逃逸,恢复原来的黏结状态,很便于运输。泡沫适用于细颗粒比例较高的土层中。

图8-2　泡沫注入系统示意图

3. 泡沫剂的作用

(1)降低渣土的内摩擦力,减少渣土对刀盘等部件的摩擦,从而降低刀盘的扭矩为额定扭矩的20%~50%,同时有助于减少刀具的磨损,并使盾构掘进驱动功率减少。粒状构造中的气泡可以降低土的密度并减小颗粒摩擦。地层混合物的体积变化模量降低,在广泛的形变区使地层具有理想的弹性,这样才可以在隧道工作面控制支撑压力。随着开挖仓内的压力降低,粒状构造内的气相将膨胀并使地层变形;随着开挖仓内的压力升高,地层中孔隙尺寸将变小,这样就可以避免切削刀盘驱动力矩的迅速增大。

(2)加到工作面上的泡沫,会形成一个不透水层,降低土体的渗透性,减少渗漏,增强工作面的密封性,使工作面压力变小,有利于稳定密封土仓压力。

(3)降低土体间的黏着力,减少密封土仓中土体因压实而形成泥饼的概率。

(4)增强土体的流动性,从而使其容易充满密封土仓和螺旋输送器的全部空间,便于螺旋输送机出土。

(5)可以增加土体的可压缩性,这样更易于土压平衡的控制。

4. 使用泡沫剂优缺点

优点:科学应用泡沫剂,做到适时、适量注入泡沫剂,能有效改善土压平衡盾构土仓内土体的状态,使结泥饼、堵塞、喷涌等问题少发生或不发生;土体不易固结;土体处于较理想塑性流动状态;土体具有较低的透水性。

缺点:泡沫应用于盾构施工中有着不同的目的,所以对泡沫剂优劣性判定不易掌握,需结合工程使用泡沫的目的而言。同时泡沫性能的发挥是与原状土体的性质密切相关的,所以判断泡沫效果应该考虑所应用的土质参数,同样的泡沫对不同的土质会产生不同的泡沫混合土特性,但由于地质参数的千变万化,不能一一对应,使用量不易把控。

5. 泡沫的作用原理

（1）表面张力减小：水的表面覆盖了一层表面活性剂，其憎水基与空气接触，从而减小了水的表面张力。

（2）润滑作用：表面张力的减小增加了润滑作用，由于结合水的流动使得原先被结合水束缚的土颗粒可以自由流动。

（3）吸附性：当表面活性剂加入液体中，它吸附在固体-液体、液体-气体和不同液体分界面上。

（4）静电排斥作用：使得由静电力结合的土粒分开，表面活性剂吸附在土体内的微小裂缝的表面，增加裂缝的深度，减弱微小裂缝愈合的能力，增强扩散能力，并使得土颗粒带有相同的电荷而相互排斥。

加入泡沫的混合土体的密实度有较大的变化，泡沫置换了渣土中的一部分土颗粒和水分，使得混合土体密度减小，减小了颗粒之间的接触，气泡起到一定的润滑作用，降低了接触面的粗糙度，使摩擦系数降低。泡沫混合土具有一定的弹性，能维持土仓内必要的土压，并使其均匀变化，防止土压产生较大的起伏。

6. 泡沫系统简介

在土压平衡盾构的施工中，开挖的渣土不仅需要支撑掌子面的稳定，同时要便于传送，所以，渣土必须具有塑性变形，软稠度良好，内摩擦角及渗透率小的特性。一般土壤不具备这些特性，要进行改良。添加泡沫是一种很好的渣土改良手段，根据渣土情况、压力要求，通过一些元器件去实现加入量调节控制，再通过布设的管道输送到盾构的刀盘、土仓和螺旋输送机等工作部位对渣土进行改良。泡沫系统是土压平衡盾构设备众多系统中的一个子系统，在刀盘、土仓和螺旋输送机三个位置向盾构开挖的渣土中喷入泡沫，从而达到改良渣土状态、便于渣土输送、改善盾构掘进参数、提高盾构掘进功效的目的。

泡沫系统主要由泡沫箱、泡沫泵站、泡沫发生器、控制元件（电动调节阀、球阀等）、检测元件（流量计、传感器）、输送管路、喷头和控制系统（操作面板等）组成。泡沫系统在土压平衡盾构施工中的主要作用如下：

（1）减少刀具磨损。土压平衡盾构在摩擦性较大土体中掘进时，与土体发生作用的刀具极易磨损，通过在刀盘上注入泡沫材料，可以降低土体的摩擦性，减小刀具的磨损程度。

（2）调整土仓内土体塑性流动性。土压平衡盾构法掘进过程中，土仓内土体性质如何，将直接影响盾构的顺利掘进，切削后的渣土具有良好的塑性流动性，不但能够使开挖面维持较好的支护压力，而且能保证排土顺利进行。

图 8-3～图 8-10 所示为泡沫试验及工程实际中的泡沫装置。

泡沫系统的特点如下：

（1）可以根据盾构掘进速度及土压来自动控制泡沫系统。泡沫注入率、泡沫膨胀率以及浓度可按照要求进行调整，可以在显示屏上及时确认注入流量及注入压力。

（2）提高切削土的流动性。砂砾土层的场合，通过气泡的轴承效果可以提高切削泥土的流动性，避免土仓内发生堵塞，并且能减轻刀盘和螺旋输送机的扭矩，从而提高盾构推进效率。

(3) 减小切削土与盾构的黏附。在硬质黏土土层的场合，可以防止切削泥土黏附在刀盘面板和土仓的仓壁上，从而保证了掘进能更加顺畅地进行。

(4) 提高切削土的止水性能。细微的气泡充填于土颗粒间隙之间，起到提高切削土止水性能的作用，同时，对防止地下水在螺旋机排土口处的喷涌也有相当好的效果。

(5) 减轻盾构设备的损耗。气泡具有润滑作用，可有效减少盾构设备的磨损，特别是刀盘和刀具的磨损，延长盾构设备关键部件的使用寿命。

图 8-3　实验室泡沫系统

图 8-4　泡沫

图 8-5　泡沫管

图 8-6　泡沫观察器

图 8-7　泡沫流量表

图 8-8　泡沫流量调节器

图 8-9　泡沫剂泵

图 8-10　刀盘上的泡沫出口

三、聚合物

注入聚合物进行渣土改良适用于非黏性土,常用于含水较丰富的砂卵石地层。主要用来黏结水分,减少水土分离,增加土的黏性;体现出来的作用也是使渣土具有更好的可排性、降低刀盘扭矩和减少地层中水的流失。

微课:聚合物

聚合物是一种长链分子有机化合物。当聚合物与渣土混合时,聚合物的分子就会附着在渣土颗粒的表面,当这些颗粒相互碰在一起时,聚合物分子将会黏结在一起。聚合物的主要作用是提高泡沫的稳定性,提高土体流变性,增强土体触变性,防止土体离析,提高土体抗渗性。聚合物可分为可溶性和不可溶性,常用于富水、高水压地层,可以单独使用,也可以与泡沫等添加剂混合使用,但一般不与膨润土混合使用。

当可溶聚合物进入富水地层中并与土壤混合后,聚合物因吸水而膨胀。使得混合土体水分降低而变得干燥。

高吸水性树脂是高分子类不溶性聚合物,这种材料吸水但不溶于水,不会被地下水稀释而劣化,一般应用于高水压的地层,以防止螺旋输送机喷涌。同时,由于其能够填充土壤颗粒间的间隙,减少颗粒之间的摩擦,因而能够有效提高土体的流动性。但是,对于含盐浓度高的海水和金属离子多的地层、强碱或强酸性地层,其吸水性能则大为降低。

纤维类、多糖类及负离子类材料属水溶性高分子聚合物。其黏稠性高,可把土壤可立减的水分挤走。负离子类乳胶材料可在土壤颗粒与水之间形成絮状凝聚物,使其黏结并减少土壤颗粒的内摩擦角,从而提高土体的流动性。

在高压富水地层,为有效防止喷涌、漏渣,可向刀盘前方加注高分子聚合物改良渣土,利用聚合物的高吸水性凝胶和高黏性溶胶对水与土壤颗粒的分离的阻抗作用,能够有效防止螺旋机闸门出现喷涌现象,起到较好的渣土改良效果。

此外,聚合物中高黏性溶胶和高吸水性凝胶均匀吸附于开挖面的表面,具有防透水性能,从而达到稳定工作面的作用。

四、速凝效

速凝效是一种通过多种共价键结合而成、分子量达到 1000 万 Da 以上的改性酰胺类液体材料。该材料与原土或者纳基膨润土按一定比例混合后,可以让原土或纳基膨润土形成具有一定塑性并且不易被水稀释的状态,主要适用于砂卵石地层进行渣土改良,是解决富水砂卵石地层盾构施工喷涌问题的方法之一。

如图8-11所示,速凝效改良渣土的机理如下:

在不含黏性土或者黏性土含量比较低的地层,如果地下水比较大,中细颗粒的渣土容易被水带走,掌子面的水与螺旋输送机之间就形成涌水通道,螺旋输送机很难形成土塞效应,从而造成喷涌。同时,随着大颗粒的渣土不断在土仓底部堆积,容易积仓并且会卡螺旋机和卡刀盘。采用速凝效加纳基膨润土添加到土仓,速凝效和纳基膨润土还有渣土就会黏合在一起,从而在螺旋输送机内形成土塞效应,可以有效避免喷涌的发生。此外,速凝效改良过的渣土不容易被水稀释,当土压高于前方水压时,盾构可以实现连续掘进而不喷涌。

普通改良材料改良渣土(图8-12)与速凝效改良渣土(图8-13)的试验对比如图8-14~图8-17所示。

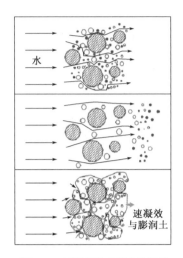

图8-11 速凝效改良渣土的机理

不含黏土的砂砾土

添加30%膨润土添加剂

砂石与添加剂无法融合

图8-12 膨润土改良砂石层

不含黏土的砂砾土

膨润土20%+速凝效溶液10%
(浓度0.3kg/m³)

原本松散的砂石有被凝结在一起的感觉,手感较软

图8-13 速凝效改良砂石层

图 8-14 速凝效加膨润土(膨润土不需膨化)的状态

图 8-15 裂隙水比较大的中风化泥质粉砂岩经速凝效改良不黏附皮带

图 8-16 富水砂砾地层速凝效加膨润土渣土改良，渣土容易被皮带机带走

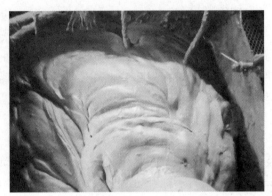
图 8-17 富水粉细砂层使用速凝效改良之后的渣土

任务二　渣土改良典型案例

一、粉细砂、黏土地层结泥饼处理

以南昌市轨道交通1号线某盾构区间泥质粉砂岩地层条件隧道施工为例，对该地质条件下的泥水盾构刀盘预防结泥饼措施进行总结分析。

1. 工程概况

南昌市轨道交通1号线某盾构区间，长约1900m，最小曲线半径360m，最大纵坡28‰，采用两台泥水平衡盾构。盾构隧道管片外径6.0m，内径5.4m。盾构施工过程中穿越的地层主要有②$_3$细砂、②$_5$粗砂、②$_6$砾砂、②$_7$圆砾、②$_8$卵石、⑤$_{1-1}$强风化泥质粉砂岩、⑤$_{1-2}$中风化泥质粉砂岩、⑤$_{1-3}$微风化泥质粉砂岩等，如图8-18所示。由于赣江在沉积上部第四系覆盖层时冲刷作用，全风化层基本没有分布，强风化层厚度一般也较薄，厚度0.30～1.80m，中风泥质粉砂岩饱和单轴抗压强度标准值6.50MPa，实测天然单轴抗压强度6.0～14.2MPa，微风泥质粉砂岩饱和单轴抗压强度标准值9.6MPa，实测天然单轴抗压强度6.2～18.4MPa。

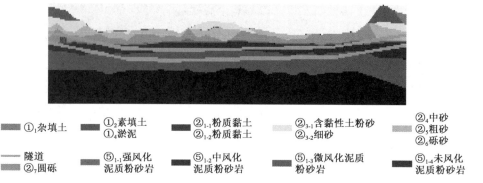

图 8-18 工程地质剖面图

2. 刀盘易结泥饼

盾构掘进过程中经常出现堵仓、堵管、排渣困难的现象,其间也曾改变掘进模式对刀盘边缘和中心进行冲刷,均未得到明显的改善,由于排渣能力下降导致增加了碎石机开启频率,遂导致碎石机油管爆裂。为及时处理碎石机漏油问题及了解开挖仓内状况,工作人员开始进行带压进仓作业,进入气垫仓之后发现碎石机两侧堆积大量渣土,渣土堆积密实,无法看到油管,遂立即组织人员开始清仓工作,待清仓完成之后,发现碎石机一侧油管被折断,一侧油管密封损坏。

经人员进仓发现刀盘面板结泥饼,周边刮刀有刀具合金掉落的现象,滚刀无破损现象,但均有不同程度的磨损,焊接撕裂刀、切刀无破损掉落现象,无其他异常现象。经过简单冲刷之后,掘进性能有所提升,但没达到预期效果,前 10 环推力 14000kN 左右、速度 12mm/min 左右,扭矩 2400kN·m 左右。此后各参数均开始往上增加,逐渐恶化到开仓前的参数。遂组织进行第二次进仓处理,发现刀盘结满泥饼(图 8-19),并且牛腿位置形成一大块泥团。

图 8-19 结泥饼的刀盘面板

3. 刀盘刀具配置适应性改进

(1) 刀盘开口

刀盘的后部开口向内倾斜,有利于导入渣土。刀盘表面焊接有耐磨层,圆周区域焊接有耐磨条。焊接的搅拌棒可以使渣土改良添加剂和挖出的渣土在刀盘后面进行充分的搅拌。刀盘开口率 32%(经过工程实践证明,其出渣效果相比 28% 开口率要好,类似条件下的结泥饼概率能降低 20% 左右),中心开口率 38%,掘进过程中由于中心部位采用冲洗,中心刀箱结饼现象少于周边刀箱。

(2) 刀具布置

刀具为复合式,即滚刀、切刀、刮刀等,项目在始发掘进前为避免在前 400 多米的上软下硬地层中换刀,增设了全断面的焊接撕裂刀,焊接撕裂刀在泥质粉砂岩中掘进增大了刀盘扭矩,有效确保了刀盘在上软下硬地层(上部砂卵石层,下部泥质粉砂岩)单次连续推进 450m 以上。

刀盘由 6 根辐条、6 块小面板组成,装有 46 把刮刀、12 把周边刮刀、6 把中心双联滚刀和 3

把单刃滚刀、18把双刃滚刀、9把可更换撕裂刀、34把焊接撕裂刀、24把圆环保护刀(图8-20)。这些刀具可适用于淤泥质粉质黏土、粉细砂、粉土、粉砂层中掘削。刀盘设计为双向旋转,其转速为无级调速。

(3)刀高设置合理性分析

由于增设了焊接撕裂刀,导致后刀盘面板刀具与开挖面接触点增多,可能会影响盾构在泥质粉砂岩中掘进时的贯入度,因此,必须确保滚刀和增设焊接撕裂刀的高差的合理性。经过专家论证分析及前期设计经验,最终将滚刀、切刀、边刮刀及撕裂刀的刀高分别设置为175mm、130mm、130mm、150mm。

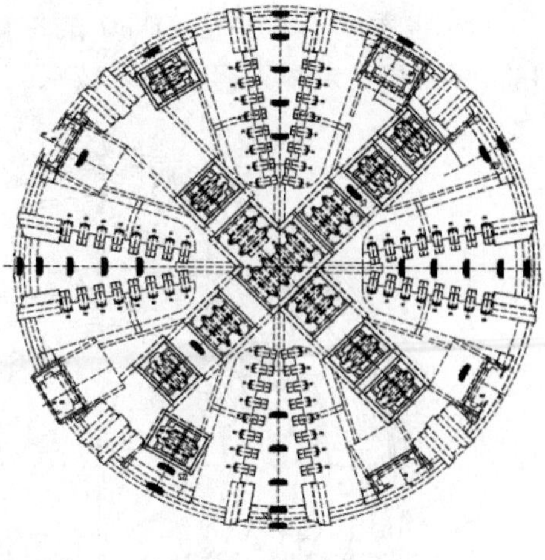

4.冲刷系统适应性改造

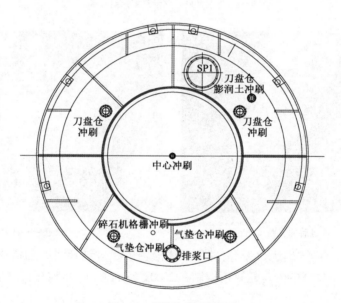

图8-20 刀具布置示意图

盾构泥浆冲刷系统采用底部两路DN150泥浆管冲刷气垫仓碎石机前部,上部两路DN80泥浆管冲刷刀盘仓,中部一路DN80泥浆管冲刷至开挖中心掌子面,底部一路DN50泥浆管冲刷碎石机后部格栅,另外有一路为右上膨润土冲刷系统。图8-21为泥浆循环系统进出孔位置图。

图8-21 泥浆孔位置布置图

隧道穿越地层以泥质粉砂岩为主,粉砂岩含泥量较高,掘进过程中刀盘结泥饼现象比较严重。为进一步解决盾构在泥质粉砂岩地层掘进过程中出现的刀盘结泥饼等工程难题,在分析论证的基础上,对盾构冲刷系统进行如下改进(图8-22):

(1)在原有进浆泵基础上增加一个55kW的冲刷泵,以方便增加刀盘仓冲刷压力;

(2)将刀盘仓预留DN80的进浆孔,改造成沿刀盘面板的半径方向5个直径为16mm的冲刷小孔(图8-23),这样可以对刀盘不同轨迹进行冲刷;

(3)将盾构右侧刀盘仓DN80膨润土管管路引至泥浆门两侧对其进行单独冲刷防止堵泥浆门;

(4)将盾构刀盘中心 DN80 的冲刷管改进为中间一个直径为 25mm、周边三个直径为 25mm 的冲刷孔冲刷刀盘中心区域双联滚刀(图 8-24)。

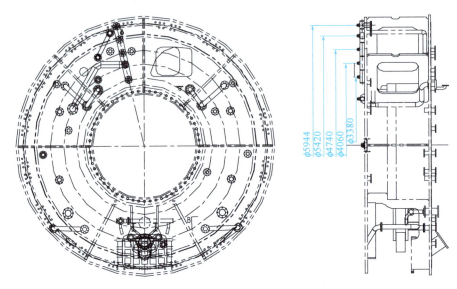

图 8-22 泥浆冲刷管路示意图(单位:mm)

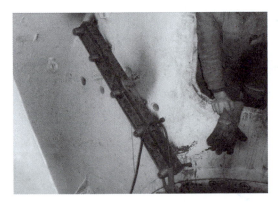

图 8-23 改进后的多路喷孔

图 8-24 改进后的刀盘中心喷孔

通过采用刀盘刀具结构优化设计、冲刷系统改造等相应结泥饼处理措施之后,在强风化泥质粉砂岩地层条件下掘进的刀盘扭矩能控制在 2500kN·m 以下,平均掘进速度在 20~30mm/min 之间。

5. 渣土改良建议

以某泥质粉砂岩地层条件下的盾构隧道工程为例。隧道埋深 25m 左右,主要穿越地层为细中砂和粉质黏土层,其中粉质黏土参数:粉质黏土液限是 41.65%,塑限是 24.5%,塑性指数是 17.15,液性指数是 0.34,自然含水率为 29.02%。

添加剂配比方案建议:

(1)泡沫对粉质黏土的流动性影响也不明显,但与原状黏土相比,泡沫能有效减小混合土体与坍落度筒之间的黏附性,显著提高混合土体的流动性,当坍落度值在 90~200mm 时,土样流动性良好,坍落度试验后土体形状规则,较稳定,无明显的析水现象,满足盾构施工对土体流动性的要求。

(2)粉质黏土搅拌扭矩随含水率和泡沫注入比的增加而显著减小,而且与添加水进行土体改良相比,泡沫的土体改良效果更加明显,能有效减小粉质黏土的搅拌扭矩和黏附性:当含水率在28%~30%、泡沫注入比为100%左右时,改良土体搅拌扭矩最小,即为优化的添加剂配比方案。

总之,粉质黏土的最佳添加剂配比方案是含水率在28%~30%、泡沫注入比为100%左右。

二、富水砂层盾构渣土改良技术

在富水砂层中选择土压平衡盾构机掘进施工,对渣土改良有更高要求和难度。下面以北京地铁6号线东部新城站—东小营站间的富水砂层的盾构施工为例进行阐述。

1. 工程概况

该区间全长为842.95m,盾构通过地段主要为富水中粗砂、粉细砂层,局部穿越粉质黏土薄夹层,区间隧道底埋深15.74~18.87m,采用直径6.18m盾构施工。

2. 渣土改良系统

本标段主要采用膨润土浆液和泡沫剂配合使用作为渣土改良剂,特殊情况下遇水囊、喷涌等情况时采用高分子聚合物替代膨润土作为渣土改良剂。

(1)渣土改良剂注射管道分布

渣土改良剂由泵送设备通过中心回转轴连接刀盘注入刀盘前方,刀盘辐条上均匀分布6个注射孔,3个为膨润土注射管道,另外3个为泡沫剂注射管道(图8-25)。另外在土仓内设有2个膨润土注浆口和3个泡沫注入口,在螺旋输送机上设有1个泡沫注入口。

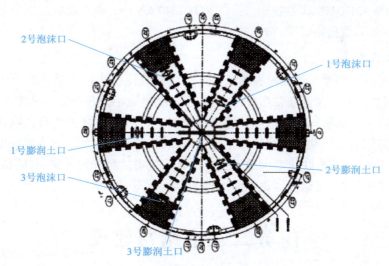

图8-25 刀盘前侧改良剂注射口分布

富水砂层中渣土改良工艺复杂,要膨润土浆液与泡沫剂合理搭配使用,如何利用好刀盘前侧的6根注射管道非常重要。6个注射口到刀盘中心的距离都不相同,就是说在刀盘旋转时6根管道的注射轨迹不会重合,这样既能保证改良剂注射均匀,又能将膨润土浆液与泡沫剂之间的相互影响降到最低。另外,根据地层变化,膨润土注射管道可以随时改为高分子聚合物注射管道,防止喷涌情况的发生。

(2)膨润土系统

整个膨润土系统分为两个部分:拌和系统和注入系统。拌和系统在地面,主要进行膨润土浆液的拌和与发酵存储,拌和发酵完成后通过管道泵送到盾构机的膨润土存储罐里。盾构机膨润土注入系统,主要由存储罐、注入泵、变频器及管道组成。存储罐体积 $10m^3$,另配有 2 组搅拌轴;泥浆注入泵 max:240L/min×1.2MPa×11kW×2 套,完全满足膨润土注入要求。另外配置变频器,以便根据渣土改良效果和掘进速度及时调整注入泵转速,从而改变膨润土注入量。

3. 膨润土浆液同泡沫剂配合使用

在富水砂层掘进中,若只使用膨润土做渣土改良剂,刀盘扭矩会很大,推进困难;只使用泡沫剂渣土,会使土仓内水土比变大,加大喷涌风险,改良效果也并不理想。在富水砂层中掘进,为达到理想的渣土改良效果,需配合使用膨润土浆液与泡沫剂。该区间隧道施工过程中,平均土压保持在 90kPa,采用水土比 14:1 的膨润土浆液、浓度为 3% 的泡沫剂做渣土改良剂。通过不断的尝试摸索,得到以下规律:

(1) 始发阶段

由于始发降水影响,该段处于无水全砂地层,掘进速度 20～30mm/min,膨润土浆液注入速度 140～180L/min,注入量 7～9m^3/环,泡沫剂(康达特牌)注入量 20～30L/环,推力维持在 18000～28000kN,刀盘扭矩维持在 2700～3600kN·m,渣土改良效果较好,地面沉降控制在 2cm 以内,但刀盘扭矩略微偏大。

(2) 正常掘进阶段

以 196～548 环为例:该段处于富水全砂地层(含粉质黏土薄夹层),掘进速度 70～80mm/min,膨润土浆液注入速度 75～200L/min,注入量 1.5～4m^3/环,泡沫剂(合众双牌)注入量 25～30L/环,推力维持在 14000～21000kN,刀盘扭矩维持在 1600～3400kN·m,渣土改良效果良好,地面沉降控制在 2.5cm 以内,刀盘扭矩正常,推进较为顺利。

4. 渣土改良效果

泡沫剂的配合比和注入量应根据刀盘扭矩大小和螺旋机出渣的具体情况确定,若刀盘扭矩偏大,则适当加大泡沫混合液浓度或注入量;反之则需减小泡沫剂混合液浓度或注入量。每环泡沫混合液的注入体积一般为富水砂层总体积的 4%～6%。当发生轻微喷涌时,可通过控制螺旋输送机闸门的大小和严格控制排土量等措施进行解决;当发生严重喷涌时,采用高分子聚合物替代膨润土,可有效防止喷涌的发生。该区间隧道的盾构推进顺利,盾构机姿态控制良好,刀盘、刀具磨损较小,日最高掘进速度达到 21 环。

任务三　小结与建议

渣土改良是土压平衡盾构施工的关键。渣土改良技术的应用有效降低了盾构的扭矩和推力,减轻了设备部件磨损,对提高效率、降低工程造价有着决定性作用。施工中应根据不同的地质条件,反复研究掘进参数,采取相应的渣土改良技术,优化施工方案,从而保证盾构安全、连续、快速地掘进。

(1) 有水砂砾土、砂卵石地层:该地层适用膨润土泥浆进行渣土改良。主要原因是膨润土泥浆能够补充砂砾土中微细颗粒的含量并填充孔隙,提高渣土的和易性、级配性,从而提高其止水性。

(2) 无水砂砾土、砂卵石地层：混合使用膨润土泥浆+泡沫剂进行渣土改良。主要原因是砂砾土、砂卵石颗粒间流塑性差、摩擦阻力大，单独加入大量膨润土泥浆可以改良渣土的流动性、减少摩擦阻力；但施工中易出现砂卵砾石在重力作用下沉到土仓底部，渣土不能均匀混合，进而造成刀盘"抱死"现象。改为泥浆和泡沫剂混合使用后，充分利用泡沫剂的润滑性和扩散性，降低了刀盘、螺旋输送机扭矩及推进油缸推力，大大减轻刀盘、刀具磨损，刀盘"抱死"现象极少发生。

(3) 全断面粉细砂层(或含少量黏土)：颗粒级配相对良好的地层适用泡沫剂进行渣土改良。主要原因是泡沫剂(泡沫剂+水+气)与渣土颗粒搅拌得更加均匀、致密，使渣土的渗透系数降低、止水性增强、流动好。气泡发泡倍率为10~15倍，气泡注入率为20%~40%(与渣土的体积比)；建议每环用量为30~40L。

(4) 全断面(或极密实)中粗砂层：混合使用膨润土泥浆+泡沫剂进行渣土改良。主要原因是混合使用两种材料进行充分搅拌，改良了渣土的流动性和止水性，稳定开挖面，防止了喷涌、冒顶等。膨润土泥浆注入量为10m³/环(膨润土与水的质量比是1:10)，黏度在35~40Pa·s，膨润土使用量100~200kg/m；气泡发泡倍率为15~20倍，气泡注入率为20%~40%(与渣土的体积比)，建议每环用量为30~40L。使渣土改良好后坍落度为12~16cm，以手握紧松开不散状为准。

(5) 富水砂层(粉细砂、中砂)：混合使用膨润土泥浆+高分子聚合物进行渣土改良。主要原因是采用膨润土泥浆进行渣土改良，有效降低了刀盘扭矩，改善了渣土的和易性，但却增大了盾构掘进时的喷涌风险，不利于掘进参数的控制和掌子面的稳定。辅助使用高分子聚合物可以中和掉渣土中的多余水分，有效增加了渣土的止水性和黏稠度，可以防止或减轻螺旋输送机喷涌的问题。膨润土泥浆注入量为10m³/环(膨润土与水的质量比是1:8)，黏度为30~35Pa·s，膨润土使用量200~300kg/m，高分子聚合物混合液注入量为富水砂层每环总体积的6%~10%。

(6) 速凝效主要适用于砂卵石地层进行渣土改良，是解决富水砂卵石地层盾构施工喷涌问题的方法之一。

目前，盾构法隧道施工主要采用添加膨润土泥浆、泡沫剂、泥浆和泡沫混合液、泥浆和聚合物混合液等材料和方法对渣土进行改良，国内对速凝效的应用尚缺乏经验，各种渣土改良方法在工程应用中仍缺乏相应的规范标准、添加改良剂种类的选择、浆液配比和性能参数及指标的确定，注入参数的选定及合理控制等均依靠现场试验或施工经验来确定。因此，从工程质量和进度、工程事故的影响及善后建设资金的浪费等方面综合考虑，土压平衡盾构渣土改良技术值得进一步深入研究，并应制订相关规范。

◆思考题◆

1. 简述渣土改良剂的类型。
2. 简述膨润土的特性。
3. 简述膨润土的分类。
4. 渣土改良所用的膨润土应当具备哪些性质？
5. 简述注入膨润土进行渣土改良的适用范围。

6. 简述添加膨润土的原因。
7. 简述添加膨润土的目的。
8. 简述注入泡沫进行渣土改良的适用范围。
9. 简述泡沫剂的作用。
10. 简述使用泡沫剂的优缺点。
11. 简述泡沫的作用原理。
12. 简述泡沫系统的组成及主要作用。
13. 简述泡沫系统的特点。
14. 简述注入聚合物进行渣土改良的适用范围。
15. 简述注入聚合物进行渣土改良的机理。
16. 简述采用速凝效进行渣土改良的机理。

单元九

盾构到达

项目描述

主要介绍盾构到达施工的主要内容、盾构到达的准备工作、盾构到达施工要点;介绍盾构到达位置复核测量、盾构到达段掘进、接收基座安装及盾构推上接收基座、洞门圈封堵等盾构到达施工工序;介绍钢套筒法接收、冻结接收、水中接收等盾构到达特殊技术。

学习目标

1. 知识目标
(1) 掌握常规盾构到达施工的主要内容及质量控制要点;
(2) 掌握盾构到达特殊技术流程、要点及适用范围。

2. 能力目标
(1) 能够组织开展常规盾构到达施工作业;
(2) 组织开展钢套筒、冻结作业及水中接收等特殊到达技术。

任务一　盾构到达常规技术

微课:盾构到达常规技术

一、盾构到达施工程序

盾构到达是指盾构沿设计线路,在区间隧道贯通前100m至车站的整个施工过程。盾构到达一般按下列程序进行:洞门凿除→接收基座的安装与固定→洞门密封安装→到达段掘进→盾构接收,如图9-1所示。到达设施包括盾构接收基座(也称接收架)、洞门密封装置。接收架一般采用盾构始发架。

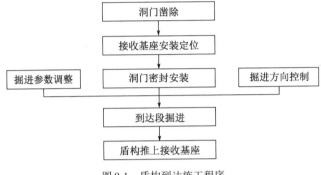

图9-1　盾构到达施工程序

二、盾构到达施工的主要内容

盾构到达施工主要内容包括:
(1)到达端头地层加固。
(2)在盾构贯通之前100m、50m处分两次对盾构姿态进行人工复核测量。
(3)到达洞门位置及轮廓复核测量。
(4)根据前两项复测结果确定盾构姿态控制方案并进行盾构姿态调整。
(5)到达洞门凿除。
(6)盾构接收架准备。
(7)靠近洞门最后10~15环管片拉紧。
(8)贯通后刀盘前部渣土清理。
(9)盾构接收架就位、加固。
(10)洞门防水装置安装及盾构推出隧道。
(11)洞门注浆堵水处理。
(12)制作连接桥支撑小车、分离盾构主机和后配套机械结构连接件。

三、盾构到达的准备工作

盾构到达前,应做好下列工作:
(1)制订盾构接收方案,包括到达掘进、管片拼装、壁后注浆、洞门外土体加固、洞门围护拆除、洞门钢圈密封等工作的安排;

(2)对盾构接收井进行验收并做好接收盾构的准备工作。

(3)盾构到达前100m、50m时,必须对盾构轴线进行测量、调整。

(4)盾构切口离到达接收井距离约10m时,必须控制盾构推进速度、开挖面压力、排土量,以减小洞门地表变形。

(5)盾构接收时,应按预定的拆除方法与步骤拆除洞门。

(6)当盾构全部进入接收井内基座上后,应及时做好管片与洞门间隙的密封,做好洞门堵水工作。

四、盾构到达施工要点

(1)盾构到达前应检查端头土体加固效果,确保加固质量满足要求。

(2)做好贯通测量,并在盾构贯通之前100m、50m两次对盾构姿态进行人工复核测量,确保盾构顺利贯通。

(3)及时对到达洞门位置及轮廓进行复核测量,不满足要求时及时对洞门轮廓进行必要的修整。

(4)根据各项复测结果确定盾构姿态控制方案并提前进行盾构姿态调整。

(5)合理安排到达洞门凿除施工计划,确保洞门凿除后不暴露过久,并针对洞门凿除施工制订专项施工方案。

(6)盾构接收基座定位要精确,定位后应固定牢靠。

(7)增加地表沉降监测的频次,并及时反馈监测结果指导施工。盾构到站前要加强对车站结构的观察,并加强与施工现场的联系。

(8)为保证近洞管片稳定,盾构贯通时需对近洞口10~15环管片作纵向拉紧。

(9)帘布橡胶板内侧涂抹油脂,避免刀盘挂破影响密封效果。

(10)在盾构贯通后安装的几环管片,一定要保证注浆及时、饱满。盾构贯通后必要时对洞门进行注浆堵水处理。

(11)盾构到达时各工序衔接要紧密,以避免土体长时间暴露。

五、到达位置复核测量

盾构到达施工位置范围时,应对盾构位置和盾构隧道的测量控制点进行测量,对盾构接收井的洞门进行复核测量,确定盾构贯通姿态及掘进纠偏计划。在考虑盾构的贯通姿态时须注意两点:一是盾构贯通时的中心轴线与隧道设计轴线的偏差,二是接收洞门位置的偏差。综合这些因素在隧道设计中心轴线的基础上进行适当调整,纠偏要逐步完成。

六、盾构到达段掘进

根据到达段的地质情况确定掘进参数:低速度、小推力、合理的土压力(或泥水压力)和及时饱满的回填注浆。

在最后10~15环管片拼装中要及时用纵向拉杆将管片连接成整体,以免在推力很小或者没有推力时管片之间的松动。

七、接收基座安装及盾构推上接收基座

接收基座的构造同始发基座,接收基座在准确测量定位后安装。其中心轴线应与盾构进

接收井的轴线一致,同时还要兼顾隧道设计轴线。

接收基座的轨面标高应适应盾构姿态,为保证盾构刀盘贯通后拼装管片有足够的反力,可考虑将接收基座的轨面坡度适当加大。接收基座定位放置后,采用25号工字钢对接收基座前方和两侧进行加固,防止盾构推上接收基座的过程中,接收基座移位。

在接收基座安装固定后,盾构可慢速推上接收基座。在通过洞门临时密封装置时,为防止盾构刀盘和刀具损坏帘布橡胶板,应在刀盘外圈和刀具上涂抹黄油。

盾构在接收基座上推进时,每向前推进2环拉紧一次洞门临时密封装置,通过同步注浆系统注入速凝浆液填充管片外环形间隙,保证管片姿态正确。

八、洞门圈封堵

在最后一环管片拼装完成后,拉紧洞门临时密封装置,使帘布橡胶板与管片外弧面密贴,通过管片注浆孔对洞门圈进行注浆填充。注浆的过程中要密切关注洞门的情况,一旦发现有漏浆的现象应立即停止注浆并进行封堵处理,确保洞口注浆密实,洞门圈封堵严密。

任务二　盾构到达特殊技术

微课:钢套筒法接收技术

一、钢套筒法接收技术

盾构始发和到达为盾构施工过程中的高风险点,仍以端头加固为主,但传统的端头加固方式存在下述问题:加固效果不稳定,为盾构始发及接收施工埋下风险因素,特别是在隧道埋深较大、富水砂层和软弱地层中;加固效果难以全面准确地检测;施工占地面积大,当地下管线多或周围建筑物多时,征地困难,征迁时间长,投入大;盾构进出洞帘布密封装置一旦漏水或漏砂,对地面和隧道结构影响较大;投入的施工材料多,能耗多,且不能重复使用,不适应我国当前发展低碳经济的趋势。

1. 始发接收原理

密闭钢套筒技术利用土压平衡原理用于盾构的始发和接收,通过在车站内设置密闭钢套筒,将端头加固体改移到站内,增加盾构的掘进长度,即盾构始发、到达均在钢套筒内模拟盾构掘进。

该工艺不受地层、埋深、地面环境的影响,具有较为广泛的适应性。钢套筒密闭始发及接收的优点:适用于各类地层的盾构始发、到达,在淤泥、砂层等复杂风险地层尤显其安全、经济效果;施工占地小,有效减少施工征地及管线改迁的费用;钢套筒可多次重复使用,有较高的经济性。

2. 钢套筒制作与安装

整个钢套筒结构由筒体、后端盖、反力架、顶推托轮组和前后左右支撑等部分组成,如图9-2所示。钢套筒耐压能力可按2倍切口水压设计。钢板型材选择Q235B,板厚$\delta=16$mm。每段筒体的外周焊接纵、环向筋板以保证筒体刚度。

(1)筒体长9600mm,内径6500mm;径向分三段,每段3200mm,每段又分为上、下两半圆,如图9-3、图9-4所示,筒体采用钢板卷制而成。每段筒体的外周焊接纵、环向筋板以保证筒体刚度。

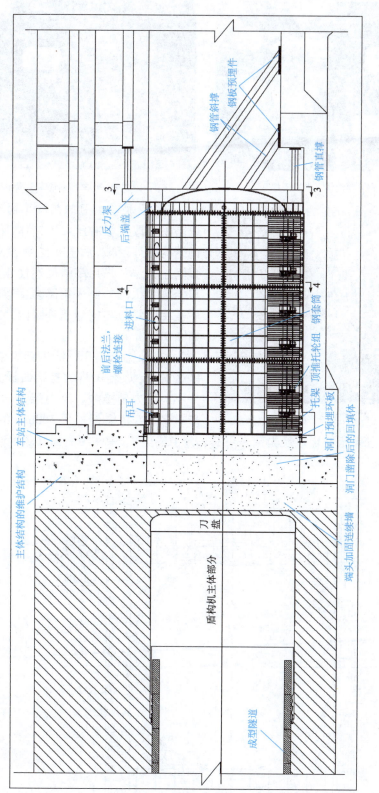

图 9-2 钢套筒结构

图9-3 钢套筒筒体下半块图片

图9-4 钢套筒筒体上半块图片

图9-5 钢套筒后端盖图片

（2）后端盖由冠球盖和平面环板组成，椭球盖采用厚钢板冲压加工制作，平面环板采用钢结构组焊而成，后盖板边缘设置法兰，与钢套筒端头法兰采用高强度螺栓连接紧固，内侧与椭圆封板的外侧采用高强度螺栓连接紧固，后盖平面环板与椭球盖外缘内外焊接成整体。如图9-5所示。

（3）反力架是用于给钢套筒整体提供反力的装置，反力架紧贴后盖平面板安装，冠球部分不与反力架接触。反力架是一"井"字结构形式，"井"字框架采用500mm的工字钢组焊而成，中间间隔增加钢板筋板。反力架采用左右分半的型式，中间用高强度螺栓连接紧固。反力架及端面连接如图9-6所示。

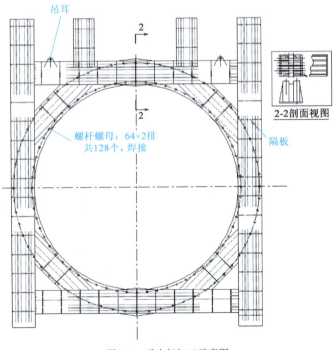
图9-6 反力架加工示意图

反力架与后盖板相邻的一侧,设置加力顶杆,顶杆采用单独加工制作,顶杆与顶杆撑托配套加工制作,撑托底部是平面,与后盖板的平面相接触,增大了接触面积,而且撑托内部与顶杆可以相对活动,撑托主要用于防止顶杆顶推过程中受力不均匀的情况。反力架与后盖板的关系如图9-7所示。

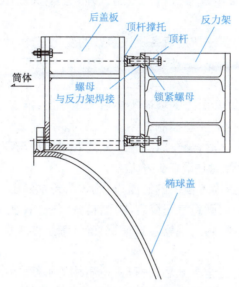

图9-7 反力架与后端盖板的关系示意图

(4) 套筒底部支撑。

盾构在进入钢套筒内之后,由于盾构的外径与筒体内径单边间隙只有125mm,如果姿态控制不好,在盾构出洞脱离车站结构的过程中出现因为重心脱离主体结构,而钢套筒内部又无支撑的情况下,可能导致盾构栽头的情况发生。而一旦栽头,刀盘的转动会对筒体造成较大的伤害,所以在重心未脱离结构之前必须对盾体进行支撑。并且随着掘进的继续,要能够跟随盾构主体的重心并对其形成连续的支撑作用,方可确保盾构在钢套筒内的掘进安全。为此,在钢套筒内设定几组顶推盾体用的托轮,能够伸缩,采用间隔布置的方式,在刀盘未到达此位置时处于最低位置,减少刀盘碰到的机会。当刀盘通过此位置后,即刻将托轮顶起。

(5) 筒体与洞门的连接:钢套筒与洞门环板之间设一过渡连接板,如图9-8所示。

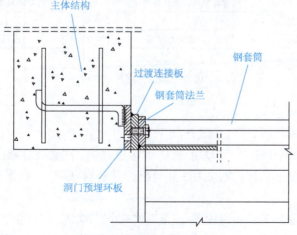

图9-8 钢套筒与洞门环板连接示意图

3. 施工工艺流程

钢套筒的安装过程按照先安装主体,再安装后端盖及反力架,最后固定各个位置支撑的步骤,逐级进行安装。安装完成后,要仔细检查各位置连接的紧固程度,再进行填料,主要是粗砂。填料完成后,要对钢套筒的连接进行加压测试,以检查渗漏情况,测试压力不小于盾构土仓的切口压力。

盾构在到达掘进过程中要密切注意各掘进参数的变化,分阶段将各个阶段的参数细化,主要是刀盘掘进素混凝土连续墙段、掘进砂浆墙段、刀盘进入钢套筒段三个阶段的掘进参数要分开进行细化。掘进过程中对环流的控制与推进速度的相互关系必须控制好,既要防止切削下的混凝土块堵塞,又要保证钢套筒内的填砂不会被大量带出,推进过程中与钢套筒外围的托轮组调节要协调到位,确保盾构的姿态控制在允许范围内。

盾构完全进入钢套筒内之后,第一时间注双液浆封堵盾尾与洞门结构位置,注浆量按理论注浆量的150%~200%,确保封住洞门结构位置。

注浆凝固之后,打开钢套筒上预留的卸压口,测试有无水涌出,然后缓慢降低气仓压力,并观察液位有无上升,如无异常,则将气压降至零后,打开气仓门,观察液位,再打开土仓门,确认无涌水后,打开钢套筒上的填料孔,观察注浆情况,确认满足要求后可以拆开钢套筒上半部,准备盾构吊出。

钢套筒后端盖及上半部完全拆卸后,方可进行盾构的拆解,拆解流程及步骤同正常盾构接收相同。盾构进站接收施工流程如图9-9所示。

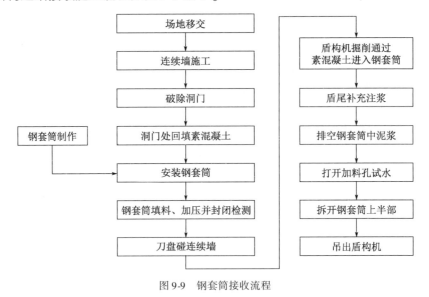

图9-9 钢套筒接收流程

4. 注意事项

使用钢套筒接收或者始发时,应注意如下事项:

(1) 出洞前刀具评估检查:为了防止盾构到达过程中,刀盘被混凝土卡死的情况发生,要根据在盾构碰壁前的掘进参数(推力、扭矩)判断刀具磨损状况,一旦发现参数异常,应立即停机换刀。

(2) 碰壁前、出洞、进钢套筒推进设置:速度提前减小,推力减小;刀盘转速小于1.5~2r/min;流量控制顺利带出渣土。出洞时姿态控制:为了防止出洞时盾构栽头,要求盾构机头高于轴线

2~3cm,呈略抬头向上姿势。

(3)盾构在进入钢套筒内之后,要注意姿态控制和顶推托轮组的适时调整。在刀盘通过每个托轮组之后,立即将托轮顶升至支撑盾体,确保盾体不出现栽头。

(4)注浆封堵:在盾体出洞时,每环均补充双液注浆,注浆量为管片与洞门和隧道间隙的180%。时刻检查钢套筒是否有漏浆、形变等情况,如有漏浆或者变形过大等情况发生,可以采取调压、减小推速等措施。

(5)盾构筒体推到位置并完成盾尾密封后,刀盘不转,开环流清洗土仓。然后逐步泄压,并通过环流将钢套筒土仓中的浆液抽走。

(6)打开钢套筒底部的排浆管,排出剩余的浆液,并检查筒体的漏浆情况。在盾尾双液浆凝固后,情况稳定安全的情况下,开始拆除钢套筒。

(7)测量与监测:测量端头围护结构、地面及周围建筑物、钢套筒、洞门变形。在盾构出洞过程中每天测量2次,若变形较大,应增加测量频次。

二、冻结接收技术

1880年德国人彼茨舒(F. H. Poetsch)提出了人工冻结法原理,1883年将这个原理首先用于人工冻结法凿井。

1. 冻结法的概念

在地下工程开挖之前,用人工制冷的方法将地下工程周围的含水地层冻结成一个封闭的不透水帷幕—冻结壁,用以抵抗地压、水压,隔绝地下水与地下工程的联系。而后在其保护下进行开挖施工。

为形成冻结壁,首先在欲开挖的地下工程周围打一定数量的冻结孔,孔内安装冻结器。冷冻站制出的低温盐水经管道送到冻结器,低温盐水在冻结器中循环后,回到冷冻站被重新降温。低温盐水在冻结器中循环吸收其周围地层中的热量,形成冻结圆柱,冻结圆柱逐渐扩大并连接形成冻结壁,直至达到设计厚度和强度为止(图9-10)。

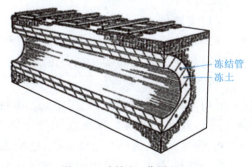

图9-10 冻结法工作原理

2. 冻结法的类型

(1)盐水循环氨制冷冻结

冻结法中,制冷剂一般用氨或氟利昂,冷媒剂通常用氯化钙溶液(盐水)。制冷技术具体步骤如下(图9-11):

①盐水循环:盐水吸收地层热量,在盐水箱内将热量传递给蒸发器中的液氨;液氨在蒸发器中气化吸收周围盐水的热量。

②氨循环:液氨变为饱和蒸汽氨,再被氨压缩机压缩成过热蒸汽进入冷凝器冷却,高压液氨从冷凝器经贮氨器,经节流阀流入蒸发器。

③冷却水循环:冷却水在冷却水泵,冷凝器和管路中的循环叫冷却水循环。将地热和压缩机产生的热量传递给大气。

制冷循环一般包括四个过程:压缩—冷凝—降压—蒸发,如图9-11所示。冷媒剂循环的作用是在冻结管内循环将地层热量带出。冷却水循环的作用是将制冷系统的热量释放于大气中。

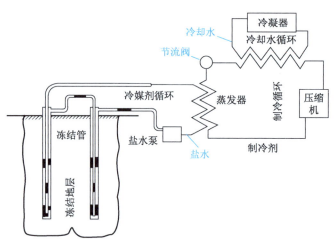

图 9-11 盐水循环氨制冷冻结示意图

(2) 液氮冻结

液氮冻结是一种低温地层人工冻结技术,液氮在冻结管内直接汽化,利用液氮汽化吸收地层中的热量,实现土层的快速冻结,属于物态变化的制冷范畴。

近年来,液氮冻结技术在盾构进出洞施工中也开始得到了应用。液氮制冷使土体冻结发展速度是普通盐水制冷使土体冻结速度的 5~10 倍。

3. 冻结法施工的特点及适用范围

人工冻结法施工技术分常规冻结和低温冻结;常温冻结的冻结温度 -35 ~ -25℃,采用盐水作为介质;低温冻结的冻结温度 -180 ~ -70℃ 左右,采用液氮作为介质。

适用范围:

(1) 含水率大于 10% 的土层、岩层;

(2) 盐水冻结地下水流速 ≤5m/d,超低温冻结地下水流速 ≤40m/d;

(3) 地下水含盐量实验结冰点满足冻结要求,均可使用冻结法。

特点:

(1) 加固效果好,封水效果明显。冻结法利用低温盐水循环带走地层的热量,通过降低地层温度形成冻土帷幕。冻结加固使土体中的大部分水分结冰,冻结体强度通常能达到 5~10MPa 强度,可以减小加固体体积;结构体强度均匀而且其阻水效果是其他方法无法比拟的。

(2) 冻土在达到设计温度时,冻土的抗压强度、抗剪强度和抗拉强度等力学特性有明显的提高。

(3) 适应性广。适用于任何含一定水量的松散岩土层,在复杂工程、水文地质如软土、含水不稳定层、流沙、高水压及高地压、埋深大等地层条件下冻结技术有效、可行。

(4) 冻结工程施工最大的污染是钻孔时少量的泥浆排出,冻结过程不向地层注入任何有害物质,冻结工程完毕后,地层自然融化恢复原状况,不会在地层留下有碍于其他工程施工的地下障碍物,是一种绿色施工方法。

(5) 冻结加固土体均匀,整体性好。冻结加固体的形状、大小、可以根据需要灵活设计,可以把设计的土体全部冻成冻土,形成地下工程施工帷幕。土层注浆和深层搅拌桩,只是对土体局部加固,加固范围不易控制、加固体强度不均匀。

(6) 冻结施工在正常运转期间,一般每班只需要 6~8 名操作人员,节约了大量劳动力。

盾构施工冻结法接收实际情况如图9-12所示。

（7）占用施工场地小。冷冻施工仅需地面提供冷却塔和冷冻机组占用地及加固体本身用地。

图9-12 盾构施工冻结法接收

4.冻结施工工艺

（1）冻结站安装

冻结站的位置必须设在供冷、供电、供水、排水都比较方便的地方，还要兼顾到井口、洞口施工时材料、施工器材进出方便。一般而言，冻结站设在距井口30～50m距离为好。

氨、盐水、冷却水三大系统安装尽量平行作业。冻结设备安装流程如图9-13所示。

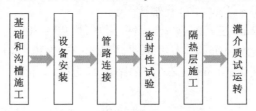

图9-13 冻结设备安装流程图

冻结管一般选用直径127～139mm、壁厚5～10mm的钢管，目前常采用$\phi 127mm \times 7.5mm$的无缝钢管，也可以根据地下工程实际情况减小冻结管的直径（图9-14）。

图9-14 冻结管

(2) 钻孔施工

冻结管试漏与安装。冻结管(含测温管)采用丝扣连接加焊接。管子端部采用底盖板和底锥密封。冻结管安装后,进行水压试漏,初压力 0.8MPa,经 30min 观察,降压≤0.05MPa,再延长 15min,压力不降为合格,否则重新钻孔下管,或在断管中下套管。

(3) 冻结系统安装与调试

随着城市地下工程中采用冻结法施工越来越多,在每个工作现场建立冻结站相当烦琐。为方便工程使用,近来,已研制了可移动制冷机组。将制冷机、冷凝器、蒸发器、盐水泵、电控柜等配置在一个底盘上。可用平板车拖到现场,只需在现场增设盐水箱,安装盐水循环泵,接上电源、冷却水源后即可投入运行,极大方便了现场施工。

(4) 冻结系统试运转

在试运转时,要随时调节压力、温度等各状态参数,使机组在有关工艺规程和设计要求的技术参数条件下运行。在冻结过程中,定时检测盐水温度、盐水流量和冻土墙扩展情况,必要时调整冻结系统运行参数。冻结系统运转正常后进入积极冻结,要求一周内盐水温度降至 $-20℃$ 以下。

(5) 停止冻结

根据测温孔温度实测结果,确认冻土墙平均温度和厚度达到设计值,并且冻土墙与地连墙界面温度不高于 $-5℃$ 后,可破除盾构出洞口地连墙钢筋混凝土。破除盾构出洞口地连墙钢筋混凝土时,密切注意破地连墙时是否破坏冻结管,如一旦发现冻结管漏盐水,及时关闭该冻结器。

(6) 拔冻结管方法

利用人工局部解冻的方案,进行拔管,具体方法如下:利用热盐水在冻结器里循环,使冻结管周围的冻土融化达到 10~20mm 时,开始拔管。

① 盐水加热:用一只 $2m^3$ 左右的盐水箱储存盐水,用 40~80kW 的电热丝进行加热。

② 盐水循环:利用流量为 $10m^3/h$ 盐水泵循环盐水,先用 30~40℃ 的盐水循环 5min 左右,然后 60~80℃ 的盐水循环达 30min 左右,当回路盐水温度上升到 25~30℃ 时,即可进行边循环边试拔。

③ 起拔:用两个 10t 的千斤顶进行试拔,拔起 0.5m 左右时,便可停止循环热盐水,用高压风将管内盐水排出,然后快速拔出冻结管。拔管注意冻结管与挂钩要成一线,冻结管不能憋劲,拔管时要常转动冻结管,冻结管不能硬拔,如拔不动时,要继续循环热盐水解冻,直至拔起冻结管。拔管要在盾构进入洞口内且安装好密封装置后进行,盾构头部距冻土墙不小于 0.2m,以免影响拔管。在隧道范围内所有冻结管全部拔出后,盾构方可开始推进,防止盾构推进损坏冻结管,使其无法拔出。

三、反压接收技术

反压接收主要包含地中反压、水中反压接收。为确保盾构接收工作顺利进行,一般在端头液氮垂直冻结加固基础上,增加盾构地中接收或水中接收方案,形成双保险。在接收端头井内事先回填水和砂浆的混合物,然后盾构突破接收洞门钢环,进入接收井。盾构水中接收流程如图 9-15 所示。

1. 施工要点

盾构水中接收前,应做好施作水平探孔,设置挡水墙,设临时板支撑,安装排注水系统等施工准备。

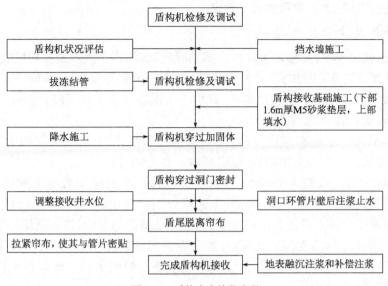

图 9-15 盾构水中接收流程

(1) 水平探孔。盾构接收前,在洞门范围内设置水平探孔,检测端头加固效果,尤其是洞门底靠近砂卵石层范围内的加固效果,必须进行加密检测。

(2) 挡水墙。挡水墙的作用是将接收井与车站的主体结构隔离开来,使之成为相对独立的功能单元。挡水墙厚度为 600mm,水平钢筋与侧墙通过植筋连接,植筋与侧墙竖向钢筋通过 L 形钢筋焊接,竖向钢筋通过植筋与临时板、地下 1 层中板连接。挡水墙有足够的防水性能,并且可以抵挡接收井内填料和盾构推进时共同产生的压力。

(3) 临时板支撑。为保证水中盾构接收的安全性,须对接收层临时底板(适用于换乘车站)进行底板下架设钢管支架和浇筑混凝土支撑柱支护。

(4) 盾构接收基座与水泥砂浆的结合使用。考虑后期盾构拆解的需要,使用钢制接收基座,并将基座填埋至强度等级为 M5(28d 标准养护后的抗压强度为 5MPa)水泥砂浆中。安装时,接收基座中心轴线水平坐标等同于盾构接收时预定的水平坐标(即洞门垂直中心线水平坐标),接收基座的高程坐标略小于盾构接收时预定的高程坐标。为了使盾构顺利"爬上"盾构接收基础,并提供盾构接收段管片拼装反力,接收基座设置 3%~5% 的坡度。

(5) 注排水系统。当盾构刀盘到达预定里程时,开始往接收井内注水,供水量约为 600m³/h。刀盘过洞门帘布后,立即封堵洞门,然后启动 2 台 30kW 污水泵排水,排水量约为 400m³/h。

2. 注意事项

(1) 挡水墙内首次注水应分次进行,每次高度不超过 2m,观察时间不小于 2h。

(2) 盾构机在砂浆垫层中掘进时,掘进速度不宜过快,避免盾构机产生剧烈震动,造成姿态难以控制。

(3) 最后 8 环管片完成拼装后,及时采用型钢束紧,避免管片环缝过大,后期发生渗水、隧道变形等质量问题。

(4) 接收段应严格落实管片螺栓 3 次复紧工作,提升管片拼装质量。

(5) 洞门密封钢丝绳应预留足够余量,并将倒链固定在洞门上部可以操作的位置。

(6) 盾构掘进施工中,同步注浆浆液采用水泥砂浆,初凝时间较短,强度高;盾尾通过加固区后,需及时进行水泥、水玻璃双液回填封堵。

3. 风险分析及主要处理措施

盾构水中接收过程中,应密切关注挡水墙的状况、洞门涌水涌沙情况和接收端头管线沉降监测情况,一旦发现异常,立即按照风险预案要求,划分风险等级,进行风险响应。

(1) 挡水墙大量渗漏水。若发生涌水,在地下3层安装排水泵,及时排水。可利用回填黏土或埋管封堵渗漏点。

(2) 挡水墙倾覆。盾构水中推进时,控制总推力和推进速度,避免将推力传递至挡水墙上。挡水墙内侧采取一定的支持措施,提高其水平受力能力。

(3) 盾尾密封失效,盾构内部涌水。盾构接收阶段,主动增加盾尾油脂注入量和注入压力,提升盾尾密封效果。盾尾脱离帘布后,迅速组织洞门封堵和抽排水工作,减少盾尾在水中浸泡的时间,若发生渗漏水需及时进行抽排,同时降低蓄水池液位,注入盾尾油脂。

(4) 管线沉降。盾构接收施工过程中,务必做好管线沉降监测工作,一旦发生管线沉降,应立即停止掘进,并迅速调整水池液位,实现水土平衡。组织人员在地面引孔注浆,阻止地面和管线进一步沉降。

◆ 思考题 ◆

1. 简述盾构到达施工的主要内容。
2. 盾构到达施工有哪些准备工作?
3. 简述盾构到达施工要点。
4. 简述盾构到达位置复核测量的技术要点。
5. 简述盾构到达施工流程。
6. 简述钢套筒法接收技术要点。
7. 简述冻结接收技术要点。
8. 简述水中接收技术要点。

单元十

盾构调头与过站

项目描述

主要介绍盾构调头作业的准备工作、主机调头程序、设备桥调头主要工序、后配套调头的主要程序;简要介绍盾构过站的概念、过站施工的主要流程和技术要点。

学习目标

1. 知识目标

(1) 掌握盾构调头作业的工序及技术要点;

(2) 掌握盾构过站作业的工序及技术要点。

2. 能力目标

(1) 能够组织开展盾构调头作业;

(2) 能够组织开展盾构过站作业。

任务一　盾　构　调　头

本节以实际工程案例介绍盾构调头技术。南京地铁一期工程南起小行,北至迈皋桥,线路全长 18.9km。其中 TA15 标由两个区间组成,采用 2 台土压平衡盾构进行施工。第 1 台盾构(开拓 I 号)从许府巷站南端头井始发向玄武门站方向推进,至玄武门站后进行盾构调头,盾构从许~玄区间左线进入右线,向许府巷站推进,到达许府巷南端头后,拆卸、检修并转场至许府巷站北端头,向南京站方向推进。第 2 台盾构(开拓 II 号)在许府巷站北端头井始发,向南京站方向推进,如图 10-1 所示。

图 10-1　南京地铁 TA15 标盾构推进

第 1 台盾构从许府巷站南端头左线始发,到达玄武门站后,进行调头,调头后进入许~玄区间右线,在玄武门站二次始发。由于玄武门站结构及调头场地十分狭小,仅仅提供了端头 12m 的调头场地及 50m 长的站台,而盾构总长为 65m,且出渣列车最小长度为 12m,所以不能满足整机始发的条件;同时,盾构主机及后配套拖车都是体积大、重量大的实体,后配套拖车不能进入净空仅为 4.2m 的站台内,因此给盾构的调头工作增加了难度和复杂性。根据现场条件,同时考虑出渣速度和便于管片运输,调头时使用延长管线连接主机和后配套,分主机和设备桥调头、后配套调头,成功地完成了盾构在玄武门站的调头始发。

一、调头准备

为保证盾构调头时,调头场地有足够的支撑面,在盾构调头井内铺设 5mm 厚的细砂及 20mm 厚的钢板,钢板间的接缝进行锻焊,并保证接缝平整,有错台时进行打磨处理。在调头场地内铺设临时轨道,将设备桥支撑架下井并移至玄武门站的站台后部备用。

利用 80t 汽车吊在调头井进行反力架、钢负环的下井、拼装,并利用 15t 起道机平移反力架及钢环至调头场地后部定位,组装平移时应在反力架的前、后部加焊支撑,防止倾翻。

盾构主机的接收采用盾构始发时所使用的始发架,并且在始发架底部采用 20mm 厚的钢板进行焊接封闭,以保证盾构调头时底部有足够的支撑面,焊接时应保证焊缝平整,错台部位进行打磨。采用 25t 汽车吊将接收架下井,并用自制盘式轴承平移至隧道左线,检查并紧固接收架连接螺栓,应确保连接螺栓完好。采用钢板或型钢垫平接收架,应确保垫层牢靠,对接收架进行精确定位,并进行复测。精确定位后,采用 14 号工字钢对接收架进行固定,固定支撑在站台一侧,洞门侧和预埋件焊接,同时将接收架轨道延伸至洞门内并加固。

控制盾构姿态,避免损坏洞门环,脱离洞门密封前注浆要饱满,防止漏水。盾构进站时应低速推进。进站时及时在盾体前部耐磨层处垫 4mm 钢板进行支撑,防止耐磨层与轨道接触。检查接收架是否位移、变形,若有变形及时加固或调整。盾构进站后,拆除四号拖车皮带机驱动装置。在前体、中体两侧各焊接顶升支座,焊接时确保对称、牢固。支座采用 20mm 厚的钢板制作,共 4 个,支座焊接加工误差为 ±3mm,支座底板保持水平,如图 10-2 所示。当主机完全进站后,用型钢将主机与接收架焊接为一体,便于整体起升。

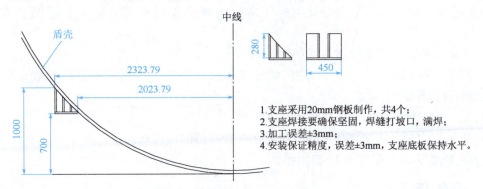

图 10-2 支座钢结构零件图(尺寸单位:mm)

二、主机调头

盾构主机调头程序如下:

(1)设备桥中部焊接支撑架。

(2)用油缸分别将设备桥前部、后部顶升,并在支撑架底部安装 $\phi50$ 的钢管,如图 10-3 所示。

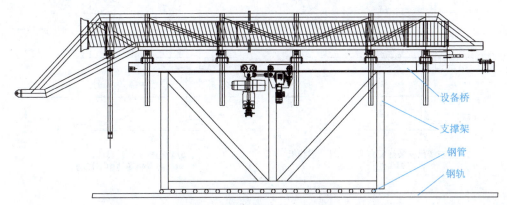

图 10-3 设备桥调头支撑示意图

(3)主机与后配套脱离(拆除管线和拖拉油缸),并后移后配套拖车至主机与后配套完全脱离。

(4)采用 4 根 150t 油缸将盾构顶升,接收架底部均匀安装自制盘式轴承,如图 10-4 所示,取出底部的垫块后将主机落至轴承上(主机顶升时注意油缸应保持同步,且应有专人指挥)。

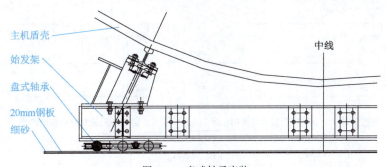

图 10-4 盘式轴承安装

(5)在底板的钢板上焊接顶推支座,并用100t油缸及150t油缸将主机连同接收架平移至调头场地中部并进行调头,调头时注意防止螺旋输送机与车站结构及反力架发生干扰。

(6)主机调头后平移至隧道右线前部。

(7)采用4根150t油缸将盾构顶升,接收架底部用钢板或型钢支撑,进行精确定位,并将接收架轨线延伸至隧道内。

(8)反力架和钢环精确定位并焊接反力支撑。

(9)盾尾刷均匀涂抹WR90油脂。备用注浆管及超前钻机管内填充WR90油脂。

盾构主机调头示意图如图10-5所示。

三、设备桥调头

设备桥调头主要工序为:

(1)左线调头井铺设轨线,主机后部铺设轨线。

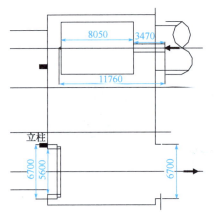

a)右线已安装好反力架、钢环,盾构机已经做好调头的一切准备

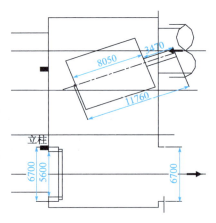

b)盾构机逆时针转动,并向调头场地中部移动

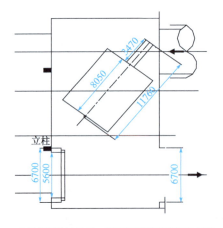

c)继续逆时针转动,直至螺旋输送机拖出左线

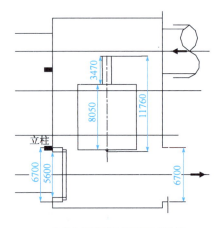

d)将主机逆时针旋转至90°位置

图 10-5

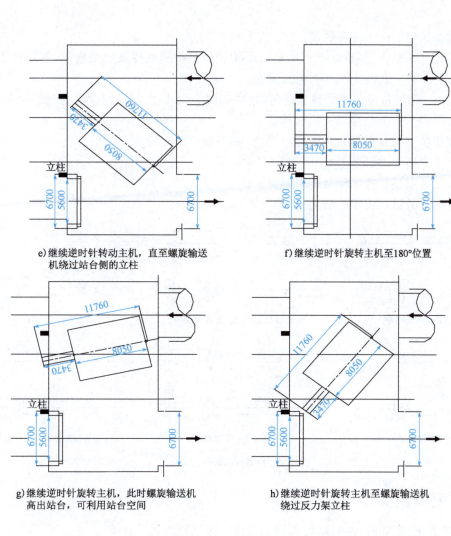

e) 继续逆时针转动主机，直至螺旋输送机绕过站台侧的立柱

f) 继续逆时针旋转主机至180°位置

g) 继续逆时针旋转主机，此时螺旋输送机高出站台，可利用站台空间

h) 继续逆时针旋转主机至螺旋输送机绕过反力架立柱

i) 顺时针旋转主机，逐步将螺旋输送机穿入反力架及钢环

j) 盾构机主机完全进入右线，前移，准备精确定位反力架

图 10-5　主机调头示意图

(2) 将设备桥与后配套拖车脱离。

(3) 拆解管片吊机轨道,拆除一号拖车后部的管片吊机控制柜及电缆卷筒,并移至设备桥前部固定,以便于管片吊机接收时功能的恢复。

(4) 采用 10t 倒链将设备桥前移至站台内,并在 20~21 轴之间进行调头,如图 10-6 所示。

(5) 设备桥调头后前移并与主机对接。

(6) 将设备桥支撑架前移并与设备桥对接,并拆除中部支撑。

(7) 安装皮带机驱动装置。

(8) 安装管片安装机控制柜及电缆卷筒。

(9) 安装皮带并进行皮带的硫化。

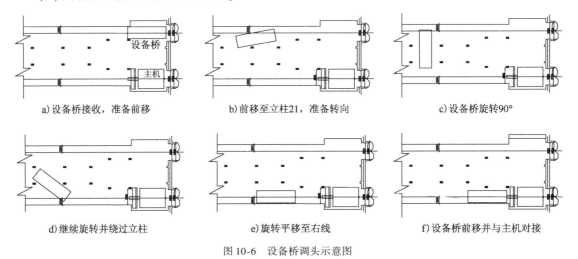

图 10-6 设备桥调头示意图

四、后配套调头

当始发掘进至 53 环时,进行后配套调头工作。主要程序如下:

(1) 停机。

(2) 拆除延长管线。

(3) 拆除皮带及设备桥支撑架。

(4) 拆除负环。

(5) 拆除左线轨线。

(6) 平移始发架至左线并形成后配套接收轨线。利用 4 个 15t 起道机将始发架顶升并在底部安装盘式轴承,通过牵引机车拖拉绕过结构墙上的滑轮拉点的钢丝绳将始发架平移至隧道左线,并将轨线延伸至洞内与拖车轨线连接。

(7) 拆除反力架及钢环。利用起道机平移反力架及钢环至井口处,利用 80t 汽车吊将钢环及反力架拆解吊出。

(8) 后配套拖车解列并拆卸拖车间的管线。在拖车解列前必须将每节拖车用阻车器固定,防止溜车;拆解拖车间的电缆并回收至 1 号拖车上捆扎固定;拆解拖车间的连接胶管并及时封堵。拆解拖车间的拉杆。

(9) 拖车前移并调头。用牵引机车牵引 1 号拖车前移至调头场地内的始发架上;用型钢将 1 号拖车与始发架焊接成一个整体以防止调头时倾翻;通过牵引机车拖拉钢丝绳将始发架

平移至调头场地中部并调头(图10-7);平移1号拖车及始发架至许玄区间右线并固定始发

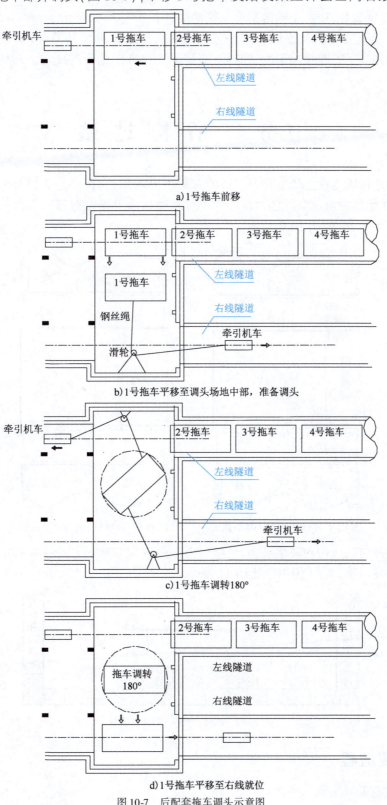

图10-7 后配套拖车调头示意图

架;将始发架轨线与右线轨线连接,并将型钢割除;用机车将 1 号拖车拖入洞内并与设备桥对接。依此类推,将 2 号、3 号、4 号拖车调头并对接。

(10)后配套管线连接及整机调试掘进。将 4 号皮带机移至井口时,安装皮带机驱动装置;连接拖车间的电缆;连接拖车间的胶管;安装皮带并进行皮带的硫化。盾构调试完毕后进行正常掘进。

任务二　盾　构　过　站

盾构过站是指盾构在主体结构已完成的车站内出洞后,利用外力或自身力顶推通过车站内部,达到再次始发或吊出条件的过程。常见盾构过站按平面位置可分为同一线路过站和相邻线路过站。如图 10-8、图 10-9 所示。

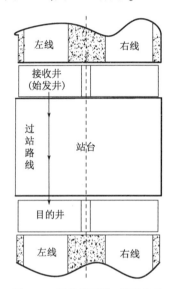 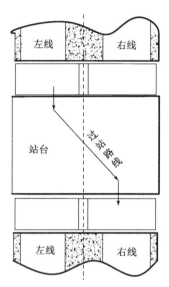

图 10-8　过站用于同一线路施工　　　图 10-9　过站用于相邻线路施工

依据盾构井与站台相对高度不同,也可分为站台底板高于竖井底平面和站台底板与竖井底平面等高两种情况,如图 10-10、图 10-11 所示。

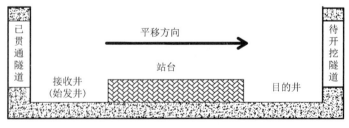

图 10-10　站台底板高于盾构井底板

一、作业流程

盾构过站施工的主要工序为:
准备工作→顶升→平移(过站)→(到达目的井)下降→定位(图 10-12)。

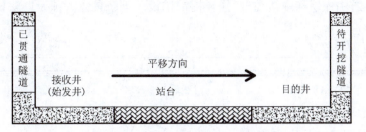

图 10-11 站台底板与盾构井底板等高

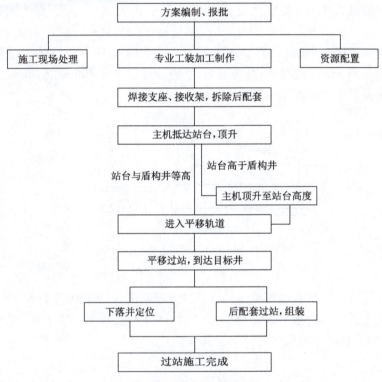

图 10-12 盾构过站流程图

(1) 过站小车

过站小车是由始发台改造而成。为了加强过站小车的刚度和强度,需对始发台进行加固,具体要求为:在过站小车底部焊接一块宽钢板。在过站小车薄弱的地方焊接加强筋。

(2) 平移轨道

主要工作包括场地平整和在场地上铺设钢轨,为盾构机过站小车提供平整且强度足够的滑动面(图10-13)。

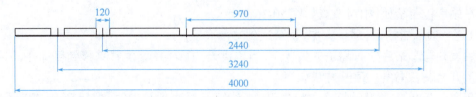

图 10-13 槽钢(轨枕)加工尺寸图(尺寸单位:mm)

主机平移轨道由外轨和中轨组成,需要提前铺设。钢轨具体的铺设办法如图10-14所示。

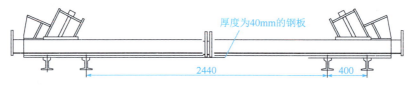

图10-14 平移轨道铺设示意图(尺寸单位:mm)

(3)顶升支座及顶推反力支座

顶升支座由20mm厚钢板层叠焊接而成,支座与盾体接触的一面,其弧度必须与盾壳保持一致。顶升支座需要足够大,既要保证千斤顶顶升的位置,也要保证有下落时垫块支护的位置。

顶推反力支座安装在中轨(轨距2440mm)上。在钢轨上每隔1200mm打孔,圆孔尺寸按照反力座预留直径为65mm的圆孔,准备直径为60mm、长度为400mm的圆钢,以便反力座的固定。其结构及安装方式如图10-15所示。

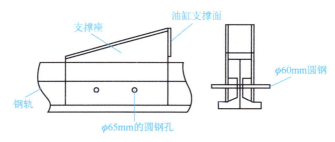

图10-15 顶推反力支座结构及安装示意图

(4)其他

卷扬机(5t)及滑轮组的合理布局、安装;将顶升所需的4台150t千斤顶、平移所需的2台80t千斤顶检测、安装、调试;根据设备桥的尺寸,加工制作支撑架(门形架),断开设备桥并用支撑架固定;其他工装视现场实际需要加工制作。

二、顶升

顶升是将盾构主机及过站小车整体放置于平移钢板之上,为下一步的平移工作做准备。在车站底板高于盾构井底板的工况下,此道工序包括盾构主机在盾构井内抵达站台及爬上站台的整个过程。该过程可分解为以下几个步骤:

(1)在始发井内,将主机顶推至站台的台阶处

启动液压泵站,利用四个150t的油缸将盾构机和始发台的合体顶升起来,使其脱离地面250mm以上,然后其下方铺设轨道,在盾尾后方的轨道上安装顶推反力支座,方法如上文所述。之后合体落于其上,利用两个80t的油缸顶推始发台,运载着主机前移,直至刀盘到达始发井与车站底板台阶处,相对位置如图10-16所示。

(2)逐步顶升盾构机,逐步支护,直至达到站台高度

在始发井与车站底板有高差的情况下,盾构机无法直接从始发井平移到目标井,需要将盾构主机顶升至站台高度。顶升方法如下:

利用四个200t的顶升油缸将主机顶升,当油缸行程达到最大时,停止顶升,将油缸锁定,在支撑座延长块下垫型钢垫块(防止油缸泄漏而发生危险)。此时在下方轴向塞入第一层

160mm×220mm 的枕木,长度为 1.25m,每组 5 根,共 12 组;然后在第一层上面径向塞入第二层枕木,数量与第一层相同(枕木之间用耙钉固定);然后将 200t 的油缸回收,让盾构主机与始发台落在枕木上。然后往油缸底下安装型钢垫块,再次顶升,铺设枕木,直至将过站小车的底板顶升到与车站底板高度一致(图 10-17)。

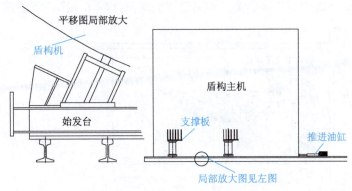

图 10-16 主机与主要工装相对位置示意图

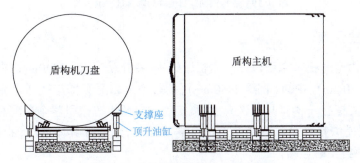

图 10-17 盾构机顶升至站台过程示意图

(3)盾构机及接收架合体进入站台

当始发台达到站台高度后,再次顶升,在其下方铺设轨道,并与站台内的平移轨道连为一体。把两个推进油缸放置到始发台后部两侧,同时开启,使油缸顶紧始发台上的推进挡板,同时推动盾构机前进,直至盾构机完全进入站台。

三、平移

平移的过程即盾构机通过车站的过程。

(1)盾构机进入站台后,打开 100t 液压泵站,同时顶升两边的推进油缸,使油缸顶紧始发台上的推进挡板,推动盾构机在已经铺设完毕的轨道上前进。油缸伸出最大行程后,把推进油缸收回,加垫块后重新顶推;盾构机前进 1200mm 后,向前移动反力座,继续进行下一循环的推进。直至通过站台、达到目的井边缘。

(2)平移过程中的纠偏。平移过程中,盾构机偏离预定中心线的情况不可避免,需采取防偏移措施。在过站小车的底部钢板上焊接支柱挡块,防止盾构机偏离预计中心线甚至从钢轨上滑落,如图 10-18 所示。

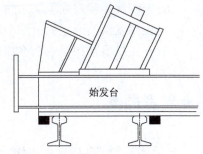

图 10-18 防偏移挡块安装位置示意图

四、降落

当盾构主机前移到目的井与车站底板台阶处时,需停止推进,在目标井内铺设枕木支架。枕木支架的高度与车站底板一致,然后将盾构机慢慢平移到枕木支架上。按照始发井顶升盾构机的方法逆向操作,将盾构机降落到要求的高度并加固,盾构主机过站过程结束(图 10-19)。

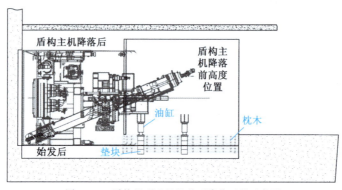

图 10-19 盾构机到达目的井后降落过程示意图

五、后配套过站

后配套设备由电瓶机车牵引过站。主机过站后,将外轨(轨距 3240mm)拆除,用以铺设电机车轨道(轨距 970mm);中轨(轨距 2440mm)保留,作为后配套拖车轨道。完成轨道铺设后,将设备桥的前端支撑在一辆管片运送车上,直接利用电瓶机车牵引整个后配套系统向前移动。若电瓶机车不能提供整个后配套拖车前进所需的动力,则需视具体情况,断开拖车后分别拖移,全部就位后再行组装连接。

六、注意事项

(1)制订详细的施工技术方案。
(2)顶升支座焊接到盾体之后,需要对焊缝作探伤检测。
(3)用于盾体顶升及顶推的液压泵站,投入使用前须作全面检查。压力表及千斤顶,投入使用前,须送有资质的计量检测机构标定。
(4)盾构机上、下站台过程中,枕木(或 H 型钢)支护体系须充分加固,须达到足够的强度及稳定性。
(5)拆开的油管,必须使用堵头密封。
(6)电缆线接头需采取防水防尘措施。
(7)由始发架改造成的过站小车,需保证结构强度,以及其底部的平整度。
(8)在主机平移的钢轨上涂抹适量黄油,以减小前进的阻力。

◆ 思考题 ◆

1. 简述盾构调头的准备工作。
2. 简述盾构主机调头的程序。

3. 简述设备桥调头的主要工序。
4. 简述后配套调头的主要程序。
5. 简述盾构过站的概念。
6. 简述盾构过站施工的主要流程。
7. 简述盾构过站施工的技术要点。

单元十一

刀具检查与更换

项目描述

主要介绍盾构的常压换刀的方式与技术要点及作业流程;介绍盾构的带压换刀的方式与技术要点及作业流程。

学习目标

1. 知识目标
(1) 掌握盾构常压换刀作业流程及技术要点;
(2) 掌握常规带压换刀作业的特点、技术控制要点及潜水病的防治;
(3) 掌握饱和法换刀作业的特点及技术控制要点。

2. 能力目标
(1) 能够指导实施盾构常压环境下换刀作业;
(2) 能够进行常规带压换刀作业;
(3) 能够进行饱和法带压换刀作业。

盾构刀具在掘进过程中,刀刃因磨耗超限或脱落、缺损、偏磨时,必须进行刀具更换。刀具可分为切刀、刮刀、撕裂刀和滚刀等,分别适用于不同的地质条件。当地质条件发生变化时,为保证盾构施工安全和加快施工进度,亦应更换适应于该地层条件的刀具。盾构运行时,刀盘上不同位置的滚刀磨损量不一样,在刀具检查中,根据磨损程度的不同,可进行位置的更换。

任务一　盾构常压换刀

微课:盾构常压换刀

常压换刀有两种方式,一种是盾构敞开作业下的常压换刀,可称为常规常压换刀,当盾构在硬岩或自稳能力较强的地段(整体性较好的中风化、微风化地层)掘进时,不需带压进舱,这种情况下可在无压下直接进入刀盘作业;另一种是大直径泥水盾构在带压作业下,作业人员进入盾构的常压刀盘进行常压换刀,可称为特殊常压换刀。

一、磨损量检测

刀具磨损量检测可分为在线检测、模具检测和肉眼检测。在线检测是指借助应力片、油路等在刀体内预埋的设施,当刀具磨损达到检测位置时,会在盾构上位机中反馈信号,提醒施工人员进行检查和更换。模具检测是指根据刀盘刀具配置,比照刀具形式制作刀具磨损检测模具,进仓人员使用模具对刀具磨损情况进行检测。肉眼检测是指刀具发生崩齿、弦磨等肉眼即可辨识的磨损。

二、磨损分析

磨损分析:为了指导隧道掘进和刀具配置,必须对盾构机的刀具磨损情况进行分析,并预测刀具磨损趋势,给出科学合理的刀具配置建议。

(1)根据盾构刀盘上刀具布置图,科学合理地设计磨损分析理论,主要指标有刀具点位、刀具磨损量、刀盘转速、刀具贯入度、刀具行走长度、刀具掘进长度、合金或耐磨层厚度、刀具材料性、刀具消耗成本能等指标。

(2)将更换下来刀具指标进行统计分析,对于异常磨损或损坏的刀具(崩齿、弦磨),必须分析出原因,原因未明之前禁止掘进。

(3)根据刀具磨损分析意见,提出已磨损刀具再次使用点位互换建议,对无利用价值的磨损刀具进行更换。

(4)根据隧道地质条件,合理提出下一阶段刀盘转速、刀具贯入度、刀具配置、刀体材料建议。

三、常规常压换刀作业

1.方案审批

(1)初步计划

结合盾构机的掘进参数、地质情况,提出刀具的更换方案,提前做好设备、材料的准备,选定开仓地点和时间。

(2)开仓审批

编制开仓换刀技术方案,按照专项方案管理程序进行审批。

(3) 刀盘检查

盾构机刀盘检查分为两级:定期检查和被迫检查。检查记录应备案。

(4) 刀具更换

刀具更换主要包括:刀盘清理、刀具拆除、刀具安装和整体检查。

(5) 试掘进

经过检查,确认刀盘内没有人员、换刀工具或者其他物品,关闭仓门,准备开始掘进。在掘进之前,刀盘以低速空转 10~15min,直到刀盘扭矩值很小且没有大的变化,逐渐加大推力,并保持 1~2 坏的低推力推进,再根据掘进情况和渣土的状态选取正确的掘进参数。

2. 刀具检查步骤

(1) 刀具外观检查:检查刀盘上所有刀具螺栓是否有脱落现象;刀圈是否完好,有无断裂及弦磨现象;刀体是否有漏油现象;挡圈是否断裂或脱落;刀圈是否发生移位。

(2) 刀具螺栓的检查:用手锤敲击螺栓垫,听其声音来辨别螺栓的紧固程度,或一边敲击一边用手感觉其振动情况来辨别螺栓的紧固程度。

(3) 刀具检查过程中,应对加压的全过程压力进行记录;刀具检查的同时,对每把刀具进行编号,记录刀具的磨损量,并提供刀具检查报告。

3. 刀具更换操作

(1) 每次更换时,工作人员先将刀具周围的泥土清掉,保证留有一定的工作空间。

(2) 由刀盘外侧向内逐个检查刀具的磨损情况,确定需要更换时,用相应标号的刀具进行替换。

(3) 用套筒及加力杆卸下固定螺栓,将拆下的螺栓及附件放入随身携带的工具袋内,以防丢失。

(4) 将换下的刀具递到人闸内,同时将固定螺栓和固定座用水清洗干净,并检查一下是否有裂纹,如有裂纹必须更换新螺栓,以确保新装刀具有足够的固定强度。

(5) 将新的刀具按原来的位置安装好,并将固定螺栓拧紧。

(6) 每次带一批刀具和螺栓进舱,每批刀具换完后,把废刀具和未安装的新刀放进料闸内。

(7) 同时操作手转动刀盘。工作人员通过料闸把下一批刀具送入土仓内,再继续更换下一组刀具。

(8) 每换完一批刀具后,由值班机械工程师检查一遍安装质量,并检查是否有漏掉的或者没有固定好的。机械工程师确认无误后方可继续作业。

四、特殊常压换刀作业

1. 技术特点

该技术适用于大直径泥水盾构的常压换刀,是指在不采取地面或掌子面加固措施,开挖舱充满压力泥浆的情况下,作业人员在常压下进入特殊设计的盾构刀盘辐臂空腔内进行刀具检查或更换的技术。

高水压下的常压换刀作业,通过常压换刀装置实现。常压换刀装置适用于大直径长距离越江、越海或穿河隧道工程中高水压下的盾构刀盘辐臂内配有可常压检查、更换刀具设计的泥水盾构。可常压换刀的泥水盾构,其刀盘由几个空心辐臂组成,根据刀盘刀具分布位置不同,将部分刀座采用背装式,使这部分刀座上的刀具切削轨迹覆盖整个刀盘面,如图 11-1 所示。

图 11-1　大直径可常压换刀的泥水盾构刀盘

背装式刀具刀腔内设置闸板,人员可直接进入辐臂内,从刀腔内抽出刀具,然后关闭刀腔闸板,将刀盘前方高压舱与刀臂常压舱隔开,待刀具检查或更换后,打开闸板,装回刀具,即实现了刀具的常压检查与更换,如图 11-2 所示。

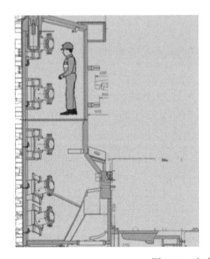

图 11-2　大直径泥水盾构常压换刀装置示意图

常压换刀技术使得在水底高水压环境下的刀具检查与更换不再需要耗时费力地进行地层加固或采用效率极低成本极高的潜水作业;将刀具检查和更换纳入了日常工序,能够保证安全和工期,创造了巨大的经济效益;同时水下施工的盾构隧道掘进长度将不再受到刀具磨损的限制。对于在长距离、高水压条件下施工的水下大直径泥水盾构来说,常压换刀技术的优点十分突出:工期短、成本低、安全系数高、环境影响小。

2. 常压换刀装置

(1) 切刀常压换刀装置

切刀常压换刀装置有导向杆式和导向筒式两种形式。

导向杆式切刀常压换刀装置如图 11-3 所示,结构组成如图 11-4 所示,通过导向杆和导向螺栓配合将刀具拔出并更换。

图 11-3　导向杆式切刀常压换刀装置示意图

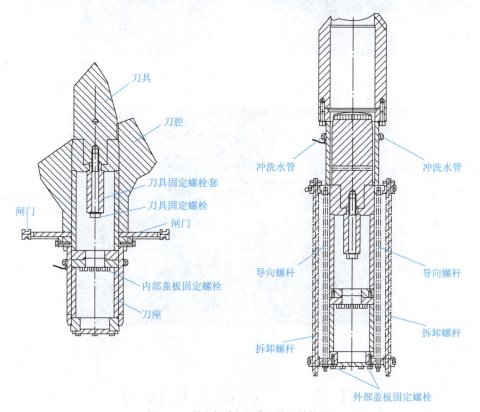

图 11-4　导向杆式切刀常压换刀结构图

导向筒式切刀常压换刀装置如图 11-5 所示,通过导向筒和多级油缸将刀具拔出并更换。

图 11-5　导向筒式切削刀常压换刀装置原理图

(2)滚刀常压换刀装置

滚刀常压换刀装置的原理与切刀常压换刀装置的原理相似,不同之处在于,为了布置更多的滚刀,将常规滚刀的轴缩短,把两把滚刀并排装进一个刀筒,刀筒可以在刀盘常压辐臂内拔出,然后关闭闸门,从而实现常压换刀,如图11-6和图11-7所示。

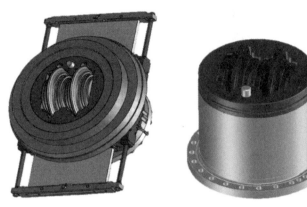

图11-6　滚刀常压换刀装置结构示意图

图11-7　滚刀常压换刀装置实物图

任务二　盾构带压换刀

盾构法施工过程中,盾构机经常出现刀盘刀具磨损、掘进前方有异物、设备自身故障等情况,致使盾构机无法正常掘进。盾构进仓作业成为解决上述问题的有效手段。根据进仓作业人员呼吸气体种类,带压换刀可分为常规带压进仓、饱和气体带压进仓。常规带压与饱和带压作业方式选择建议详见图11-8。

一、常规带压换刀

进仓人员以压缩空气为呼吸介质、在压力环境下的作业,环境压力可在 0~6bar 范围内,宜在 0~3.6bar。

微课:盾构带压换刀

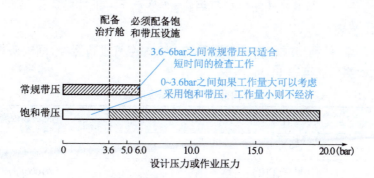

图 11-8 带压作业方式建议参考图

注：1bar≈0.1MPa，下同。

1. 人员

（1）常规带压进仓作业人员应体检合格，符合进仓作业要求。患有中耳炎、感冒、心脏病、高血压、恐高症等疾病的人员严禁进仓作业。

（2）体检合格的拟进行常规带压进仓人员应经过专业机构培训合格后方可进仓作业，且熟知仓内作业流程和安全防护措施。

（3）电焊工、电工等特殊工种应持有效证件上岗。

（4）作业人员应正确穿戴安全帽、安全带及相应的劳保用品。

（5）严格遵守劳动纪律，严禁酒后进仓作业，作业完成后严禁剧烈运动和饮酒，并保证充足的休息时间。

（6）人员舱操作人员应取得相应的资格证书。

2. 设备

（1）常规带压进仓作业应配置有害气体检测仪，检测仪应定期进行标定，使用前进行检测。

（2）常规带压进仓前应对盾构供水、供电、供气、通风、消防、照明、保压系统等系统进行全面检查，保证各系统工作正常。

（3）应对应急发电机检查和试运转，并根据空压机供气储备余量，视情况配置应急内燃空压机，同时做好油料储备。

（4）应对人员舱进行加压、减压、保压试验。对人员舱内的管线、阀组、仪表、通信、照明、加热装置、吸氧装置、消防设施以及压力记录仪器等进行检查，确保其工作正常。

（5）作业人员在仓内作业期间严禁转动刀盘。

3. 升、降压作业流程

（1）加压过程中应匀速，加压速率应不对作业人员造成压力伤害，实时与仓内人员保持联系，如发现有作业人员出现异常症状，应立即停止加压，采取应急减压操作程序，人员出仓后应由专职医生对其身体状况进行检查。

（2）根据带压作业压力和时间，人员舱减压过程中涉及的第一停留压力及减压速率、其他停留压力及停留时间应参考《我国空气潜水》（60m 阶段潜水减压表）、《空气潜水减压技术要求》（GB/T 12521—2008）。减压过程中气压调节值不宜过大，单次调节压力不应大于 0.2bar。

(3) 应对减压出仓的人员身体状况进行监控,发现异常立即送医。

4. 作业气体要求

开仓门前通风换气:利用盾构自带保压系统对仓内空气进行置换,同时对排出仓外的气体进行检测。气体检测标准见表11-1。

盾构开仓气体检测标准表　　　　表11-1

序号	气体种类	允许最高浓度
1	氧气(O_2)	19%～22%
2	甲烷(CH_4)	≤1000ppm
3	二氧化碳(CO_2)	500ppm
4	一氧化碳(CO)	10ppm
5	硫化氢(H_2S)	10ppm

开仓门后通风换气:仓门开启后,利用鼓风机通过作业通道对仓内空气进行通风和置换,通风时间应不低于10min。安全员携带便携式有害气体检测仪对仓内气体成分进行检测,作业过程中实时对仓内进行通风并对气体进行检测,如有异常,应及时撤出土仓内人员,加强通风力度,待开挖仓内气体合格后,方可继续进行进仓作业。

5. 保压措施及质量检查

(1) 带压进仓作业前必须进行掌子面泥膜护壁,并按照一个加减压过程检测开挖仓压力稳定性和可靠性,记录压力下降时间。

(2) 对人舱进行保压实验,确保人舱密封性,满足进仓作业要求。

(3) 对空压机、应急发电机进行检查,确保设备可正常工作。

(4) 进行必要的岗前培训,对作业人员上岗前针对进仓、检查刀盘及换刀、减压作业的特点进行安全教育,树立起安全作业的意识。

(5) 进仓后先观察掌子面的稳定情况,经判断稳定后,再进入土仓作业。

(6) 每班作业时,电工应加强用电管理,确保工地施工安全。

(7) 人舱、自动保压系统及减压舱由专人负责操作,同时做好各项记录。

(8) 作业人员作业时应佩戴好个人防护用品,防止意外伤亡事故的发生。

(9) 在作业过程中必须由专人负责掌子面稳定情况观察,一旦发现异常及时从土仓撤出施工人员,并关闭土仓和主仓的仓门,经观察,有坍塌发生时,在可能的情况下必须立即进行处理,若坍塌现象严重应停止作业。

(10) 带压作业过程中,加强各种检测仪表、空压机、气路电路的观测,如发现空压机故障,应立即启动另一台空压机;如发现停电,应立即启动内燃空压机;如发现管路漏气,应立即汇报并及时处理,以防意外情况发生,并将监测情况及时上报值班经理。

(11) 制定专门的开仓和进仓作业的安全技术措施交底书,对所有参与开仓过程的施工人员进行全面的技术交底,达到所有人员熟悉进仓作业程序和相关要求。

6. 减压病症状及措施

减压病症状和预防与处置措施如表11-2所示。

减压病症状和预防与处置措施 表11-2

序号	疾病名称	症状	预防与处置
1	减压病	瘙痒、皮肤灼热、皮下气肿;肢体疼痛;头痛、眩晕、呕吐、运动失调等	工作前应充分休息,防止过度疲劳,不饮酒和少饮水,工作时应预防受寒和受潮,工作后应立即脱下潮湿的工作服;作业完成后饮热茶,洗热水浴,在温暖的室内休息半小时以上,以促进血液循环,使体内多余的氮加速排出;每日应保证高热量、高蛋白、中等脂肪饮食,并适当增加各种维生素;操仓人员严格按照国家规定控制减压时间;作业人员在减压过程中肢体要保持舒展放松状态;所有类型的减压病的治疗都是再加压治疗,配合氧气治疗
2	氧中毒	胸疼、咳嗽、呼吸困难、面部和口唇颤动、出汗、面色苍白、烦躁不安等	作业人员选拔时应进行氧敏感试验,氧敏感试验阳性,不能进行带压作业;严格控制氧分压和作业时间,间歇吸氧,在两次吸氧之间吸空气5~10min,吸氧时,尽量减少不必要的体力活动;保证供氧装置处于良好状态,严格操作规程;吸氧期间,医务人员应密切关注,以便发现情况及时处理
3	气压性创伤	鼻窦黏膜充血肿胀;突感耳闷、耳鸣、头痛、头晕等	若进仓作业人员出现症状,不能再对作业人员施加高压,现场医生立即进行医疗救助;作业人员在加、减压过程中严禁屏气;操仓人员严格控制加减压速度;肺部有潜在性病变的人员严禁进仓
4	氮麻醉	话多,头晕,嘴唇麻木,躯体活动迟缓;抑郁,幻觉,定向力、自制力极差等	进仓人员作业前禁饮酒、保证充足休息;作业期间人员如出现氮麻醉症状,应立即加强通风置换舱内空气,实施减压出仓

7. 作业案例

(1) 广州地铁四号线小谷围至新造区间左线江底盾构于2005年6月实施了带压换刀操作;

(2) 2006年12月开工的宜昌长江穿越隧道工程(川气东送)使用德国海瑞克泥水加压盾构机施工,带压进舱修复磨损刀盘和更换刀盘主轴承密封;

(3) 2003年底广州地铁三号线天河客运站至华师站区间,在1.6~1.8bar压力下进仓破除卡住刀盘的孤石;

(4) 葡萄牙波尔图地铁S线和C线盾构区间施工中,由于刀具磨损严重,几乎每班都需要带压进仓对刀盘进行维护操作,其带压工作压力为1.5~2.0bar;

(5) 西班牙巴塞罗那地铁9号线,带压工作压力为0.5~2.5bar;

(6) 德国Elbe4号隧道在由砂、泥灰岩和漂石组成的第四系冰碛层中使用泥水平衡盾构机施工,开挖直径14.2m,浅埋(最浅7m)深水(水头最大达4.2bar)。在河底最深处需要进仓更换中心刀进行修复,工人在4~4.5bar压力下最多工作80分钟,出仓减压必须在氧舱中进行,需要2h。全线总计进行了2738h带压操作,其中237h压力大于3.6bar,21次有人员报告出现减压病症状,都是压力小于3.6bar情况下出现的。

(7)德国 Weser 隧道使用泥水盾构(直径11.71m)在冰川沉积物中施工,隧道顶拱距海最深40m。在最大5bar和4.5bar压力下进仓维护破碎机和刀盘,此外还雇用潜水员在最大5bar压力下的膨润土浆液中工作。全线带压工作共计1400h,其中600h压力超过3.6bar,仅有15次报告出现减压病,且压力都小于3.6bar。

二、饱和换刀作业

盾构饱和气体进仓模式(进仓人员呼吸专用的压缩惰性混合气体)。惰性混合气体成分为氧气5%、氦气75%、氮气20%,研究发现将液体置于一定压力的惰性气体中,惰性气体会溶解于液体中,在温度不变的一定时间内,机体内各组织中的体液将达到饱和状态。在这基础上,只要外界环境压力不改变,无论暴露在高压环境多长时间,其减压时间是相等的,作业完成后最后一次性减压返回常压,避免了盾构常规带压进仓每次作业都需要加压、减压问题。

微课:盾构饱和法换刀

1. 作业特点

常规带压进仓与饱和带压进仓两者同属带压进仓,但两者的实施环境有很大的区别,主要特点对比见表11-3。

作业特点对比表　　表11-3

类　别	常规带压进舱	饱和气体带压进舱
呼吸气体	压缩空气	氦氧饱和气体
减压次数	每工作一次	持续工作一段时间
减压时间	短	长
作业时间	短	长
安全(减压病)	风险大	风险小
辅助设备	少	多
适用情况	少规模	大规模

2. 作业效率

长距离掘进,盾构刀盘、刀具检查、修复或更换已成为施工中常态,如何快速恢复掘进,避免盾构下沉或管片上浮,是施工作业者必须考虑的重要因素。根据刀盘、刀具受损程度不同,带压作业短则需要3~5天,长则需要半个月至1个月。选择合适带压方式,是工程成败必要条件。常规带压进仓与饱和带压进仓作业效率对比见表11-4。

作业效率对比表　　表11-4

作业种类	呼吸气体	环境压力(MPa)	工作时间(min)	减压总时间(min)	作业效率(%)
常规带压作业	压缩空气	0.38	40	43	48
	压缩空气	0.6	60	176	25
	混合气	1.0	60	356	14
饱和作业	氦氧混合气	0.6	15850	3330	82
	氦氧混合气	1.0	42480	5040	89

3. 作业过程区别

(1)常规带压进仓实施程序。盾构常规带压进仓作业程序:首先制备膨润土浆液并置换开挖仓浆液,使掌子面形成稳定泥膜,通过刀盘仓压力传感器控制开挖仓内液位下降高度,而后监控人舱内气压和液位波动范围,确定压力稳定后,实施进仓作业。盾构常规进仓作业工法示意图见图11-9。

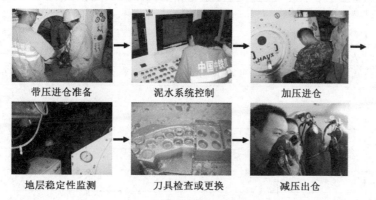

图11-9 盾构常规进仓流程示意图

(2)饱和带压进仓实施程序。盾构饱和气体带压进仓作业程序:首先作业人员进入高压生活仓,按照加压方案缓慢加压至预定压力,然后全天候高压环境下观察其作业人员身体、心理及生活状态,确认安全后,然后将穿梭仓与生活仓对接,进仓换刀作业人员进入穿梭仓,然后将穿梭仓转移到盾构人舱进行对接,作业人员进入盾构人舱,然后到达刀盘仓开始工作,如图11-10所示。每次单仓作业完成后,人员再经穿梭仓进入高压生活仓继续生活,直至所有换刀作业完成后,最后一次性减压完成,人员出仓。

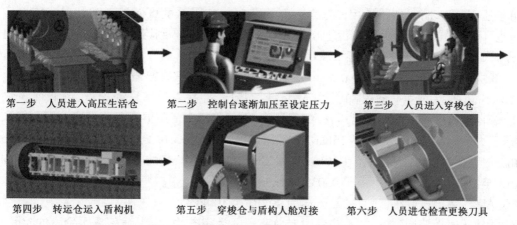

图11-10 盾构饱和气体带压进仓流程示意图

4.加减压作业过程区别

(1)常规压缩空气作业

①加压过程控制:正常情况下,人舱内的绝对压力由1.0bar升至2.0bar,一般用15~20min完成。如有耳痛等不适的感觉,应降低加压速度,甚至停止加压,待感觉好转后方可继续加压。出现上述情况,加压过程延长,可在30min内完成。

②减压过程控制:操仓人员打开人舱外的排气阀,使人舱减压,速率可控制在0.08bar/min左右。当人舱内的压力降至0.2~0.3bar左右时,为防止肺气压伤,需放慢减压速率至0.03bar/min。当人舱内外压力差为零时,减压过程结束,此时人舱内的工作人员可打开人舱门。2bar内加减压时间控制对比表见表11-5。

2bar 内加减压时间控制对比表 表 11-5

压力设定值(bar)	加压时间(min)	减压时间(min)
2.0~1.9	13.75~15	0~1.25
1.9~1.8	12.5~13.75	1.25~2.5
1.8~1.7	11.25~12.5	2.5~3.75
1.7~1.6	10~11.25	3.75~5
1.6~1.5	8.75~10	5~6.25
1.5~1.4	7.5~8.75	6.25~7.5
1.4~1.3	6.25~7.5	7.5~8.75
1.3~1.2	5~6.25	8.75~10
1.2~1.1	2.5~5	10~12.5
1.1~1.0	0~2.5	12.5~15

(2) 饱和气体作业

①加压过程控制:加压方案应包括氧分压的配置、加压速度、加压停留时间、各压力阶段的应急呼吸气源配置。加压方案应由饱和带压负责人或高压医生制定,并有完整的审批流程。

②氧分压配置:a. 允许加压到达预计饱和压力时舱室氧分压超过 40kPa,但应控制在仓内饱和带压人员经 12h 呼吸能降到 40kPa 的范围内;b. 饱和带压加压应分为两个阶段,第一阶段采用富氧—氦氧混合气体加压,第二阶段采用贫氧混合气(可以采用氧浓度为 2% 的氦氧混合气)加压;c. 第一阶段加压采用的富氧—氦氧混合气加压深度可以参考饱和潜水作业实际情况,也可通过计算获得,但不应少于 0.15bar;d. 为了控制加压到饱和带压工作压力时舱室的氧分压,采用氧浓度低于 2% 的氦氧混合气进行第二阶段加压。

③加压速度和加压停留:a. 采用富氧—氦氧混合气完成第一阶段加压,加压速度不大于 0.1bar/min;b. 完成第一阶段加压后,停止继续加压,并检查舱室密封情况、呼吸面罩供气状况,如有异常,应将舱室减至常压;c. 如无异常,采用贫氧—氦氧混合气将舱室加压到饱和作业要求压力。饱和带压压力小于 15bar 时,加压速度不大于 0.1bar/min。饱和带压压力 15bar 至 20bar 时,应设立加压停留站(在 10bar 停留 2h),自 0 至 10bar,加压速度不大于 0.1bar/min;自 10bar 至 20bar,加压速度不大于 0.033bar/min;d. 加压过程中应急呼吸气的配置应满足在同等潜水深度的氧分压要求,适宜的氧分压为 40kPa 至 100kPa。

④减压过程控制:减压方案应经过专业高压医生审核确定,明确各减压阶段的时间、减压速度、减压方式、生活舱氧分压、氧浓度、二氧化碳分压、温度、相对湿度,并配置各减压阶段生活仓连接的应急加压气源、应急呼吸气源和医疗气源。7.5bar 饱和带压减压表见表 11-6。

7.5bar 饱和带压减压表 表 11-6

减压程序	实际时间(h)	进行时间(h)	舱内压力(bar)	上升速率(分/0.05bar)
开始减压	11:00	00:00	7.5	20
改变上升速率	21:00	10:00	6.0	25
24h 6h 停留	24:00	13:00	5.64	停留
6h 停留结束 & 继续	06:00	19:00	5.64	25
24h 6h 停留	24:00	41:00	3.48	停留

续上表

减 压 程 序	实际时间（h）	进行时间（h）	舱内压力（bar）	上升速率（分/0.05bar）
6h 停留结束 & 继续	06:00	47:00	3.48	25
改变上升速率	10:00	51:00	3.0	30
24h 6h 停留	24:00	65:00	1.6	停留
6h 停留结束 & 继续	06:00	71:00	1.6	30
改变上升速率	07:00	72:00	1.5	40
24h 6h 停留	24:00	89:00	0.225	停留
6h 停留结束 & 继续	06:00	95:00	0.225	40
到达地面	09:00	98:00	0	—

减压过程生活舱应连接两路独立的应急加压气源。从饱和压力至 1.5bar，应急加压气氧分压控制在 20~100kPa，从 1.5bar 至常压，生活舱应急加压气源的氧浓度控制在 20%~23%；生活仓应连接应急呼吸气源。使用应急呼吸气源时仓内压力的氧分压控制在 40~100kPa 为宜；根据高压医疗要求储备相应的治疗气源。

5. 饱和作业案例

（1）国外饱和气体带压进舱工法成功用于德国易北河第四条隧道，该项目作业时间长达 10920h，进仓人次 2738 次，进仓压力最高 4.5bar，减压病报告 21 例。

（2）国内南京纬三路过江隧道最大作业压力 6.5bar，共计进行饱和潜水作业约 600 班次，累计约 2400 小时，未发现减压病病例。

◆ 思考题 ◆

1. 盾构常压换刀有哪两种方式？简述其适用范围。
2. 简述刀具检查的步骤。
3. 简述刀具更换操作流程及技术要点。
4. 简述大直径泥水盾构常压换刀技术特点。
5. 切刀常压换刀装置有哪两种形式？简述其特点。
6. 带压换刀分为哪两种方式？简述其技术特点。

单元十二

典型地层盾构施工

项目描述

主要介绍软土地层、砂卵石地层、上软下硬复合地层、岩石地层、岩溶地层等典型地层的盾构施工技术与工程案例。

学习目标

1. 知识目标
(1) 掌握各类典型地层地质特点及工程特性；
(2) 掌握盾构在各典型地层掘进施工技术特点。

2. 能力目标
(1) 能够准确描述各类典型地层工程地质特性；
(2) 能够合理组织盾构在典型地层施工。

任务一 软土地层盾构施工

一、软土地层盾构施工特点

盾构在软弱地层掘进时,由于掌子面自稳性较差,需要在土仓内堆积足够的渣土,使土仓压力与掌子面压力平衡,避免在掘进时由于掌子面压力过大造成坍塌致使地表沉降,因此软弱地层掘进必须在土压平衡模式下进行。此种地层中掘进时应向刀盘多加泡沫和水,多搅拌,改善渣土的流塑性,防止在刀盘形成泥饼,裹住刀具使之不能转动而造成偏磨,此外,掘进中随时注意刀盘扭矩和掘进速度的变化,当掘进速度明显降低,而刀盘扭矩却增加时,很有可能是刀盘上形成了泥饼,应立即采取措施处理,刀盘加泡沫加水旋转搅拌洗去泥饼,若地质条件允许,可开舱用水冲洗刀盘,快速去除泥饼。软弱地层掘进时,应控制好土仓压力和每环的出渣量,防止地表下沉,掘进速度不可过快,以保证同步注浆量。掘进时下部推进油缸推力要比上部的大 30~50bar,防止由于自重引起的盾构低头。

二、武汉软土地层盾构施工案例

1. 工程概况

武汉地铁 3 号线土建工程 19 标后湖大道站~市民之家站区间,区间线路纵坡最大为 25‰,区间最大埋深约为 21m,最小埋深为 8.5m,区间线路总长 2682.344m,采用 $\phi6250mm$ 土压力平衡式盾构施工。管片为通用管片,管片内径为 5400mm,外径为 6000mm,厚度为 300mm,环宽为 1500mm,通用楔形环,楔形量为 45mm(双面楔形),管片按不同的受力要求,采用三种配筋形式,部分范围内管片增加注浆孔。

(1)地质水文条件

本区间自上而下主要地质为:杂填土——主要为混凝土、碎石、砖块等建筑垃圾与生活垃圾;素填土——主要为黏土,少量粉质黏土,局部软塑状,偶夹少量砾石,含量小于 5%;淤泥——主要发育在原湖、塘、沟、浜内,呈流塑——可塑状,多为粉质黏土,夹较多黏土;淤泥质土——灰褐色,软塑状为主,局部流塑状,切面较光滑,多为粉质黏土;黏土——褐黄色、灰褐色,切面光滑,厚度 0.9~4.5m;淤泥质土——深灰色,主要由黏土组成,部分粉质黏土,软塑状,厚度多在 3~7m 之间;粉砂——灰、青灰色,偶含腐殖质,夹少量薄层粉土及粉质黏土,厚度 5.0~7.2m。

(2)水文地质

后湖大道站~市民之家站区间沿线地表水系不发育。根据场区原始地形条件及地层的水理性质、赋水性能及地下水的埋藏条件等分析判断,在勘探深度范围内,拟建场地地下水类型以上层滞水和孔隙承压水为主。

上层滞水:主要赋存于杂填中,接受大气降水及周边湖塘渗透补给,无统一自由水面,水位及水量随大气降水及湖塘储水量的大小而波动。

孔隙承压水:主要赋存于砂土,水量丰富,与长江有一定的水力联系,其水位变化幅度受长江水位涨落有一定影响。

2. 施工重难点

(1) 地质风险

始发、到达是盾构施工的关键点,端头地层主要为素填土、粉质黏土等软弱土层,端头加固采用三重管高压旋喷桩,地下水丰富、水位高,安全风险高,盾构始发与接收是盾构施工的重点工程。根据地质勘察报告显示,本区间存在有害气体,施工时有害气体的监测、排放与治理是区间施工的重点工程。

根据地质勘查报告显示,本区间地质构造主要为软土和人工填土。软土包括淤泥、淤泥质土。淤泥主要分布于黄孝河以南约500m宽一带表层,厚2.5~4.0m;淤泥质土大量分布于黄孝河以南约450m宽范围一带,厚度一般为3~24m,局部达34m;淤泥质土分布于DK26+165~DK26+405与DK27+000以北,厚度多在3~7m之间,局部厚达17m,软土具高压缩性、高触变性、低抗剪强度及低承载力。盾构在软土地层掘进姿态控制是难点工程。

(2) 环境风险

本盾构区间下穿既有建构筑物众多,且建构筑物为低矮民房,抗破坏能力小,区间右线DK26+685m处穿越黄孝河,河底距离隧道顶部13.5m。在黄孝河桥北侧穿黄孝河桥,右线隧道外壁距离黄孝河桥桩基约1.9m。施工时控制地表沉降、隆沉是盾构施工的难点工程。

3. 关键施工技术

(1) 刀盘刀具优化配置

根据本区间的地质情况,使用闭式刀盘,刀盘开口率约38%,使隧道开挖面获得机械支撑(包括检查刀盘、更换刀具的时段)并尽可能地阻止大块孤石进入开挖仓,避免造成对螺旋机的阻塞。同时,辐条式设计使每个旋转方向都有足够的渣土出口。

刀盘前端面有6条辐板,其上配有滚刀、刮刀、铲刀刀座和搅拌棒,刀盘与驱动装置是用法兰连接,法兰与刀盘之间利用中间焊接牛腿相连,保证了刀盘良好的稳定性。刀盘中心部分、辐条和法兰是采用整体铸造,周边部分和中心部分采用焊接的方式连接。刀盘的周边焊有5mm厚耐磨层,面板上焊有栅格状的耐磨材料,能有效降低对刀盘的磨损(图12-1)。

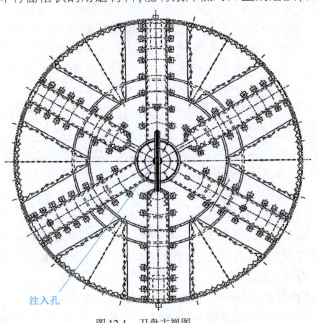

图12-1 刀盘主视图

盾构机装配有1把中心鱼尾刀、100把切削刀、14把保护刀及2把仿形刀。

(2) 盾构始发掘进控制技术

为了保证隧道盾构始发与接收的安全,在盾构始发或到达的端头部位采取三重管$\phi800@600$高压旋喷桩行地基加固处理,加固平面范围为$26.62m \times 10m$,其中隧道上下3m范围内为实桩加固,其余为空桩加固。经高压旋喷桩加固土体具有良好的均质性、自立性,其土体无侧限抗压强度不小于1.2MPa。旋喷桩选用P.O 42.5普通硅酸盐水泥作为固化剂,水灰比为1:1,水泥浆强度不小于20MPa,压缩空气不小于0.7MPa。

(3) 盾构穿越黄孝河施工方案

盾构区间在右线CK26+685m处穿越黄孝河,河底距离盾构区间顶部13.5m,区间右线隧道外壁距离黄孝河桥桩基约1.9m(图12-2、图12-3)。

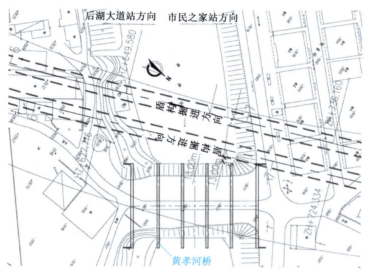

图12-2 盾构区间穿越黄孝河平面布置示意图

①盾构通过前对盾构机进行检查、维修,避免出现停机,匀速通过。

②土仓压力:在盾构到达河床前,应实地测量覆土厚度,并对照隧道排版,结合管片超前量,推算盾构过河段每一环管片的实际埋深,并对照地质勘察报告计算实际的水土压力;在计算当前环的土压时,应特别注意盾构机长度,施工时应明确刀盘、盾尾到达河床与离开河床对应的实际管片环号,以便适时调整土仓压力。

③掘进速度:盾构机过河段,宜快速均匀推进,一般推进速度控制在$35 \sim 45mm/min$之间,以保证盾构迅速过河为目的。

④螺旋机控制:盾构过河段相比较其他地段,更容易发生螺旋机喷水现象;因此,在盾构过河期间,螺旋机的开口率应降低,以能满足出土要求即可为控制目标。同时,为防止螺旋机喷水对施工带来影响,应提前准备污水泵、铁锹、编织袋、小土斗等工具与材料,保证即使螺旋机涌水,也能够迅速处理喷涌的泥浆、泥沙,保证不耽误盾构推进。

⑤盾构通过基础前,沿线路方向在基础外侧2m处打入$\phi108$钢管隔离桩,间距0.8m,通过钢管进行地面预注浆加固,盾构通过时由地面注浆管进行补浆,盾构通过后根据监控量测的结果决定是否进行跟踪注浆。

⑥盾构姿态:盾构穿越河床时垂直姿态在轴线以下30mm左右。

⑦管片拼装:在使用管片模式进行管片拼装过程时,应注意防止缩回推进油缸使得盾构机

后退,避免引起盾构机前方土体损失。同时,应注意止水条是否粘贴牢固,并提高拼装质量,特别是管片背面,不得有破损,杜绝因管片拼装不当带来渗漏水。

⑧盾尾注脂:每环先注脂后掘进,掘进过程中设置为自动打脂,间歇时间为200~300s,如遇漏水漏浆则改为手动,盾尾油脂的注入应遵循少量多次的原则,确保盾尾处不漏水。

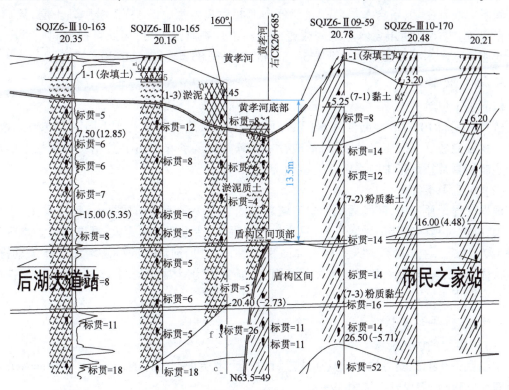

图12-3 盾构区间穿越黄孝河纵断面布置图

三、杭州软土地层盾构施工案例

1. 工程概况

杭州地铁5号线杭师大站~常二路站区间为单圆盾构区间,隧道右线在DK5+599.884处设一0.116m短链,长度为720.584m;左线在DK5+598.679处设一1.321m短链,长度为719.379m。区间设置一个联络通道兼泵站,里程为右DK5+772.500m,联络通道采用暗挖施工,区间单线管片共计600环,平面布置上,区间线间距15.6~16m,左右线行线分别设1组2000m半径曲线。在纵断面上,右线以25‰下坡后,再以4‰和22.051‰上坡,在DK5+720m处设最低点。左线以25‰下坡后,再以4‰和21.907‰上坡,在DK5+720m处设最低点,隧道埋深8.43~15.32m。

2. 地质水文条件

(1) 工程地质

杭常区间穿越地质主要有以下几种:5-1层粉质黏土、5-2层粉质黏土夹粉土、6-1层淤泥质粉质黏土、7-1层黏土、8-1层粉质黏土。

(2) 水文地质

场地潜水主要赋存于浅(中)部填土层、粉土、黏性土及淤泥质土层中。稳定水位埋深为地面下 1.40~4.30m,相当于 85 国家高程 1.69~5.04m。沿线场地潜水与河流地表水的水力联系密切,呈水力互补的状态。潜水位随季节和邻近河水水位的变化而变化,年水位变幅约为1.0m。本工程按地下水位在地面下 0.5m 进行设计。

场地承压水主要分布于下部的(12)1 粉细砂和(14)3 圆砾中,含水层总厚度较大。含水层之间水力联系密切,各含水层之间局部分布有相对隔水层,如(13)2 粉质黏土层,因(13)2 层分布不连贯,上下两层含水层之间或直接接触或存在越流补给,因此可视为同一承压含水层。此层承压水水头埋深在地面下 4.5~5.1m,相当于 85 国家高程 0.40m 左右。

3. 施工重难点

(1) 地质风险

杭常区间有 100m 长全断面为 6-1 淤泥质粉质黏土,盾构在淤泥质地层中姿态难以控制,且管片拼装完成后易发生管片上浮,造成管片破碎并出现渗漏水,6-1 淤泥质粉质黏土中盾构姿态控制和管片拼装是本区间施工的控制难点。

(2) 施工风险

根据工程地质报告,区间盾构穿越区域断面内主要为淤泥质粉质黏土、粉质黏土,土体含水量大,掘进过程中若措施采取不当,易产生泥饼现状,造成刀盘扭矩大,掘进困难。本区间大多数为 7-1 黏土,主要处理对策是以土体改良为主,通过加泡沫剂的办法增加土体流动性,形成柱状体,可以连续出土,并减少土体的摩阻力,避免因为阻力过大,土体被盾构带走,在盾壳外形成空洞现象。

4. 关键施工技术

(1) 刀盘刀具优化配置

本项目使用的三菱盾构机刀盘形式是针对软土地层进行设计的,直径为 6340mm,刀盘前端面有 6 条辐板,刀盘开口率为 39%。

结合本项目地层情况,三菱盾构机在厂家维修时对刀具进行了更换和重新配置,共计配备了 1 把鱼尾刀、50 对刮刀、35 把贝壳刀、2 把仿形刀及 14 个保护刀,可以满足盾构机在本项目的掘进要求。

(2) 盾构始发掘进控制技术

①端头井加固措施:区间始发与接收端采用搅拌桩与旋喷桩相结合的形式加固,即加固采用 $\phi 850@600$ 搅拌桩 + $\phi 800$ 双重管旋喷桩加固的形式。土体无侧限抗压强度为不得小于 1.0MPa,渗透系数 $\leqslant 1 \times 10^{-7}$cm/s,土体强加固范围为始发端沿线路纵向 9.0m,接收端沿线路纵向 12.0m,加固宽度为隧道以外 3m,竖向加固范围为隧道顶部 3m 至隧道底部以下 3m,水泥掺量为 20%;地面至隧道顶部区域采用弱加固,水泥掺量为 8%。同时由于加固区与非加固土体软硬程度有差异,为避免端头井、加固区与非加固区间的不均匀沉降,宜在之间设置变形缝。

②螺旋机闸门、出土口改造:在施工过程中将螺旋机辅助螺机进行了拆除,并对螺旋机闸门进行改造焊接"倒梯形"闸门确保出土顺利,并在螺旋机出渣口焊接切削钢板对土体进行切割、分解(图 12-4),可有效地解决盾构掘进时出土连续不断、皮带机超负荷、螺旋机卡钻等问题。

(3) 盾构掘进

①土仓压力值 P 的选定:P 值应能与地层土压力和静水压力相平衡,设刀盘中心地层静水压力、土压力之和为 P_0,$P_0 = \gamma \times h$(γ-土的平均重度,h-刀盘中心至地表的垂直距离),则 $P = K \cdot$

P_0(K 为土的侧向静止土压力系数)。盾构在掘进过程中据此取得平衡压力的设定值,具体施工时根据盾构所在位置的埋深、土层状况及地表监测结果进行调整(表12-1)。

本次盾构始发段根据以往经验,盾构刀盘在加固区内时土压应设定为 0.1MPa 以内;刀盘出加固区后土压须提升。

② 推进速度:软土盾构掘进在硬塑状黏土中掘进速度应控制在 30~40mm/min;掘进速度如太快,土仓内渣土转换相应也快,渣土不能和改良材料进行充分的拌和,渣土得不到充分改良。掘进速度太慢土仓内土体转换较慢,土体在刀盘转动过程中产生大量的热量,致使刀盘温度升高,提高土仓内的结"泥饼"的风险,且增加盾构刀盘密封等损坏的频率。

图 12-4 螺旋机改造闸门改造示意图

地表隆陷与工作面稳定关系以及相应对策表　　表 12-1

地表沉降信息	工作面状态	P 与 P_0 关系	措施与对策	备注
下沉超过基准值	工作面坍塌与失水	$P_{max} < P_0$	增大 P 值	P_{max}、P_{min} 分别表示 P 的最大峰值和最小峰值
隆起超过基准值	支撑土压力过大,土仓内水进入土层	$P_{min} > P_0$	减小 P 值	

③ 推力及扭矩控制:总推力控制在 800~1000t,刀盘扭矩控制在 1800~2200kN·m;推力不得设置较高,较高推力对掌子面土体挤压作用明显,容易使推进过程中渣土挤压密实,切削下的土体进入土仓后渣土改良困难以及造成成型管片破损。

④ 螺旋机扭矩控制:螺旋机扭矩不能大于 45kN·m;螺旋机扭矩过大说明渣土改良效果不佳,出土不顺,螺旋机容易抱死。

⑤ 同步注浆:本工程同步注浆拟采用如表 12-2 中所示的配比,在施工中,根据地层条件、地下水情况等,通过试验调整配比。

同步注浆材料配比表　　表 12-2

石灰(kg)	粉煤灰(kg)	膨润土(kg)	砂(kg)	水(kg)	外加剂
80	300	50	1180	285	按需要根据试验加入

通常同步注浆压力一般为 1.1~1.2 倍的静止土压力,本标段即 0.25~0.4MPa,二次注浆压力为 0.3~0.4MPa。

(4) 渣土改良

本工程软土盾构在硬塑状黏土中掘进选择渣土改良方案为加水+泡沫的复合型渣土改良方案,在螺旋机出土口改造完成的情况下,每环进行刀盘喷水,注入水量设定 2m³。原液比例 5%,膨胀率 1:8,流量 200L/min,推进过程中常开启中间 3 路 4 路泡沫管路进行土仓注水,常开启 1 路 2 路泡沫管路进行刀盘泡沫注入,在推进过程中根据出土情况间歇开启注入螺旋机内的 5 路和 6 路泡沫系统。控制进循环水在 32℃ 以下,渣土改良效果较好,螺旋机出土较顺畅,渣土改良效果及推进参数情况满足盾构机掘进工效要求及盾构机适应性。

任务二　无水砂卵石地层盾构施工

一、无水砂卵石地层地质特点

砂卵石地层是指以砂和卵砾石为主的地层,是一种典型的力学不稳定地层。根据相关规范及说明,砂的定义是粒径在0.075mm到2mm之间的颗粒,卵石是60mm到200mm之间的颗粒,如图12-5所示。一般来说,砂卵石地层包含有砂及卵石,并且卵石含量较高。砂卵石地层颗粒粒度不均一、黏结性差、透水性好,是一种典型的力学不稳定地层,在无水状态下,颗粒之间点对点传力,地层反应灵敏,孔隙度大。

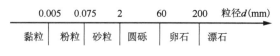

图12-5　土的粒径分组图

地史资料表明,砂卵石地层的成因主要与水动力搬运沉积相关,第四纪是全球性气候冷暖与干湿交替变化,冰川活动的重要地质时期,从冰川活动开始,以冰川、冰水搬运堆积的陆源碎屑物开始沉积,至冰后期以江河、湖滨为主的冲积物开始形成。砂卵石土根据地形和水动力条件的不同,其成因类型可分为:洪积、冲积、滨海沉积、冰水沉积和三角洲沉积。砂卵石地层,物理力学特征指标和传统的软土和硬岩都有很大差别,主要有以下特点:

(1)渣土具有不均匀性,卵石含量高。

(2)流动性差。由于渣土的内摩擦角较大(一般都在30°以上),造成了渣土流动性差。

(3)对刀具摩擦系数大。该地层和刀具之间的摩擦系数一般都在0.4之上,最高可达0.7。

(4)单块卵石强度高。根据单块卵石的抗压强度试验结果,卵石块的单轴抗压强度可达150MPa,最大可达到180MPa。

(5)黏聚力小,或几乎没有黏聚力,结构松散,不连续。因此导致了结构传力特征存在差异,地层内靠点对点传力,稳定性差。

砂卵石地层和一般的软土地层的物理力学性质都大不相同,这种地层一旦被开挖,就很容易破坏原来的相对稳定或平衡状态,使开挖面和洞壁失去约束而产生不稳定。砂卵石地层颗粒之间的孔隙大,颗粒之间的黏聚力为零。刀盘旋转切削时,地层非常容易坍塌,围岩容易发生扰动,当切削刀具的开挖力传递到开挖部位周围,扰动的围岩范围就更大。围岩中的大块卵石、砾石越多,粒径越大,这种扰动程度就越大。

二、无水砂卵石地层开挖面失稳模式

砂卵石地层颗粒之间的孔隙大,颗粒之间没有黏聚力,刀盘旋转切削时,地层非常容易坍塌,容易产生较大的围岩扰动。因此,在无水砂卵石地层中,控制盾构开挖面的稳定性,是保证盾构安全高效推进的首要前提。

1. 无水砂卵石地层开挖的力学特性

砂卵石地层是一种典型的力学不稳定地层,其基本特征是结构松散、无胶结,呈大小不等的颗粒状。这种地层一旦被开挖,就很易破坏原来的相对稳定或平衡状态,使开挖面和洞壁失去约束而产生不稳定。砂卵石地层颗粒之间的孔隙大,颗粒之间的黏聚力c为零。刀盘旋转切削时,地层非常容易坍塌,围岩容易发生扰动,当切削刀具的开挖力传递到开挖部位周围,扰动的围岩范围就更大。围岩中的大块卵石、砾石越多,粒径越大,这种扰动程度就越大。特别是隧道顶部大块卵石剥落会引起上覆地层的突然沉陷。

2. 无水砂卵石地层盾构开挖面的失稳模式

盾构在整个掘进过程中,所穿越地层基本上可以分为两种:①基本为全断面砂卵石地层;②部分断面砂卵石地层。

在盾构掘进过程中,如果开挖面没有足够的支撑压力,开挖面上覆地层发生失稳的模式对应有以下两种情况:

(1) 全断面砂卵石地层

盾构在全断面卵石、圆砾石层,上覆地层分别为砂性土和黏性土。砂卵石地层中颗粒之间传力方式为点对点,如图 12-6 所示。

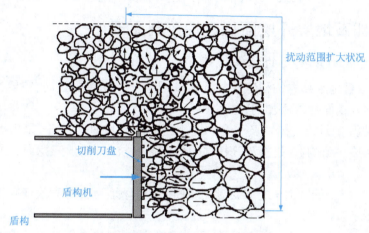

图 12-6 砂卵石地层开挖状况

若开挖面支撑压力不足,或大块卵石排出时,或螺旋输送机的排土量大于刀盘切削土量时,在刀盘前上方会产生较大的空洞区域,卵石或砾石将相继松动,在开挖面上方引起较大的塌落区,继而使得上覆砂性土和黏性土层产生的松动范围也比较明显,如图 12-7 所示。若覆土较浅,将引起很大的地表局部沉降。如果上覆土体的抗剪强度很低,还会引起冒落的危险。

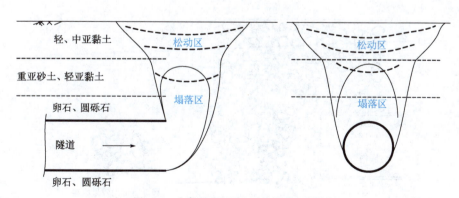

图 12-7 全断面砂卵石地层开挖面失稳形态

(2) 部分断面砂卵石地层

盾构穿越部分断面砂卵石地层时,卵砾石位于盾构开挖面的下半部,上部为细砂、中砂层,开挖面上方土体塌落和松动的程度都较全断面砂卵石地层轻,如图 12-8 所示。

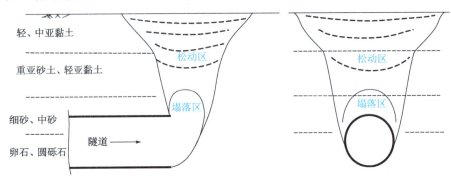

图 12-8 部分断面砂卵石地层开挖面失稳形态

三、无水砂卵石地层开挖面稳定性控制原理

1. 砂卵石地层盾构开挖面的稳定机理

由前述开挖面上覆地层结构的稳定性分析可知,盾构在地层中掘进时,需要在土仓内建立一定的土压力,并向开挖面注入添加剂,是基于以下机理:

(1) 盾构刀盘对开挖面的支撑以及土仓内泥土压力的作用有两点:一是为土体结构提供水平推力,以利于形成拱结构;二是提高开挖面土体的竖向抗力,减少开挖面上方土体失稳的可能。

(2) 盾构在切削、排土的同时进行推进油缸的推进,实际是为及时有效地平衡开挖面土体的应力,控制并减少下沉速度。

(3) 在刀盘切削的同时,向开挖面注入泥浆、泡沫等添加剂的作用是使开挖面土体的强度和刚度得到加强,对开挖面土体起到了支护作用,减少开挖面的无支护距离。

(4) 在无水砂卵石地层中,颗粒松散,无黏结力,颗粒之间的传力方式为点对点,向开挖面土体添加泥浆之后,泥浆包围在颗粒周围,形成了一层泥膜,增加了颗粒之间的黏聚力,使得颗粒之间的传力范围得到扩大,改善了土体的受力状况,增强了开挖面土体的强度和刚度,利于开挖面的稳定,如图 12-9 所示;利用加入泡沫改善土体粒状构造,同时吸附在颗粒之间的气泡

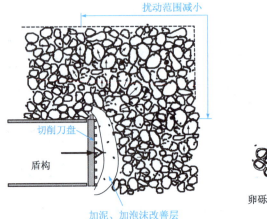

图 12-9 加泥、加泡沫对开挖面土体的改善示意图

可以减少土体颗粒与刀盘系统的直接摩擦,降低土体的渗透性,又因其比重小,搅拌负荷轻,容易将土体搅拌均匀,从而做到既能平衡开挖面土压,又能连续向外顺畅排土。

2. 无水砂卵石地层开挖对盾构的影响

盾构在这种地层中掘进所受到的影响主要表现在以下几个方面:

(1) 砂性土和砂砾土内摩擦比较大,土的摩擦阻力大,故难以获得好的流动性,当切削下来的土充满土仓和螺旋输送机内时,将使切削刀盘转矩、螺旋输送机转矩、盾构推进油缸推力增大,甚至使开挖排土无法进行。因此,盾构刀盘切削土体时容易导致刀盘过热,加剧刀盘刀具的磨损,影响盾构的机械性能。

(2) 刀盘切削进来的土体须经螺旋输送机运出至皮带运输机,当遇到土质含水量低、较硬的情况下,螺旋输送机也会因工作扭矩过大而发热,影响其性能,严重时甚至停转。

(3) 这种砂卵石地层的塑流性差,会导致大颗粒卵石滞留土仓内或向盾构四周移动,使得盾构位置和姿态控制变得困难,严重时则无法推进。

3. 无水砂卵石地层稳定性控制措施

由前文可知,盾构在掘进过程中,如果控制不当或未采取有效措施,将引起较大的塌落和松动,以至于引起显著的地表沉降,因此必须对开挖面稳定加以控制。常采取以下措施:

(1) 调节推进油缸的推力,使得在盾构土仓内建立起的泥土压力足以与地层土压力相抗衡。

(2) 保持开挖面切削土量和螺旋输送机排土量的平衡,以使泥土压力与地层土压力保持动态平衡。

(3) 向开挖面添加泥浆或泡沫,改善开挖面砂卵石地层的力学性质,同时有利于改善盾构刀盘和螺旋输送机的工作环境。

基于盾构开挖面的稳定性分析,为保证无水砂卵石地层开挖面稳定,必须确保以下两个方面控制技术的实现:①合理确定开挖面的泥土压力并保持泥土压力与地层土体压力的平衡;②使用加泥或加泡沫技术,改善开挖面土体的受力状况,实现切削土体的塑流性。

四、无水砂卵石地层渣土改良要点

土压平衡盾构掘进时,向开挖面添加塑流化改性材料,与开挖面切削下来的土体经过充分搅拌,形成具有一定塑流性、透水性低的塑流体。同时通过伺服机构控制盾构推进油缸速度与螺旋输送机向外排土的速度相匹配,经密封舱内塑流体向开挖面传递设定的平衡压力,实现盾构始终在保持动态平衡的条件下连续向前推进。由于土压平衡盾构可以根据不同地层的地质条件,设计和配制出与之相适应的塑流化改性剂(如泡沫等),极大地拓宽了该类机型的施工领域,特别是在砂卵石地层中施工优势最为明显。

盾构穿越无水砂卵石地层,在这种地层环境中掘进时,仅采用加泥措施,改善切削土体的流动性能力有限,土体离析严重,盾构经常堵塞不能正常掘进,而且加泥量过大,费用增加。为适应这种地层的施工,需考虑在加泥的基础上增加泡沫系统,利用加入泡沫改善土体粒状构造,吸附在颗粒之间的气泡可以减少土体颗粒与刀盘系统的直接摩擦,增加切削土体的黏聚力,同时降低土体的渗透性。又因其比重小,搅拌负荷轻,容易将土体搅拌均匀,从而达到既能平衡开挖面土压,又能连续向外顺畅排土的目的。

另外,在盾构推进施工时,由于大部分地层为砂卵石,土层含水率低、土质较硬,一方面,当盾构刀盘切削土体时容易使刀盘过热,影响盾构的机械性能;另一方面,刀盘切削进来的土体须经螺旋输送机运出至皮带运输机,当遇到地层含水量低、较硬的情况下,螺旋输送机也会因工作扭矩过大而发热,影响其性能,严重时甚至停转。因此,必须通过往泥舱内加注改良后的泥浆的方式来改善土质,起到减摩的作用,满足螺旋机运输的性能,并起到冷却刀盘的作用。

因此,加泥、加泡沫的功效主要表现为以下几个方面:

(1) 保持开挖面的稳定;

(2) 增加切削土体的塑性流动性;

(3) 使开挖面土体及切削下的土体具有良好的止水性;

(4) 防止切削土砂黏附在刀盘及螺旋输送机内,避免闭塞现象,减轻机械负荷,降低刀盘扭矩,同时也提高了掘进速度;

(5) 对刀盘、螺旋输送机起减摩冷却作用。

(6) 泡沫的可压缩性或称之为弹性,对土压的稳定也有积极作用。

五、北京无水砂卵石地层盾构施工案例

1. 工程概况

北京地铁10号线西局站~六里桥站区间总长1298.291m,采用6.25m德国海瑞克土压平衡盾构机施工。盾构隧道采用C50P10钢筋混凝土管片错缝拼装,弯螺栓连接,管片外径6.0m,内径5.4m,每环管片宽度1.2m。该区间多次下穿既有建筑、高压铁塔、雨水管、电力管等设施,沉降控制标准较高。

2. 地质水文条件

根据岩土工程勘查报告资料,本工程位于北京平原地区,属于第四纪冲洪积平原地貌,场地位于永定河冲洪积扇的中部,受古漯河和古金沟河故道控制。本区间范围内的土层主要包括:杂填土、粉土填土、粉土、圆砾卵石层及卵石<5>层、卵石<7>层、卵石<9>层以及砾岩<11>层,隧道洞身高程在21.96~30.98m,盾构主要穿越卵石<5>层、卵石<7>层。根据同标段盾构井及暗挖段开挖揭露的地层情况为:卵石最大粒径达600mm,粒径300mm以上的卵石每20m约有2~3块,一般粒径100~300mm,亚圆形,级配好,充填物为中粗砂,含砂量约40%。本标段区间盾构地质剖面见图12-10,施工现场大粒径卵石示意见图12-11。在勘察深度范围内,揭露一层地下水,地下水类型为层间潜水,地下水位层间潜水水位位于隧道底板以下1~2m,对盾构施工无影响。

3. 施工重难点

砂卵石地层属于力学不稳定层,其主要特性是结构松散,无胶结,呈大小不等的颗粒状,且颗粒之间的空隙大、黏聚力为零,颗粒之间的传力方式为点对点,围岩体整体强度较低,但单个石块强度高,在地层中起骨架作用。因此,盾构在这种地层中掘进所受到的不利影响主要表现在以下几个方面:

(1) 土压平衡难以建立:本工程在初始掘进过程中上部土压力在0.08~1.6bar变化,基本无法建立真正的土压平衡,推进速度很慢,推力很大,超挖很难控制。当上部土压力为1bar左右时,下部土压达4~5bar,导致膨润土和泡沫剂也无法注入。

(2) 刀盘、刀具及土仓隔板的不均匀磨损:无水砂卵石颗粒之间摩擦阻力大,难以获得良好的流动性,当切削下来的土充满土仓和螺旋输送机内时,刀盘扭矩、螺旋输送机转矩及推进

油缸推力增大,刀盘切削土体时加剧了盾构机切削刀头及面板的磨损;同时,砂卵石地层中石英砂等物质对刀具产生一定的磨耗磨损和卵石对刀具的撞击损伤,也加快了盾构刀具及刀盘的损害。

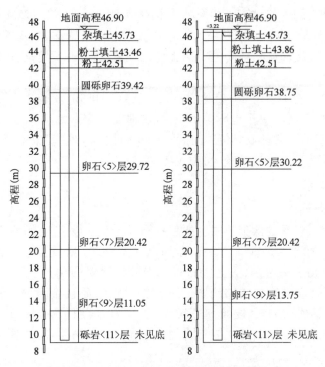

图 12-10　西局站—六里桥站区间地质剖面

图 12-11　盾构井及暗挖段开挖揭露大粒径卵石

(3)盾构机推力及刀盘扭矩过大:盾构始发掘进时推力一般为 13000～17000kN,刀盘扭矩一般在 180～250bar,经常出现刀盘扭矩急剧上升到无法继续掘进,盾构机长期处于超负荷工作状态,导致推进时间延长,泡沫和膨润土用量增大,甚至排出的渣土热度较高。

(4)掘进速度无法保证:盾构始发掘进阶段掘进速度只有 1～10mm/min,而且经常出现无掘进速度的现象,掘进 1 环耗时达 6～10h。

(5)盾构推进姿态控制困难:由于无水砂卵石地层的塑流性差,设定的工作压力不能很好地传递到开挖掌子面,很难控制开挖面的稳定,并导致无法正常出土,使大颗粒卵石滞留土仓内或向盾构机四周移动,无法确保盾构机位置和姿态控制,推进参数一旦掌握不好,盾构的姿态就会偏离设计轴线。

(6) 螺旋输送机磨损及抱死：在砂卵石层中掘进时，螺旋输送机容易磨损，对于本工程的大粒径卵石进入螺旋输送机后，会对螺旋输送机产生更严重的磨损，主要表现为螺旋机的磨损以及外部钢圈的磨损；同时，在施工过程中，盾构螺旋输送机会发生被"卡死"的问题。经过现场多次开仓发现，"卡死"的主要原因为大的卵砾石进入螺旋输送机，将螺旋杆卡住，这种情况很难预防，因为进入螺旋输送机前无法得知土仓内土体情况，只有在螺旋输送机被抱死转不动之后才能被发现。

(7) 地表沉降难以控制：由相关参考资料和施工经验可知，盾构施工期间在盾尾脱出前阶段的地表沉降或隆起主要取决于土压力大小，推进速度和推力大小，出土量及土体塑流性程度等因素。本工程由于地处砂卵石地层，土压平衡无法建立，超挖现象难以控制，土体未较好地进行塑流化改造，导致了地表沉降较大，难以控制。

4. 关键施工技术

(1) 刀盘改造及优化

在砂卵石地层中，刀具的磨损形式主要包括石英砂对刀具产生的磨耗磨损和卵石对刀具的撞击损伤。因此，为了更好地适应本工程的地质条件，尽量减少换刀次数，根据以往工程经验，在盾构掘进100m左右后，人工挖孔至刀盘面板处对海瑞克盾构机原装刀盘进行了改造，具体为：对刀盘刀圈和所有齿刀均增设了耐磨层和硬质合金耐磨保护板，采用碳化钨合金替代硬质钛合金钢作为刀头，更换了原装21把滚刀，增加了17把贝壳刀、16把导流小齿刀以及16把周边保径刀，并将滚刀刃宽从18mm增加到30mm。改造后的刀盘如图12-12所示。

a) 改造前刀盘结构图　　　　　　　b) 改造后刀盘结构图

图12-12　改造前后刀盘结构对比图

(2) 土体改良

采取了多种改良材料共同对掌子面土体进行塑流化改良的措施，将以前单纯的泡沫剂更换为SLF30+10% SLFP1型泡沫剂，同时加入了Rheosoil143发泡聚合物及HHZ-02分散型泡沫剂，按照一定比例调配了泡沫剂的黏度、膨胀率及注入比。向土仓内分别注入HHZ-Z高分子、HHZ-A分散剂溶液等发泡聚合物，使所注入的溶液充分混合，有效控制土仓内及刀盘进土口泥饼的形成，将泥饼对正常掘进的影响降至最低。

(3) 盾构注浆同步注浆

因刀盘开挖半径为 6.28m,管片外径为 6m,管片与开挖土体间存在空隙。在盾构掘进过程中利用其自身的注浆管进行同步注浆填充,注浆采用缓凝早强的惰性浆液,浆液单方配比(kg)为:水泥:粉煤灰:膨润土:砂:水 = 70:250:75:550:300。二次补浆:根据地面沉降数值,对沉降点较大部位进行二次补浆,补浆浆液比与同步注浆相同。后期多次径向补偿式注浆:根据盾构施工地表沉降规律,为了更好地填充同步注浆空隙,对刀盘扰动的周围径向 3~4m 的土体进行有效加固,减小隧道在施工过程中的沉降量,在管片脱离盾尾后进行多次注浆。

(4) 调整盾构掘进参数

通过对盾构机刀盘改造及土体改良后,根据施工现场统计,试验掘进了 10 环之后,盾构上土压力基本控制在 0.8~1.2bar,盾构刀盘油压和螺旋输送机油压及总推力都降低了 1/3 左右,刀盘的扭矩由以前的 250bar 降至 140bar,盾构掘进平均速度控制在 25~40mm/min,并且排土顺畅,效果明显,掘进速度由开始的 3~5m/d 提升到现在的 10~12m/d,日平均掘进 8~10 环,确保了区间隧道的顺利贯通。

任务三 富水砂卵石地层盾构施工

一、富水砂卵石地层盾构施工特点

以成都地区为代表的富水砂卵石地层,结构松散,卵石含量高达 55%~86%,大漂石分布随机性强,局部富集成层高达 20%~30%,且地下水位高,渗透性强。在这种地层实施盾构隧道施工,刀具磨损非常严重、换刀较频繁、刀盘结泥饼问题较突出、地面沉降难以控制、掘进过程中地层受到扰动容易产生坍塌、施工进度较低。此外,砂卵石地层渣土与刀盘刀具摩擦力大,导致刀盘驱动扭矩大、刀盘刀具及螺旋输送机磨损严重。砂卵石地层颗粒级配较差,渣土不易改良,流动性差,刀盘易产生泥饼,导致扭矩大、掘进速度慢甚至无法掘进。在富水砂卵石地层中采用盾构法施工极具挑战性,业界对此也一直存在争论。成都地铁穿越的地层主要为富水砂卵石地层,地下水丰富、水位高、补给迅速,在这种地质条件下长距离实施盾构施工,国际上尚不多见,在国内属于首次。

二、富水砂卵石地层坍塌机理

砂卵石地层在不受外力扰动的情况下能保持较好的稳定状态,特别是在无水的状态下。富水砂卵石地层受到扰动后,在刀盘上方形成松散带,整个坍塌过程如图 12-13 所示。

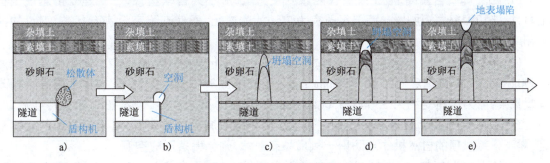

图 12-13 富水砂卵石地层坍塌机理图

(1) 刀盘前上方卵石变得松散,见图 12-13a);

(2) 盾构掘进产生扰动或长时间换刀时,松散卵石进入土仓在刀盘前上方造成地层损失,形成空洞,,见图 12-13b);

(3) 砂卵石地层内摩擦角(内摩擦角为 35°~40°)较大,具有一定的拱效应,在拱效应作用下,地层损失进一步向地表转移,见图 12-13c)~e),从而逐渐坍塌到地表。

砂卵石地层地表坍塌的显著特点是:隧道上方形成空洞,砂卵石地层骨架效应较好,在一定时间内可自稳,在地面荷载作用下,逐步延伸至地表,造成地表塌陷,且表现为滞后性,短则一两个月,多则一年甚至两年以上,施工风险和隐患极大。

三、富水砂卵石地层坍塌原因

砂卵石地层孔隙率大,盾构掘进扰动后地层逐渐密实,造成地层损失。局部砂卵石地层夹透镜体砂层,自稳能力差,透水性强,开挖面容易产生涌水、涌砂,造成细颗粒物质大量流失,引起开挖面失稳、地面沉降甚至塌陷。沿线周边建筑物、地铁车站施工降水,砂卵石地层中粉细砂等细颗粒随着降水排走,卵石之间形成孔洞,地层疏松,卵石骨架受到盾构施工扰动而垮塌。富水砂卵石地层在塌落体上方形成空洞原因主要有以下几个方面:

(1) 在土仓渣面线不到顶情况下,改良的稀浆即使带压充满土仓,稀浆对拱顶上部不能成拱的散状卵石也没有支撑作用,拱顶散状卵石会通过刀盘径向开口塌落形成空洞。

(2) 由于卵石粒径大,在土仓渣面线不到顶情况下,即使在能够自稳的密实卵石层,周边刮刀在拱顶刮落的卵石也会在拱顶留下卵石空位而形成空洞。

(3) 在已经发生拱顶塌落情况下,土仓压力表现的是塌落体的压力,由于土仓压力不够高,在塌落体上方仍存在空洞。

(4) 密实卵石层需要刀具的强力切削剥离,但松散卵石层刀具扰动即可剥离,在半仓或空仓条件下,暴露的竖向开挖面易发生坍塌。

(5) 渣土颗粒大,缝隙流动不易,在刀盘面板前易形成动态空洞,松散开挖面易发生局部动态区域坍塌。

(6) 卵石层渗透性好,注浆填充率不够时,拱顶空洞往往不能得到有效回填。

此外由于富水砂卵石地层稳定性差,掘进过程中地层受到扰动容易产生坍塌,富水地层易发生喷涌,扭矩过大和欠压掘进也是产生坍塌的重要原因。

四、富水砂卵石地层掘进特点

在富水砂卵石地层中进行盾构施工时,主要具有以下掘进特点:

(1) 由于卵石含量高,渣土改良仅能做到使其流动,不具备软塑性,一旦建立挤压性土仓压力,搅拌和摩擦力矩剧增。而已经改良为流动状的渣土,即使在不完全满仓状态,刀盘的搅拌和摩擦阻力仍然很大。

(2) 根据成都地铁盾构施工案例分析,土仓顶部压力一般在 0.5bar 左右,对应的推力约为 11000kN 左右,推进速度约为 40~55mm/1.0~1.3r/min 等的参数条件下,根据地层条件和改良效果条件,刀盘扭矩约为 3500~5500kN·m 土仓压力再升高时,刀盘扭矩保护将会启动。该土仓压力一般能够满足竖直开挖面经过侧压力系数衰减后的平衡需求,但对拱顶的支撑不足,需要依赖拱顶的自然拱作用防坍。拱顶如有散体,则会塌落形成空洞。

(3) 刀具切削以冲击剥离为主,刀盘切削力矩很大,对于密实度不同的地层,贯入度导致切削扭矩的上升率虽然不同,但普遍的趋势是随着贯入度的加大,切削扭矩上升较快。

(4)地层渗透性好,在富水地层,地下水可能在拱顶以上,压力传感器显示的压力有可能是净水头压力,通常表现的 0.5~0.8bar 的土仓压力,并不能确定渣土已经充满土仓顶部。

(5)在土仓渣面线不到顶的情况下,即使改良的稀浆带压充满土仓,稀浆对拱顶上部不能成拱的散状卵石也没有支撑作用,拱顶散状卵石仍会通过刀盘径向开口塌落形成空洞。

(6)由于卵石粒径大,在土仓渣面线不到顶的情况下,即使在能够自稳的密实卵石层,周边刮刀在拱顶刮落的卵石也会在拱顶留下卵石空位而形成空洞,如图 12-14 所示。

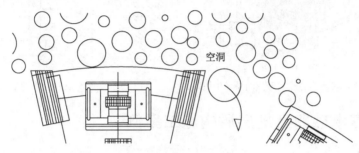

图 12-14　周边刮刀在拱顶刮落的卵石会在拱顶留下卵石空位而形成空洞

(7)在已经发生拱顶塌落情况下,土仓压力表现的是塌落体的压力,由于土仓压力不够高,在塌落体上方仍存在空洞,如图 12-15 所示。

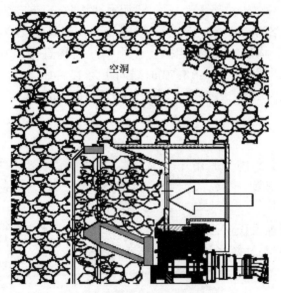

图 12-15　在塌落体上方仍存在空洞

(8)虽然密实卵石层需要刀具的强力切削剥离,但松散卵石层刀具扰动即可剥离,在半仓或空仓条件下,暴露的竖向开挖面易发生坍塌,如图 12-16 所示。

(9)刀盘面板与开挖面之间缝隙填充的颗粒卵石渣土挤压搅动,对刀具的二次磨损作用强烈,如图 12-17 所示。

(10)由于渣土颗粒大,缝隙流动不易,在刀盘面板前易形成动态空洞,松散开挖面易发生动态局部区域坍塌。

(11)卵石层渗透性好,注浆填充率不够时,拱顶空洞往往不能得到有效回填。

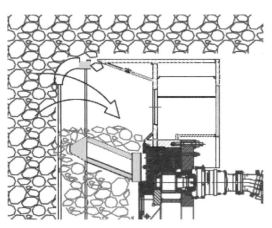
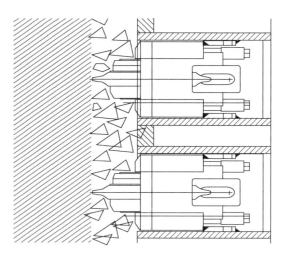

图 12-16 在半舱或空舱时暴露的竖向开挖面易发生坍塌　　图 12-17 砂卵石对刀具的二次磨损作用强烈

五、南宁富水砂卵石地层盾构施工案例

1. 工程概况

地铁 5 号线广西大学站~秀灵路站区间(以下简称"广秀区间"),设计里程为:左(右)线起讫里程 DK22+187.821~DK23+449.087,左线长链 2.331m。左线长度 1263.597m,右线长度 1261.266m。本区间线路出广西大学站后,沿明秀西路敷设,下穿广西财经学院人行天桥后进入灵秀路站,明秀西路为南宁市东西主干道,道路两侧建筑物林立,双向六车道,车流量较大,区间采用土压平衡盾构法施工,采用的土压平衡式盾构直径为 6.25m,结构外缘直径为 6.0m,厚度为 0.3m,隧道埋深 9.71~18.72m,线间距为 13~16.5m。该段区间最小曲线半径为 600m;线路最大纵坡为 18‰,隧道覆土深度为 10.1~19.2m。

2. 地质水文条件

(1) 工程地质

本区间自下而上主要地层为泥岩、粉砂质泥岩⑦$_{1-3}$、粉砂质泥岩⑦$_{1-2}$、圆砾⑤$_{1-1}$、卵石⑤$_{1-2}$、粉细砂④$_{1-1}$、粉土③、粉质黏土②$_{2-2}$、黏土②$_{2-1}$、素填土①$_2$。

(2) 水文地质

地貌形态主要为侵蚀堆积河谷阶地区,无地表水流;地下水主要分为三种类型:一类为上层滞水,第二类为松散岩类孔隙水,第三类为基岩裂隙水。

3. 施工重难点

(1) 地质风险

广秀区间始发段隧道主要穿越富水圆砾地层和粉细砂地层,圆砾地层渗透系数大,地下水位较高,容易产生喷涌等渗透变形现象,盾构施工时发生喷涌,影响施工效率,处理不当可能会造成地面沉降过大甚至地面塌陷。圆砾层黏聚力低,盾构机在圆砾层掘进时,刀盘、刀具和螺旋输送机的磨损严重,盾构姿态调整与控制难度较大;粉细砂地层施工中,因地层的承载力、稳定性较差,且在盾构掘进过程,受地下水及施工振动影响易发生液化现象,导致承载力进一步降低,同时粉细砂地层中又存在盾尾漏浆、铰接漏浆等重大施工风险。

广秀区间右线长 11261.266m(左线 1263.597m)。长距离的掘进对刀盘和刀具耐磨性和刀具的破岩能力是一次极大考验。通过对盾构机的长期了解和对该种地层地质资料的分析后，认为长距离掘进如下风险的控制难度大：①掘进速度慢，推力、扭矩过大；②刀盘、刀具、螺旋机磨损严重；③管片错台；④盾尾渗水、漏浆严重；⑤设备故障频率较高；⑥管片破裂；⑦管片渗水；⑧同步注浆管堵塞。

广秀区间接收段隧道主要穿越富水圆砾地层和粉砂质泥岩，粉砂质泥岩地层掘进时，可能存在仓内渣土滞排从而导致渣土堆积，导致刀盘、牛腿和土仓内结泥饼，大大加剧刀具异常磨损，减小刀具寿命。因此在该复杂地质条件下进行盾构始发是本工程的重点之一。

(2) 环境风险

广秀区间接收段侧穿高压电塔，平面最小距离2.06m，需保证盾构穿越时姿态的控制，降低对桩的影响；广秀区间沿明秀西路敷设两侧建筑物较多，地下管线众多，分布复杂，掘进参数控制不当、超欠挖，易造成建筑物变形过大、沿线地表沉降、路面开裂等，对周边环境产生影响。

(3) 施工风险

区间盾构进出洞安全是施工重点：①根据区间勘察报告揭露，区间盾构机始发端头地质有素填土、粉质黏土层及圆砾土层，到达端头地质有素填土、灰岩及圆砾土层，端头地质差，地下水位高；②盾构始发到达方案不合理或工序控制不严可能产生涌水、涌砂、大幅度地面沉陷、周边建筑物(包括管线等)损坏、隧道被淹等风险。

防止盾尾刷失效是重点：盾尾密封随掘进而向前滑动，当其配置不合理或受力后被磨损和撕拉损坏时，就会使密封失效，出现隧道涌水涌泥现象，从而造成开挖面失稳引起严重后果。如注浆浆液、地层中水土(或江水)流入隧道，造成地表过大沉陷，从而危及周边建(构)筑物、地下管线和隧道的安全。

泥岩地层掘进是难点：广秀区间接收段隧道洞身地层主要为泥岩、粉砂质泥岩，而泥岩、粉砂质泥岩黏粉粒含量高，掘进过程中可能积存在仓内和刀盘形成泥饼。

粉细砂地层掘进是难点：粉细砂地层施工中，因地层的承载力、稳定性较差，且在盾构掘进过程，受地下水及施工振动易发生液化现象，导致承载力进一步降低，同时粉细砂地层中又存在盾尾漏浆、铰接漏浆等重大施工风险。

4. 关键施工技术

(1) 刀盘刀具优化配置

辽宁三三土压平衡盾构机刀盘为复合刀盘，开口率34%。广秀区间盾构掘进在富水圆砾地层、泥岩地层、粉细砂地层长距离掘进施工，区间无换刀条件，项目部结合南宁1号线、南宁3号线圆砾地层施工经验，对刀具配置进行了优化。

中心刀配置：采用4把双联撕裂刀。

单刃滚刀配置：刀盘正面区配置17in单刃滚刀28把，边缘区配置合金球齿单刃滚刀5把，滚刀总计33把。

刮刀配置：正面配置12in刮刀56把、6in刮刀8把，左边缘刮刀8把，右边缘刮刀8把，总计80把。

保径刀配置：保径刀16把。

焊接撕裂刀配置：正面区焊接撕裂刀4把，边缘区焊接撕裂刀6把，总计10把。

贝壳刀配置：边缘区4把。

超挖刀：2把(角度不可调)。

盾构隧道贯通后刀盘未见磨损(图12-18)，状态良好，刀具配置效果达到预期效果。

图 12-18 盾构到达时刀盘照片

(2)盾构始发掘进控制技术

端头加固措施:密闭施工工法是在盾构始发前,在盾构始发井内安装钢套筒,通过向钢套筒内填充回填物,盾构机在钢套筒内施工,以确保平衡掌子面的水土压力,实现安全始发(图12-19)。

始发段掘进共分为2个掘进段,第一阶段掘进为刀盘切削地下连续墙开始至盾尾脱离地下连续墙结束,里程为 Y(Z)DK23+449.087~Y(Z)DK23+437.786;第二阶段正常掘进为 Y(Z)DK23+437.786~Y(Z)DK22+187.821。

始发段盾构掘进参数按照"小推力、中转速、小贯入度"原则,土仓顶部压力按照"从小到大缓慢增加,确保掌子面稳定,洞门密封系统不出现喷涌"为原则设置,掘进过程中根据洞门密封的渗漏情况、仓压的波动情况、地面沉降等参数进行调整,确保掌子面的稳定。详细的掘进参数控制如表12-3、表12-4所示。

第一阶段掘进参数　　　　　表12-3

掘进参数	设定值	备注
土仓压力	1.0~1.2bar	其中盾构穿越地下连续墙时,土仓压力控制在0.7bar左右,盾构穿越地下连续墙后逐渐将土仓压力调整为1.0~1.2bar
刀盘转速	1.0~1.2r/min	与推力、速度匹配
总推力	700~900t	推力需和钢套筒反推力相匹配
掘进速度	5~10mm/min	盾构穿越地下连续墙期间速度为5~10mm/min;穿越后掘进速度控制在15~40mm/min
扭矩	1000~1800kN·m	与推力、速度匹配
同步注浆	6.5~7.5m³/环	注浆压力为土仓顶部压力1.1~1.2倍,浆液采用惰性砂浆

第二阶段掘进参数　　　　　表12-4

掘进参数	设定值	备注
土仓压力	1.3~2.2bar	正常掘进阶段,根据隧道埋深调整土仓压力
刀盘转速	1.5r/min	与推力、速度匹配
总推力	1000~1500t	与刀盘转速、掘进速度、同步注浆匹配
掘进速度	50~65mm/min	
扭矩	1800~3000kN·m	与推力、速度匹配
同步注浆	6.5~7.5m³/环	注浆压力为土仓顶部压力1.1~1.2倍,浆液采用惰性砂浆

(3)渣土改良

泡沫系统共设计7+1条回路,其中1条回路与膨润土系统共用。泡沫发生器7个,泡沫注入量21.6~534L/h,满足要求。

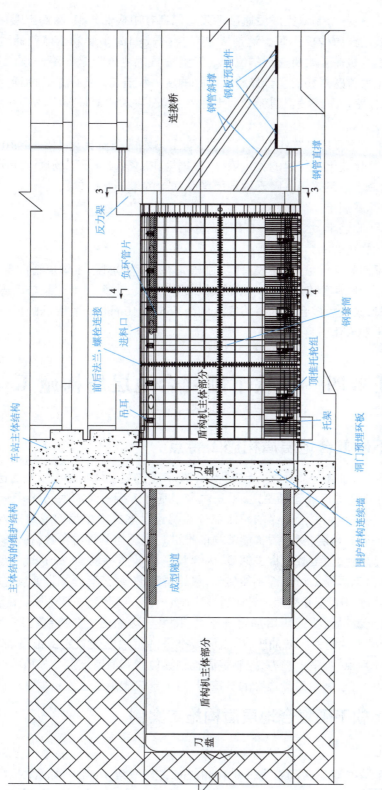

图12-19 盾构密闭始发工法原理示意图

膨润土在搅拌站制作,制作完成后通过下浆管储存在中板储浆罐,膨润土膨化好之后通过隧道布设的管道泵送至盾构机膨润土溶剂罐,罐的容积是 $4m^3$。膨润土溶剂通过 2 台挤压泵注入刀盘、土仓、螺旋机需要改良渣土的位置。刀盘设置的主入口是一路一泵,用来加强注入效果。每路装有压力传感器和流量计来检测每路的压力和流量。每路的开断通过气动球阀实现,按钮设置在主控室。系统设置盾壳膨润土注入装置,注入位置是前中盾各 6 路,每路可单独注入,也可循环注入。

根据现场施工情况及以往施工经验,按照膨润土与水的质量比为 1:8~1:10 配制膨润土泥浆,得出膨润土膨化效果最优时的泥浆浓度;根据地质勘察报告及现场掘进情况及时作出动态调整,保证盾构渣土改良效果。圆砾地层所需膨润土的最佳配比参数:

① 膨润土:钠基膨润土;
② 膨润土泥浆:膨润土:水 = 1:8~1:10(质量比);
③ 膨润土最优膨化时间为 20h;
④ 根据坍落度试验结果可知,在改良前,圆砾基本没有坍落度,土体流塑性差,用钠基膨润土泥浆对其改良后,坍落度随泥浆加入量的增加逐渐增大,当膨润土泥浆与圆砾的体积比为 1.5:10~2.5:10 时,改良后拌合料的坍落度达到为 155~210mm,此时圆砾的坍落度已达到或靠近盾构施工渣土的最优坍落度值。

任务四 上软下硬复合地层盾构施工

一、上软下硬复合地层盾构施工特点

线路设计过程中,加强地质补勘,特别是对上软下硬的复合地层分析以及岩层分界线的勘测,对周边建(构)筑物进行调查和鉴定,预先对房屋基础进行注浆加固、桩基托换等措施。合理配置盾构刀具,在边缘和靠近边缘的正面部分要配置足够的重型齿刀或滚刀以确保刀具能够充分破碎底部的砾岩地层,保证盾构能够向前推进。合理控制掘进参数,在上软下硬地层施工时采用小推力低转速,适当降低掘进速度,因为掌子面地质不均匀,掘进时刀盘各部位会受力不均,容易使部分刀具受力过大而不能转动,最终导致偏磨,还有当掘进速度过快时,刀具的贯入度也增大,容易使刀盘扭矩突然上升超过设定值而卡死,甚至造成刀圈崩裂脱落。严格控制出土量,如发现出土量过大要逐步增加土仓压力,将每一环的出土量控制在理论值的 95%~105%。调整盾构推进油缸的区域油压,砾岩区域推进油缸油压较软岩部位适当加大,以控制推进油缸的合力作用点、抵消上抛力,控制好盾构轴线位置和隧道坡度。如盾构向上的趋势较大,方向难以控制则可以利用刀盘边缘的扩挖刀,对下部较硬地层适量扩挖。

二、广州上软下硬复合地层盾构施工案例

1. 工程概况

神舟路站~科学广场站区间右线长度 1645.2m,左线长度 1640.954m,本标段工程处于萝岗区。整个区间位于科学大道路下,区间由西向东全线沿科学大道下敷设,出神舟路站后,沿科学大道东行,下穿乌涌桥,经过科珠路口、揽月路口到达科学广场站。区间线路最小曲线半径为 $R = 800m$,线路纵断面为 V 形坡 + "人"字坡,最大坡度为 15.1‰,隧道顶覆土 6.7~

25.2m，采用 $\phi6280$ 土压平衡盾构施工。

2. 地质水文条件

（1）地质条件

区间场地地貌属丘陵，线路地面高程在 20.20～44.95m，局部残丘高程可达 90m，总体地形起伏较大，呈东高西低趋势。上覆地层主要为第四系松散沉积物，主要为冲洪积的淤泥质土、砂卵石、粉质黏土，下伏基岩为花岗岩。洞身主要位于全风化花岗岩 <6H>、强风化花岗岩 <7H>、微风化花岗岩 <9H>，局部为残积硬塑砂质黏土层 <5H-2>、中风化花岗岩 <8H>、微风化花岗岩 <9H>（孤石），微风化花岗岩饱和单轴极限抗压强度为 86.6MPa。受地理位置影响，盾构需穿越多段上软下硬地层。

（2）水文地质条件

地下水主要有第四系孔隙水、基岩裂隙水。第四系孔隙水含水层主要为粉细砂层、中粗砂层，局部为砂砾层、卵石层。地表水体流量受季节影响较大，丰水季节流量较大，枯水季节则水量较小。勘察期间测得地下水初见水位埋深约 1.5～4.6m（高程 18.33～22.91），稳定水位埋深 1.5～4.8m（高程 18.63～22.81）。

场地地下水动态变化具季节性，主要受降雨季节支配，每年 4～9 月雨季期间，大气降水丰沛，是地下水补给期，其水位会明显上升，而 10 月至次年 3 月为地下水的消耗期，地下水位随之下降，年变化幅度约为 2.0～3.0m。第四系孔隙潜水主要由大气降水补给，地表水位受季节影响明显。

3. 施工重难点

（1）区间穿越上软下硬地层情况较多，进入上软下硬时刀具在硬岩切削慢，软土切削速度快，在这种情况下盾构推进会使盾构机产生向上抬移，破坏原有的盾构姿态。因而在掘进中会对软土地层产生较大扰动，甚至由于土压的失衡会造成土方的大量亏方，造成地面出现较大的沉降或塌陷（图 12-20）。

（2）开挖面软硬不均滚刀受瞬间撞击力频繁（图 12-21），刀刃易崩裂，造成主动开仓换刀次数多，从而给施工增加了施工风险、地表塌陷风险和对周边环境的影响。

图 12-20 塌陷照片

图 12-21 滚刀严重偏磨

4. 关键施工技术

(1) 结合现有地质资料和补充地质勘探资料,同时考虑运用超前钻事先探明上软下硬地层的分层及软硬情况。

(2) 根据地层种类进行分析,若探测出"上软下硬"为混合花岗岩,周边环境较好可采用地面钻探爆破或加固方式进行提前处理。

(3) 提高刀盘防磨损措施及改善刀盘的耐磨性:在刀具的布置上,合理配备边缘滚刀数量和刀间距,增强边缘的破岩能力;同时,利用安装在刀盘上的超挖刀,便于掘进方向发生偏差时能够对岩层进行超挖,及时纠正偏差,确保盾构机前进方向与隧道设计轴线一致。

(4) 在条件允许的情况下,有计划地进入土仓,了解工作面软硬不均程度和检查刀具状态,以确定掘进推力的大小,避免刀具超载工作受损。

(5) 在软硬不均地层掘进,为保护盾构及其刀具,不宜追求太高的施工进度。在此地层掘进严格控制掘进参数,推力不宜太大,刀盘转速不宜太快(一般为 1.0r/min 左右),刀具贯入量不宜太深(一般为 5mm/r)。同时掘进期间要经常、有计划地检查刀具、刀盘状况。

(6) 加强盾构机推进线路和姿态控制:

① 适当降低总推力,减小盾构掘进速度,并根据盾构推进油缸行程所反馈的信息变化,随时调整推进油缸编组和各区域油压;

② 充分利用铰接油缸的纠偏作用,根据不同状况及时对各组铰接油缸进行行程调整;

③ 根据不同情况,选择不同型号管片进行拼装,同时兼顾管片与盾壳间的空隙变化情况,做到通过盾构后方着力点的导向变化来影响盾构的掘进方向;

④ 通过改变注浆部位、注浆量和注浆时间、步骤,使得盾尾后方成型隧道在盾构推力的反作用力下产生一定范围的变形,从而实现成型隧道与盾构相互之间的影响和制约;

⑤ 在偏硬风化岩地层中,可动用超挖刀来加强纠偏力度,达到纠偏效果。

(7) 当盾构机处在上软下硬地层,尽量避免在土仓上部地层差的地段换刀。当必须在这样的地段频繁更换刀具时,根据在当前地层中刀具的磨损情况与线路前方的地质情况,准确定出更换刀具时的位置,提前对该位置地层进行加固处理,加固体达到强度要求后,再采取压气作业进行刀具更换,确保当盾构机到此位置时,安全顺利地更换刀具。

(8) 通过向土仓和刀盘添加泡沫或膨润土改良渣土,防止形成泥饼。

(9) 控制出土量,尤其是上部为软土时更为关键,防止坍塌。

三、青岛上软下硬地层盾构施工案例

1. 工程概况

薛瓦区间风井~瓦屋庄站区间(以下简称"薛瓦区间")位于滨海公路、南辅路下方。线路出薛瓦区间风井沿滨海公路及南辅路向东前行,线路进入南辅路与东环岛路口以转弯半径 $R=550m$ 穿越南辅路外侧绿化带,再沿南辅路经过南辅路与大明山路口到达瓦屋庄站。薛瓦区间左线全长 750.594m;右线全长 665.602m。区间设置一座联络通道。区间平面曲线半径为 550m,线间距 14~15.7m,区间拱顶埋深 9.6~19.8m;采用土压平衡盾构机施工。

2. 地质水文条件

(1) 地质条件

区间穿越地层为:薛瓦区间穿越地层:第⑪层粉质黏土、第⑫层含黏性砾砂、第⑮₃层全风化花岗斑岩、第⑮$_4$层全风化闪长岩、第⑯$_3$层强风化花岗斑岩、第⑯$_4$层强风化闪长岩、第⑰$_3$层中风化花岗斑岩、第⑰$_{3-3}$层中风化花岗斑岩(碎裂状)、第⑰$_4$层中风化闪长岩、第⑰$_{4.2}$层闪长岩(块状碎裂岩)、第⑱$_3$层微风化花岗斑岩、第⑱$_4$层微风化闪长岩、第⑱$_{4.3}$层微风化闪长岩(碎裂状)。

(2) 水文地质条件

青岛地区地貌类型主要为构造～剥蚀区、山麓斜坡堆积区、河流侵蚀堆积区及滨海堆积区,地下水类型主要为第四系孔隙水和基岩裂隙水,第四系孔隙水又分为上层滞水、潜水和承压水。

3. 施工重难点

区间隧道断面内,呈现"上软下硬"地段,主要表现为隧道顶部穿越杂填土、淤泥质粉土、粉土层,隧道下部穿越强、中风化层,或顶部穿越全、强风化层,下部穿越微风化层。在"上软下硬"地层中掘进时,由于下部土体的抗压强度大,上部土体的抗压强度小,刀具对不同抗压强度的土层的切削效果和速度均不同,对抗压强度大的微风化岩的切削速度远远小于对黏土层的切削速度,在这种情况推进的话就会使盾构机产生向上抬移,破坏原有的盾构姿态。掘进过程中刀盘的转动速度是一样的,因而在掘进中就会对相对软弱地层会产生较大扰动,甚至由于土压失衡、会造成土方的超量,造成地面较大的沉降或塌方。而在发生姿态超标的情况下进行纠偏则会更大的扰动软弱土层,造成地面沉降或塌方。

4. 关键施工技术

(1) 刀盘结泥饼的解决措施

①掘进过程中采用巴斯夫分散型泡沫剂。调整泡沫原液的比例注入量,有效改善渣土的合易性、流动性,利于出渣顺畅。在施工过程中,及时观察所排渣土的性状,分析渣土的黏性和含砂量,及时调整泡沫注入量,改善液态渣土的稠度,降低黏附,保证螺旋输送机出土顺畅。

②黏土剥除剂措施。从施工过程中通过出渣取样判断,断面内含有黏性较大的高岭土,是造成刀盘结饼的主要因素。在停机或掘进过程中使用黏土剥除剂与渣土充分混合,能预防黏附刀盘,并起到软化剥离作用。初期加入2t黏土剥除剂原液泡仓3h,后续施工中采用1(黏土剥除剂):10(水)的使用能有效消除泥饼。

③分散剂措施。施工过程中,在泡沫原液中加入5‰的分散剂原液,辅助降低渣土黏性,减轻渣土与刀盘的黏结。

④12字控制措施。由于粉质黏土塑性好、黏性高、细颗粒丰富,不易采用实土压掘进。通过掘进过程中的参数分析,总结出的12字方针"多加水、低土压(气压辅助掘进)、高转速、勤换向"能有效预防刀盘结饼。

(2) 掘进喷涌的解决措施

①膨润土。向土仓中加入膨润土,改善土仓内渣土的和易性,使土质中的颗粒和泥浆有效聚合,保证螺旋输送机出渣顺畅。

②高分子聚合物。采用高分子聚合物,使水与渣土形成塑体状,在螺旋机内形成土塞。配合比为5kg(高分子聚合物):1000kg(水)效果能达到渣水有效聚合。

③管路改造。增设高分子聚合物混合液箱,对盾构机管路进行改造,加装可泵送电机打入土仓及螺旋机底部,掘进过程中视喷涌情况加入高分子聚合物(形成土塞效应,防止出现

喷涌)。

④改变操作习惯,掘进过程中使螺旋机形成土塞效应。掘进出现喷涌情况时,螺旋机转速维持 2~3r/min,控制闸门开关,螺旋机旋转继续带入渣土充满筒体,形成土塞后,适度打开闸门,连续出渣,维持土压平衡。

⑤封水环。对脱出盾尾管片连续注入 3~4 环封水环(双液浆),阻断地层后方来水。

(3)复合地层的解决措施

①计划开仓检查。有计划地进入土仓,了解掌子面岩层分布情况,检查管路及刀具磨损量,以确定各项参数的设置,指导盾构掘进。

②严格落实各项参数管理。在软硬不均地层掘进,为防止结泥饼和刀具磨损,不宜追求太高的施工进度。在此地层掘进严格控制掘进参数,推力不宜太大,刀盘转速不宜太快(一般为 1.0~1.2r/min),刀具贯入量不宜太深(为 5mm/r)。

③观察出渣变化。根据出土渣样变化,及时调整刀盘转速、土压、推力、扭矩,避免刀具非正常磨损。

(4)地面沉降的解决措施

为解决好地面沉降问题,已采取过控制出土量、加大同步注浆量、补强二次注浆、实土压掘进、各项参数的调整等措施,都未能较好的控制地面沉降。以地面跟踪注浆和预加固注浆,能有效地控制地表沉降。

(5)上软下硬地层

①掘进参数优化:进入上软下硬时刀具在硬岩切削慢,软土切削速度快,因而在掘进中对软土地层会产生较大扰动,甚至由于土压的失衡会造成土方的大量亏方,引起地面出现较大的沉降。上软下硬还易造成滚刀受力瞬间撞击崩裂刀圈和结泥饼。为此在施工过程中需加强掘进参数和渣土改良的控制:

a. 刀盘转速:1.0~1.2r/min;

b. 刀盘扭矩:100~200t·m;

c. 推进油缸总推力:1200~1400t;

d. 推进速度:20~40mm/min;

e. 土仓压力:1.1bar。

②渣土改良控制:结泥饼主要是因为渣土过干、流动性差导致,而在复合地层尤其是上软下硬地层,软硬交界面往往存在较多地下水,导致渣土过稀。在气压平衡掘进过程中,渣土过稀极易导致螺旋机喷涌、皮带漏渣,区间在漏渣严重的时候,每环推进完成要用一个班甚至一天去清理漏渣,掘进效率极低,经过不断采取措施,后期掘进方减少喷涌现象,采取的措施:

a. 提高仓压,使仓压大于水压,减少地层水流进土仓;

b. 及时二次注浆做止水环箍,减少地下水通过管片背后空腔流进土仓;

c. 向刀盘前掌子面注入膨润土(黏度在 80S 以上),增加渣土的流塑性和和易性,达到止喷效果,其次在掌子面形成泥膜,在掘进过程中稳定掌子面;

d. 向土仓注入高分子聚合物,用刀盘充分搅拌以改良渣土;

e. 发生喷涌时,关闭螺旋机闸门,适当向前掘进,提高仓内液位,改善仓内含水量;

f. 切记喷涌时要转螺旋机,不转螺旋机时水容易从闸门喷出,渣子遗留在螺旋机入口处,会导致螺旋机堵塞或者卡死,土压平衡掘进模式时会导致仓内渣土堆积过多,形成泥饼。

任务五 岩石地层盾构施工

一、岩石地层盾构施工特点

全断面硬岩主要是指隧道洞身整个断面都是微风化和中风化岩石,岩石强度高,有很好的自稳能力。盾构在此类地层中掘进时由于岩石强度高,推进速度慢,滚刀和刮刀磨损严重,换刀频繁。在硬岩段,如滚刀的刀间距过大,破岩效果不好,相邻两滚刀之间的岩石就不能充分被破碎,岩石会阻止盾构掘进,发生卡机现象。

全断面硬岩盾构掘进不易建立土压平衡模式,当采用气压模式或敞开式模式掘进时,土仓中的渣土较少,流动性不好,不能很好地将螺旋输送机的螺旋轴悬浮起来,螺旋输送机转速过快,加快了螺旋输送机轴和筒壁的磨损,要注意适当增加土仓内的渣土量,降低螺旋输送机转速;合理进行渣土改良,有利于降低温度和减少摩擦、保护刀具、降低螺旋输送机磨损,提高掘进效率。此外还要重点加强刀具管理,及时检查和更换刀具,尤其是刀盘外周刀具。在全断面硬岩中,要采用提高转速、降低推力、减小贯入度的方法推进,能够保证盾构顺利推进,获得较高的掘进速度。

针对卡盾现象,在软岩(土)中掘进,即使发生卡盾,可以通过铰接油缸的收放或者使用拉杆,一般都能使盾壳脱困;但当掘进至硬岩特别是全断面硬岩时,出现卡盾迹象,如果急于求成,用软岩掘进理念处理往往适得其反。当卡盾情况比较严重时,不但使用铰接油缸不能脱困,即使焊接拉杆也同样不起作用。若着急蛮干,会损坏铰接油缸,造成盾尾严重变形。比较好的办法是采用钻爆法从刀盘向盾尾开挖,彻底清除卡盾的岩石,但是这样停机时间长、损失大。因此,严密、科学的施工管理和施工组织是确保盾构顺利推进的重要条件。

此外,硬岩段掘进时应启动盾构稳定装置,减小盾构的振动和防止盾构产生超限扭转,使管片的受力稳定,确保隧道的成形质量并保护管片,防止盾构变形。

二、广州岩石地层盾构施工案例

1. 工程概况

广州轨道交通7号线一期南村站~大学城南站区间,左线长1760.263m,右线长1749.653m;其中全断面硬岩有568m,最大强度96.3MPa。区间平面分别由直线段和缓和曲线组成,左线曲线半径为分别2000m、455m、420m;右线曲线半径分别为2000m、445m、430m,采用土压平衡盾构施工。

2. 地质水文条件

本标段范围地层内自上而下分布有:人工填土层、淤泥层及淤泥质粉细砂层、粉细砂及中粗砂层、黏性土层、冲积—洪积土层、坡积土层、残积土层、混合花岗岩全风化带、混合花岗岩强风化带、混合花岗岩中风化带、混合花岗岩微风化带。区间隧道洞身范围穿越主要地层为:<5Z-1>、<5Z-2>、<6Z>、<7Z>、<8Z>、<9Z>。各种地层的岩性、特征见表12-5。

隧道区间各地层岩性及特征表　　　　　表12-5

地层编号	岩层名称	地层描述
1	人工填土层	沿线人工填土层较广泛分布,主要为素填土,部分为杂填土。颜色较杂,主要呈灰褐色、黄褐色、砖红色、灰色等,素填土的组成物主要为人工堆填的黏性土、中粗砂、碎石等,杂填土则含有砖块、混凝土块等建筑垃圾
2-1A	海陆交互相淤泥层	本层局部分布,主要在南村站至沥滘水道北岸呈条带状分布。呈深灰~灰黑色,饱和,流塑状,主要由黏粒及有机质组成,局部地段含少量粉砂
2-2	海陆交互相淤泥质粉细砂层	本层局部分布,主要在沥滘水道以及大学城山间洼地零星有揭露。深灰、灰黑等色,呈饱和,松散状态,以粉砂、细砂为主,偶含中粗砂,含较多淤泥质
3-1	粉细砂层	该层主要呈透镜体零星分布。浅灰色,呈饱和,松散状为主,局部稍密至中密状,主要成分为石英质粉细砂,含少量黏粒,局部含有机质
3-2	中粗砂层	该层呈透镜体零星分布。灰白、灰黄色,呈饱和,稍密至中密状,局部松散状,主要成分为石英质中砂、粗砂,含有较多黏粒
4N-1	冲洪积流塑~软塑状黏性土层	该层呈透镜体零星分布。土性主要为粉质黏土、黏土,颜色较杂,呈灰白、黄褐色等,软塑为主,局部流塑,黏性较好
4N-2	冲积-洪积可塑状黏性土层	该层呈条带状分布。土性主要为粉质黏土、黏土,颜色较杂,呈灰白、黄、灰黄、褐红色等,主要为可塑状,黏性较好
4F-2	冲积-洪积粉土层	该层呈透镜体零星分布。土性主要为粉土,呈黄、灰黄等,中密为主,局部稍密,粉粒为主,含少量黏粒
4-3	坡积层	本层仅分布在低丘陵斜坡地段,即在大学城局部地段。呈暗黄、褐黄色,湿,可塑状,局部硬塑状,主要土性为碎屑岩及混合花岗岩风化坡积而成的黏性土,不均匀含少量砂砾
5N-1	红层碎屑岩可塑状残积土层	由白垩系粉砂岩、泥质粉砂岩、石英砂岩、砾岩风化残积形成,土性为粉质黏土,局部为黏土,褐红色,呈稍湿,可塑状,遇水易软化、崩解
5Z-1	混合花岗岩可塑状残积土层	由震旦系混合花岗岩风化残积形成,褐红夹黄色,湿,可塑状,土性为砂质黏性土,不均匀含15%~25%石英质砂,部分为黏性土,遇水易软化、崩解
5N-2	红层碎屑岩硬塑状残积土层	由白垩系粉砂岩、泥质粉砂岩、石英砂岩、砾岩风化残积形成,土性为粉质黏土,局部为黏土,褐红色,呈稍湿,硬塑状,遇水易软化、崩解
5Z-2	混合花岗岩硬塑状残积土层	由震旦系混合花岗岩风化残积形成,褐红夹黄色,湿,硬塑状,土性为砂质黏性土,不均匀含15%~25%石英质砂,遇水易软化崩解
6Z	混合花岗岩全风化带	褐黄、棕褐色,母岩组织结构已基本风化破坏,但尚可辨认,岩质极软,岩芯呈坚硬土状或密实土状,遇水易软化、崩解
7Z	混合花岗岩强风化带	褐黄、褐杂色,岩石组织结构已大部分破坏,但尚可清晰辨认,矿物成分已显著变化,岩芯呈半岩半土状,岩质很软,遇水易崩解,部分呈块状岩石,风化裂隙较发育,岩体较破碎,局部夹中风化岩碎块,岩质较软
8Z	混合花岗岩中风化带	灰黄色、褐黄,细粒花岗变晶结构,条带状构造,矿物主要为石英、云母、长石。裂隙发育,岩体较破碎,岩芯呈碎块状局部短柱状,岩质较硬
9Z	混合花岗岩微风化带	浅灰、灰白色、青灰色,花岗变晶结构,条纹、条带构造,矿物主要为石英、长石、黑云母等。裂隙局部较发育,岩芯呈柱状,局部机械破碎呈碎块状,RQD为50%~90%。岩质坚硬

其中区间隧道在 YCK18+862～YCK19+430 里程段中多为 <7Z> 和 <8Z> 强、中风化花岗岩,甚至在始发段有 <9Z> 混合花岗岩微风化带,抗压强度代表值为 73.0MPa,局部夹有最大饱和单轴极限抗压强度达到 96.3MPa 的微风化花岗岩。在高强度硬岩地层中掘进,对盾构刀具的管理要求高,区间硬岩段强度分布情况如图 12-22、图 12-23 所示。

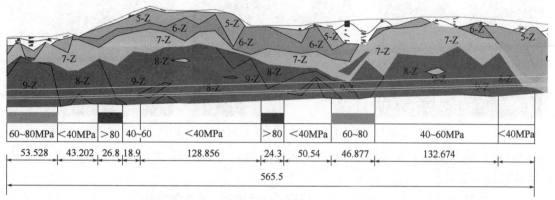

图 12-22　左线区间硬岩段强度分布图(尺寸单位:m)

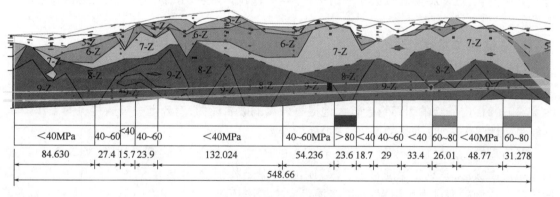

图 12-23　左线区间硬岩段强度分布图(尺寸单位:m)

3. 施工重难点

(1)全断面硬岩:花岗岩强度高、刀具磨损快、仓温高,换刀非常频繁等难点,地层照片如图 12-24 所示。

图 12-24　区间花岗岩地层图片

(2)管片上浮风险:在硬岩地层中掘进,通常都会遇到管片上浮的情况,尤其是在大纵坡、小半径曲线段,管片上浮更加严重,容易造成管片错台、渗漏水情况(图12-25)。

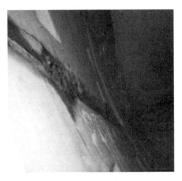

图12-25 管片上浮后造成的管片错台、开裂及渗漏水

(3)硬岩地层掘进易造成卡盾壳风险:盾构掘进硬岩地层,姿态纠偏过急或纠偏过大易造成盾构机被卡现象。

(4)对盾构掘进的影响:岩石完整性较好,强度较高,掘进速度较慢;渣样全部碎石块,出渣不舒畅,易出现螺旋输送机被卡的情况;刀具磨损快,稍有不慎易出现刀盘磨损和盾壳被卡的现象。

4.关键施工技术

(1)刀盘刀具优化布置

①由于本工程地质中含有单轴抗压强度较高的硬岩地层,选用"黑金刚"或"庞万利"超硬耐磨滚刀和相应品牌的齿刀将会较大地提高刀具的破岩能力,有效地提高盾构机的工作效率,并能显著地降低刀盘、刀具的磨损,减少换刀次数。

②刀盘结构形式应该说是一种硬岩刀盘的形式:面板形,周边圆弧过渡,均匀滚刀布置。刀盘采用面板形,有利于保证布置了滚刀后的刀盘结构强度,更能承受大的荷载,同时在硬岩或软硬不均地段掘进发生坍塌时,刀盘面可起支撑作用。周边采用圆弧形,则为硬岩刀盘最典型的特征,因为周边圆弧形过度增大了周边刀盘的面积,可在周边布置更多的滚刀以适应周边滚刀高线速度快磨损的需要,更能满足切削。同时,开口形状和开口率,以及刀盘面板上的泡沫加入口等,也能满足软岩掘进的需要。

③在关键部位增加"耐磨条"(图12-26),从而保护刀盘面板及部分刀具;在考虑到硬岩掘进时破碎下来的岩石可能撞坏切刀、刮刀,在刀具布置上进行优化:把切刀、刮刀背向布置,并拉近两刮刀、切刀之间的距离,在硬岩双向掘进时能够对切刀和刮刀有一定的保护作用。

(2)盾构掘进施工

①选择合理的掘进参数和掘进模式。

a.采用敞开模式掘进;

b.控制刀盘低转速(1.7~1.9r/min);

c.控制贯入度(控制在10mm以下);

d.推力1500t以下(根据刀盘扭矩控制);

e.刀盘扭矩最大不得超过150bar,刀盘扭矩变化30bar以下。

②在掘进过程中向土仓内添加膨润土进行渣土改良,保证螺旋输送机运转和出渣顺畅,避免出现刀盘和螺旋输送机被卡。

③从主机径向孔注入膨润土,润滑盾壳,避免出现盾壳被卡的情况。

④加大刀具检查频率,正常情况下每1~3环检查一次刀具,出现异常时立即开仓检查刀具,及时更换刀具,避免刀具出现较大的磨损量,做好刀具的保护工作。

⑤加强注浆控制,保证注浆质量,并且在盾尾后方每3环进行一次双液浆封堵止水,减少地下水的流动性,避免盾尾后方的地下水流到刀盘前方。

⑥加强对泡沫注入系统的保养和检修,避免在泡沫管路不畅的情况下掘进。

⑦尽量保持匀速推进。有序的调整参数,减少刀具的异常损伤。同时有利于渣土控制和改良。

⑧对刀盘异响、渣土出现异物等情况,应选择合适地点,尽快检查刀具。

⑨加强每环的渣土检查和留样。实时监控渣土温度,出现渣温上升,及时调整加水和泡沫情况,改良渣土,温度持续上升应停止掘进,排除问题后再恢复施工。

⑩严格控制盾构机姿态,尽量保证盾构机沿直线掘进,避免掘进方向出现大的调整和变化。

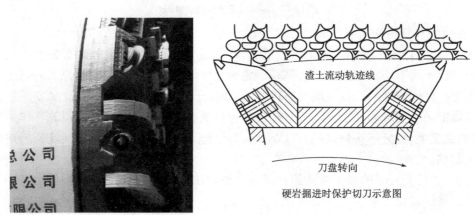

图12-26 盾构刀盘增加"耐磨条"图

三、深圳岩石地层盾构施工案例

1. 工程概况

深圳市城市轨道交通6号线二期工程深圳北站~梅林关站区间(以下简称"深梅区间"),全长2.71km,其中盾构区间1632.2m。隧道顶板埋深5.0~38.15m,线间距4.7~15.2m,线路最小曲线半径350m,最大纵坡为29.8‰,成V字形坡,梅林关始发井至书香小学为下坡段,最大纵坡28‰;书香小学至U形槽接收井为上坡段,最大纵坡为29.8‰。隧道内径5.4m,外径6m。

区间采用4台土压平衡盾构对向始发掘进,其行进路线为:深~梅既有盾构出梅林关后,侧穿人行天桥,下穿32车道梅观路(上下行线),下穿4号线路基段、书香小学后到达吊出井吊出;深~梅新增盾构出U形槽后下穿夏~深高铁110kV高压电缆,一路伴随φ500mm次高压燃气管线420m,下穿军用保密基地,侧下穿书香门第大厦,后到达吊出井吊出。

2. 地质水文条件

(1)地质条件

深~梅盾构区间隧道范围内含③$_1$泥炭质土、④$_2$粉质黏土、④$_{10}$粗砂、④$_{11}$砾砂、⑦$_{11}$砾质黏性土、⑦₁₂砾质黏性土、⑧₁全风化粗粒花岗岩、⑧₂₁强风化粗粒花岗岩(砂土状)、⑧₂₂强风化粗粒花岗岩(块状)、⑧₃中风化粗粒花岗岩、⑧₄微风化粗粒花岗岩,岩层最大强度约144MPa,最小强度21.5MPa,岩层平均值110MPa。该区间地层复杂多变,有软土、硬岩、上软下硬、孤石等多种地层(图12-27),同时出现多种地层,是最为典型的复合地层。

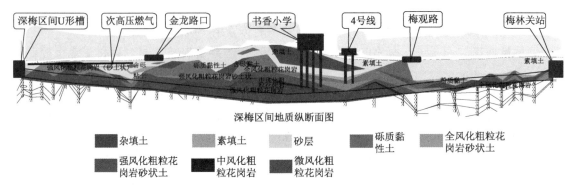

图12-27 区间隧道地质纵断面图

（2）不良地质及特殊岩层

①人工填土：拟建区间场地人工填土范围较广,成分多样,主要成分既有黏性土,也有砂、碎石、块石等,土质不均,厚度变化大,属较不稳定土体,局部表层经过碾压,路面表层为混凝土路面及垫层。区间隧道起点位置填土层较厚,局部位于隧道洞顶,属不稳定土体。明挖段及路基过渡段局部填土层较厚,成分不均,对基坑开挖及支护会带来一定影响,同时其作为基础持力层时,固结度差,成分不均为,容易造成不均匀沉降。高架段填土中大直径填石层对桩基施工会造成影响。

②软土：该区间分布的软土主要为第四系上更新统沼泽相沉积的含泥炭质土和冲洪积沉积相的淤泥质粉质黏土层。

③液化砂土：根据《城市轨道交通结构抗震设计规范》(GB 50909—2014)有关规定,本场地局部揭露填砂层,厚度较小,呈松散～稍密状态,判定为不液化土层;第四系上更新统砂层为不液化土层。

④残积土和风化岩：拟建区间场地普遍分布混合花岗岩的残积土,其土质不均匀,饱和状态下受扰动后,特别是在具有一定临空面或动水压力作用下,具有易软化、崩解、强度急剧降低的特点;本场地下伏基岩为粗粒花岗岩,其残积层和风化岩中局部存在不均匀风化现象,表现为残积层、全风化岩中存在强风化岩夹层;强风化岩中存在中等～微风化岩夹层或风化球,基岩风化界面起伏较大、基岩软硬相间,设计、施工中应予以足够的重视。

（3）水文条件

沿线地下水主要有三种：上层滞水、第四系孔隙潜水和基岩裂隙水。上层滞水主要赋存于人工填筑的填石块、杂土层;孔隙潜水主要赋存于第四系冲洪积砂层、卵石土层和残积砾（砂）质黏性土层中,略具承压性,第四系砂层地下水补给主要来源于大气降水补给,并在一定条件下接受海水的侧向补给,并与二者具有一定的水力联系;基岩裂隙水主要赋存于块状强风化、中等风化带及断裂构造裂隙中,具承压性。地下水位年平均变化幅度为0.5～2.0m。深圳市属亚热带季风气候,热量丰富,日照时间长,雨量充沛。

工程范围内部分地段地下水与一侧海水水力联系较大,对混凝土结构在直接临水或强透水层具中等～强腐蚀性,在弱透水层具微～弱腐蚀性;对钢筋混凝土中的钢筋具微腐蚀性。

3. 施工重难点

（1）软土地层：回填土较厚，地层敏感，盾构掘进过程中易引起地表沉降；

（2）全断面硬岩（图12-28）：花岗岩强度高、石英含量高、均一贯入度低、刀具磨损快、仓温高；

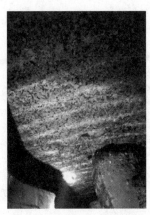

图12-28 全断面硬岩

（3）夹层：全断面硬岩中含软土夹层，断面内出现软硬不均，刀具配件易被磕碰掉落，非正常磨损多、仓温高、速度慢；

（4）上软下硬：上部软土、下部硬岩，同一断面强度反差大，刀具非正常磨损多、贯入度低、易多出土、换刀须带压进仓；

（5）孤石：不均匀分化体、分布不均、大小各异、强度高、使刀具极易异常磨损，造成磨刀箱、刀盘等、掘进困难（图12-29）。

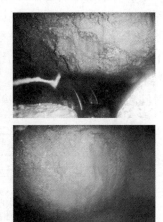

图12-29 盾构掘进所遇孤石

4. 关键施工技术

（1）孤石处理

①深梅区间补勘共发现孤石27处，其中右线20处，左线7处，盾构在孤石段下穿 $\phi500$ 次

高压燃气管线和 $\phi1200$ 给水管,下穿长度为 420m,管线距隧道顶 3.1~18.5m,$\phi500$ 次高压燃气管线埋深约 2.5m,$\phi1200$ 给水管埋深约 2.6m。

②由于该孤石段下穿管线距离较长,盾构直接掘进通过的风险较大,极易造成刀具过载,甚至严重损坏刀盘结构以及超挖、地面沉陷及塌方等问题。探测出的孤石均用爆破+注浆法处理(图 12-30)。

图 12-30 孤石处理流程图

(2)地面注浆

①针对本区间地质情况复杂,地层变化起伏大,周边构建筑物多,错综复杂,多次下穿构建筑物桩基,地面加固跟随地质补勘工作同步进行。

②建筑物及管线加固方式一般为袖阀管注浆加固,布孔间距 1~1.5m,注浆材料为水泥+水玻璃双液浆,注浆压力 1~1.5MPa;书香小学采用了对地层进行抽条式周围双排旋喷桩+袖阀管注浆加固,采用的注浆材料为水灰比 1:1 的水泥浆,盾构掘进此位置时仍未达到常压开仓的条件,但封堵了地层的漏气通道,带压开仓供气量较为稳定。为防止浆液注进隧道范围内,盾构掘进过程造成渣温过高,因此预加固时注浆范围应在拱顶以上。

③本区间的回填土较厚,达 17m 左右,地面易漏气,盾构需要带压开仓时地面漏气量较大,很难达到带压开仓条件,需要对地面进行加固封堵漏气通道、稳固掌子面来达到带压开仓的条件。主要在既有盾构左右线 455 环采用钻注一体机注水泥水玻璃双液浆,左线 531 环等埋深较深区域位置采用地质钻开孔+刚性袖阀管注水泥水玻璃双液浆。在刀盘正上方及前后 1.2~1.5m,水平间距 1.2~1.5m 布孔,拱顶以上 5m 范围内注浆压力控制在 0.8MPa,5m 以上范围为 1.0~1.5MPa,采取低压力缓慢注浆。

(3)复合地层掘进模式

该区间复合地层中盾构掘进模式具体如表 12-6 所示。

复合地层盾构掘进模式　　　　　表 12-6

相关事项	掘进模式		
	常压掘进	气压掘进	土压掘进
适应地层	地层完全自稳,地下水较少,且完全能够控制,一般为全断面硬岩地层	地下水丰富,常压掘进不能控制的全断面硬岩地层;局部为全强风化岩、稳定较好的上软下硬地层	绝大多数不能自稳的软土地层;上部软土极不稳定、气密性较差的上软下硬地层
仓压及仓内液位情况	仓压为 0,仓内液位稍高于土仓内的螺旋机;通过向土仓加入压缩空气保持仓内气压在 0.3~0.5bar 左右	通过向土仓内加入压缩空气形成气压,仓压大于地下水压力,仓内液位高于螺旋机 1m,不高过半仓	仓内渣土充满土仓,通过土压稳定掌子面及上部地层的稳定,也能有效防止地下水涌入

续上表

相关事项	掘进模式		
	常压掘进	气压掘进	土压掘进
添加剂使用情况	掌子面前方需加水和泡沫剂来减少刀具摩擦、降低温度	掌子面前方和土仓内均需加水和泡沫剂来减少刀具摩擦、降低温度	掌子面前方和土仓内均需加水和泡沫剂,必要时加入膨润土和高分子聚合物改良仓内渣土
注意事项	注意观察螺旋机出渣情况,一旦发现涌水量和出土量不正常,立即建立土压或气压	停机前适当保持仓内存有一定渣土,停机时保持气压稳定,减少地下水流入,防止复推时螺旋机喷涌	注意渣土改良情况,防止泥饼产生;对于下部岩石较硬、刀具磨损较快的地层,满仓掘进效率较低、刀具磨损加快、易结泥饼

(4) 刀盘扭矩和刀盘转速控制

在复合地层中选择合适的扭矩和刀盘转速能减少刀具磨损,提高盾构掘进效率。复合地层中,刀盘转速主要由掌子面完整性来决定,刀具在经过掌子面软硬交界面时会受到很大的冲击力,所以上软下硬和夹层地层采用低转速来减缓刀具受到的冲击力,从而减少刀具非正常磨损;全断面硬岩掌子面较为平整,采用高转速、低扭矩来提高掘进效率。盾构刀盘扭矩和刀盘转速控制情况如表12-7所示。

盾构刀盘扭矩与转速控制表　　表12-7

地层	软土	上软下硬	全断面硬岩	夹层
扭矩控制(kN·m)	≤1800	≤1300	≤1100	≤1300
刀盘转速(r/min)	1.0~1.5	1.0~1.2	2.0~2.5	0.8~1.2

刀盘扭矩主要通过扭矩波动来控制,深梅区间的扭矩波动值控制在400kN·m内,特殊地段(如下穿建筑物及管线)扭矩波动控制在200kN·m内;控制扭矩波动值下的最大扭矩就是该地层的卡控扭矩。

复合地层中控制扭矩波动能减缓刀具受到的冲击力,延长刀具使用时间,提高掘进效率。扭矩波动不仅仅是因为掌子面不平整引起,也有可能是仓内掉落的异物导致,如刮刀、刀具配件等因刀盘震动会脱落下来卡在刀盘前方造成扭矩波动较大。

(5) 推力和掘进速度控制

复合地层中推力和掘进速度主要根据刀盘扭矩来进行调整,掘进过程中主要控制推力和掘进速度的变化量,如在一环掘进过程中地层和卡控扭矩不变的情况下,推力和速度发生了较快的变化,就要引起重视,根据实际情况停机分析原因。深梅区间复合地层的平均掘进速度约为3~7mm/min,卡控条件为:

①地层及其他参数不变的情况下速度降低量超过原速度的50%(2~4mm/min)时停机检查刀具。

②地层及其他参数不变的情况下推力持续增加超过200t时停机检查刀具。

③地层变化时及时降低掘进速度,特别是即将进入地层交界处时,及时降速、谨慎推进。

(6) 土压、出渣量控制

①土压控制:软土和上软下硬地层掘进模式分别为土压平衡掘进和气压平衡掘进,都需要

足够的土压/气压来稳定掌子面,土压/气压先设定为理论土压值,并根据地面监测数据实时进行调整,控制地面沉降,掘进过程中土压波动值控制在 0.2bar 以内,减少盾构对地层拉风箱式的干扰;全段面硬岩掘进模式分为常压掘进模式和气压掘进模式,在掌子面稳定、地下水较少时,采用常压掘进模式,一般为了螺旋机出土顺畅、防止同步注浆浆液向刀盘前方蹿流,通过向土仓加入压缩空气保持仓内气压在 0.3~0.5bar 左右。

②出渣量控制:软土和上软下硬地层掘进中,出渣量控制极其重要,上软下硬掘进过程中极易造成超挖,非常容易引起地面沉降。加强出渣量监测频率,根据出渣量实时调整土压,出现超挖时及时分析原因,出土量无法控制时及时保压停机,加强地面监测,同时分析掘进参数,判断刀具是否异常磨损。深梅区间上软下硬地层掘进时,刀具出现异常磨损时,导致掘进速度变慢,容易出现超挖。

(7)渣土改良、渣温控制

①渣土改良控制:渣土改良决定着渣温的高低,复合地层中渣土改良添加剂主要有泡沫剂、分散剂、膨润土、高分子聚合物。土压平衡掘进模式最容易结泥饼,预防结泥饼措施如下:

a. 控制出土量和土压,根据地面监测数据适当降低土压,仓内不堆积过多的渣土。

b. 根据出土效果和地下水情况及时调整泡沫原液用量和比例,使渣土达到牙膏状效果。深梅区间使用的是加强分散性泡沫剂,原液比例3%~5%。

c. 高温状态下容易形成泥饼,掘进过程中及时监测渣土温度,温度升高及时加水和泡沫剂降温。

d. 有结泥饼现象时可在停机过程中往土仓注入分散剂浸泡,可以使泥饼脱落。

e. 最重要一点:加强泡沫系统和加水系统的保养,保证设备正常运行、管路畅通。新增盾构左线刚始发时,因泡沫系统故障发生了两次结泥饼现象。

②渣温控制:渣温反映着土仓内环境,渣温过高会加剧泥饼形成、减少刀具的使用寿命、设备故障率也会增加。通过渣温也能判断出刀具是否异常磨损、是否有泥饼产生。复合地层中岩石强度不同,掘进过程中的稳定渣温也不一样,深梅区间软土地层掘进的渣温基本在 30~35℃左右,上软下硬及全断面硬岩地层渣温在 36~43℃,掘进过程中我们主要采取以下措施来控制渣温:

a. 设定渣温卡控红线,勤测渣温,根据渣温和出土情况调整泡沫剂和水的用量。

b. 地面沉降和渣土改良可控的前提下,适当降低仓压。

c. 上软下硬因为岩石较硬渣温升高时可以用稠度高的膨润土置换仓内渣土,过程中保持土压稳定,保持置换膨润土量=出渣量。

d. 场地允许的前提下加大循环水池面积,或增加循环水降温设备。

e. 渣温超过卡控红线且无法控制时及时停机。

(8)注浆控制

盾构注浆主要分为同步注浆和二次注浆两步,同步注浆量一般为理论空隙值的150%,特殊地层需加大同步注浆量。二次注浆主要填充同步注浆不饱满或者浆液固结收缩的空隙。

①同步注浆控制要点:

a. 易沉降地层中加大同步注浆量,根据地面监测情况调整注浆压力。深梅区间软土地层空隙率较大,平均每环注浆量约为理论间隙的200%,注浆压力 3~4bar。

b. 易沉降地层和空推段调整浆液配合比,缩短初凝时间。

c. 如加大同步注浆量、提高土压仍无法控制盾体处沉降量,可通过盾体径向孔向盾壳外注入膨润土或者克泥效。既有盾构下穿书香小学时通过向盾壳外注入克泥效来控制地面和建筑物沉降。

②二次注浆控制要点：

a. 易沉降地层中及时进行二次注浆跟进,管片脱出盾尾5环后开始二次注浆(双液浆),填充同步注浆不饱满或者浆液固结收缩的空隙。

b. 上软下硬和全断面硬岩地层每5环做一道止水环箍,减少盾体后方来水,每两个止水环间注单液浆填充管片背后的空腔,止水环完成后,从止水环开始沿上坡方向进行二次注浆,在上一个止水环后一环顶部开孔泄压、排水。及时二次注浆能有效减少硬岩段管片上浮量。

c. 严格控制二次注浆压力,防止管片变形、错台。深梅区间二次注浆压力控制在3~4bar。

d. 待浆液凝固后开孔检查注浆效果,及时进行补注。

(9) 全断面硬岩常压开仓管理

全断面硬岩掌子面比较稳定,可随时进行常压开仓,提高掘进参数的敏感性,发现异常情况及时开仓检查,深梅区间常压开仓管理如下：

①掘进参数异常时(如扭矩波动较大、推力持续增加、渣温升高、仓内有异响)及时开仓检查刀具。

②根据岩石强度、掘进参数及刀具损坏数量确定正常开仓查刀频率。

③每次进仓安排专人检查刀具,查刀时统计掉入土仓内的异物(如刮刀、螺栓、三角块、拉紧块等),异物掉落较多时及时停机进行清仓。

④刀具异常损坏较多时及时进行清仓。

⑤为防止换刀过程中换刀工具等掉入土仓,每次进仓换刀前核对工具以及螺栓、压块等数量,换刀结束后再次核对数量,做到工完料清,如换刀过程中异物掉入土仓,及时打捞。

⑥全断面硬岩和上软下硬地层掘进时,刀盘振动大,刀具螺栓容易松动和断裂造成刀具配件以及刮刀掉落至土仓,对刀具刀毂、刀刃挤压碰撞,降低刀具使用寿命,直接造成刀具异常磨损(图12-31)。

图12-31　掉落刮刀卡在夹层中仓里清出来的刀具配件

解决措施:对刀具螺栓预紧后进行钢筋硬性连接,对易掉落的中心刀三角块采用钢丝绳连接到刀盘上(图12-32),以防掉落至土仓损坏刀具。异物掉落较多应及时停机清仓。

图 12-32　钢筋硬性连接采用钢丝绳连接到刀盘上

任务六　岩溶地层盾构施工

一、岩溶地层盾构施工难点与风险

1. 岩溶地层盾构施工难点

目前地质物探方法只能推测出某一区域有岩溶,具体溶洞大小不能准确确定;用传统地质钻孔勘探,能探出一部分溶洞位置和大小,但探孔间距较大,一般孔间距 30m,大部分岩溶是不能探出的,对盾构施工会带来部分不确定的地质风险。

当地质勘探出有岩溶地层时,设计要求对岩溶地层进行注浆加固处理,但加固处理范围有限,一般为隧道底板以下 5m 以内溶洞、隧道左侧、右侧及上部 3m 以内溶洞加固处理;此范围经注浆加固处理后可降低盾构施工风险,在后期盾构掘进过程中仍需注意盾构姿态及参数控制,确保施工安全。

盾构掘进一旦遇溶洞,有可能造成突水,突泥及盾构陷落等工程事故,对盾构施工影响很大。同时若隧道溶洞涌水(或突水)得不到有效处理,将直接导致水位下降,从而影响周边建(构)筑物安全,严重时将造成地面塌陷。

岩溶地层地下水较为丰富,且局部具有承压性,盾构掘进施工过程中容易产生喷涌,裂隙岩溶水夹带地层中的泥沙流失,出土量不易控制,易造成地面沉降及塌陷,不利于盾构掘进施工。

2. 岩溶地层盾构施工风险

采用盾构法在岩溶地层进行隧道施工,可能会发生如下风险:

(1)盾构栽头、陷落:如果盾构前方出现大直径溶洞,盾构很可能会偏离掘进方向,严重时可能陷落到溶洞内。

(2)地层大量失水、坍塌:盾构掘进如果造成地下水大量流失,将会破坏地层原来的载荷分布而发生坍塌。

(3)地表沉降导致地面和地下建(构)筑物破坏:地层里的地下水流失、局部坍塌后,会将这个影响传递到地面,从而导致地面和地下建(构)筑物破坏。

(4)隧道上浮、结构被破坏:管片衬砌为圆形结构,可以受外压,不能受内压。如果围岩与管片之间的环形间隙不能很好地及时填充,管片可能会在水的作用下产生上浮,严重的情况下,隧道结构会被完全破坏掉,比如隧道一侧为溶洞,管片没有围岩支撑。

(5)刀盘被卡住:溶洞坍塌或掉落的大块或大量石头很可能卡住刀盘。

(6)刀盘、刀具磨损和损坏严重:很容易形成软硬不均的开挖面,造成滚刀不转或刀具承受频繁冲击。也容易产生大块的不规则石块挤压在开挖面与刀盘之间。

(7)开挖面瞬间失压:盾构如果在敞开式或半敞开式模式下掘进,一旦遇到溶洞,开挖面很可能瞬间失压,导致严重坍塌。

(8)盾体被卡住:溶洞坍塌掉落大量石头很可能把盾体压死。

(9)螺旋机喷涌、被卡住:地层中地下水丰富、水压高,渣土全是石块,螺旋机不能保压,叶片也容易被卡住。

(10)泥水舱堵塞:大量的石块掉入泥水舱造成堵塞。

(11)碎石器磨损、损坏:石块太多,碎石器长时间在石块的包围下工作,容易磨损和损坏。

(12)排泥泵和管路磨损:大量的石块通过排泥泵和管路,比如导致其被磨损。

(13)这些风险需要在盾构选型、性能配置、参数设置时充分考虑,并尽可能规避。

二、岩溶地层盾构施工基本原则

以"全面勘察、重点加固、局部封闭"的原则为依据和指导,从溶洞的空间分布、大小及充填情况进行勘察,对溶洞事先填充和加固处理,盾构的适应性设计及掘进技术等方面应进行深入研究,采取相应的控制措施。

(1)应用高密度电阻率法物探、补充钻孔勘探、电磁波深孔 CT 物探等多种探测方法,对勘测结果进行综合分析,探明溶洞的空间分布、大小及填充物特征。

(2)确定合理的加固方案,满足盾构施工安全及隧道结构稳定。处理的重点是隧道下部填充物为淤泥、松散砂层、软塑状泥炭质黏土的溶洞,对处理区与外界开放连通的主要地下水裂隙通道进行封闭。

(3)盾构选型与地质适应性设计应充分考虑地层特点和施工条件等因素。采用适应岩溶地层施工的盾构;刀盘形式和刀具配置应满足破岩能力;一般应配置超前钻探装置。

(4)做好盾构掘进参数管理,建立监控量测体系,实施信息化管理,保证在整个施工过程中盾构掘进姿态、管片姿态和地面沉降均处于受控状态。

三、广州岩溶地层盾构施工案例

1. 工程简介

广州市轨道交通五号线草暖公园~小北站区间(以下简称"草小区间")盾构隧道起于草暖公园东端,区间线路沿着环市中路、环市东路,向东南而行。隧道沿线地面交通繁忙,多高层建筑物、办公用房及交通桥涵等,并从越秀山下穿过,然后进入小北站。区间线路共包括三段曲线,最小曲线半径为 400m,最大纵坡为 20.323‰,线间距为 13.0~33.8m。地面高程为 10.92~50.50m,线路轨面埋深在 20.4~70m 之间。

2. 施工重难点

草小区间穿越的地层主要有上古生界石炭系、中生界侏罗系和白垩系、新生界第四系以及燕山期侵入岩。主要为：人工填土层,冲积～洪积中粗砂层,冲积～洪积黏性土层,河湖相淤泥质土层,残积土层,碎屑岩岩石全风化带,花岗岩岩石全、强、中、微风化带,碎屑岩岩石强、微风化带,石灰岩岩石中、微风化带。其中花岗岩岩石微风化带最大强度 81.6MPa,石灰岩岩石微风化带最大强度 112.7M。并且该区间在 F1、F2 两断裂带间处于地石炭系灰岩地层 149.105m 的范围内,有 7 个钻孔揭示存在溶洞,为国际上盾构法施工的隧道首次穿过溶洞。

3. 解决方法

（1）控制盾构掘进参数。

硬岩及软硬不均区：土仓压力：0.5～1.1bar；转速 2.3～2.5r/min；贯入量 10mm/r 左右；扭矩 2500～3200kN·m；总推力 10000～13000kN。较软或全断面为充填物加固区：土仓压力：0.6bar；转速 2.0r/min；贯入量 25mm/r 左右；扭矩 2000kN·m；总推力 7000～9000kN。

（2）刀盘驱动功率由 945kW 增至 1200kW 并改善了扭矩特性曲线,使盾构在较高转速下扭矩得到较大提高。

（3）采用重型刀座及刀具,滚刀配置到 40 刃,减小刀间距增强了破岩能力。

（4）在盾构正面区设置了 4 个钻探注浆孔,配置 30m 自动钻探钻机,可对隧道断面内实施超前钻探地质预报与注浆加固。

4. 施工小结

（1）广州地铁五号线草暖公园站——淘金路站区间地处岩溶发育地区,采用盾构法施工在国内外尚属首次。通过溶洞勘探、地层加固、设备选型、盾构掘进等展开深入研究,成功穿越了岩溶地段。

（2）综合运用高密度电阻率法、电磁波深孔 CT 法和钻探等方法,相互补充验证,准确探明溶洞分布、形状和充填物的情况,为其加固处理、盾构选型和施工创造了条件。

（3）以"全面勘察、重点加固、局部封闭"的指导思想,综合分析岩溶地层的地质条件、盾构的特性,确定的地层加固方案和技术参数安全可靠,经济合理,保证了盾构施工安全及隧道结构稳定。

（4）针对该地区的地质条件,合理确定盾构的刀盘布置、刀具选型、驱动扭矩等性能参数,提高了机器性能,满足工程需要。盾构掘进中所采用的土仓压力、刀盘转速、刀具贯入量、驱动扭矩、总推力等主要技术参数应当科学合理,过程控制有效。

◆ 思考题 ◆

1. 简述软土地层盾构施工特点。
2. 结合具体施工案例,论述软土地层盾构施工存在的主要问题及解决措施。
3. 简述无水砂卵石地层的地质特点。
4. 简述无水砂卵石地层开挖的力学特性。
5. 简述无水砂卵石地层盾构开挖面的失稳模式。
6. 简述砂卵石地层盾构开挖面稳定机理。
7. 无水砂卵石地层开挖对盾构的影响主要有哪些？
8. 无水砂卵石地层稳定性控制措施有哪些？

9. 简述无水砂卵石地层渣土改良要点。
10. 结合具体施工案例,论述无水砂卵石地层盾构施工重难点及施工技术要点。
11. 简述富水砂卵石地层盾构施工特点。
12. 简述富水砂卵石地层坍塌机理。
13. 简述富水砂卵石地层坍塌原因。
14. 简述富水砂卵石地层掘进特点。
15. 结合具体施工案例,论述富水砂卵石地层盾构施工重难点及施工技术要点。
16. 简述上软下硬复合地层盾构施工特点。
17. 结合具体施工案例,论述上软下硬复合地层盾构施工重难点及施工技术要点。
18. 简述岩石地层盾构施工特点。
19. 结合具体施工案例,论述岩石地层盾构施工重难点及施工技术要点。
20. 简述岩溶地层盾构施工难点。
21. 简述岩溶地层盾构施工风险。
22. 简述岩溶地层盾构施工基本原则。
23. 结合具体施工案例,论述岩溶地层盾构施工存在的主要问题及施工技术要点。

单元十三

盾构施工风险防控

项目描述

主要介绍盾构施工风险分类、盾构施工的主要地质风险、设备风险、人员风险;介绍盾构施工十一大主要风险、盾构施工风险防控理论体系及风险防控典型案例。

学习目标

1. 知识目标

(1) 掌握盾构常见施工风险的类型、根源;

(2) 掌握盾构安全施工条例及风险防控体系。

2. 能力目标

(1) 能够识别盾构施工风险源;

(2) 能够合理组织盾构施工安全管理及风险防控措施。

任务一　盾构施工风险分类

盾构施工的风险,总是利用或寻找"地质和环境的复杂性""盾构设备的不适应性""盾构从业人员认知的局限性、方案和措施的不合理性"等薄弱环节作为突破口,引发工程事故。因此,盾构施工的风险主要分为三类:地质环境风险、盾构设备风险和从业人员风险。

影响盾构施工的主要风险因素及其所占比例为:

(1) 地质环境风险——40%。详细可靠的工程地质、水文地质及施工环境资料是盾构工程成功的基本条件,直接决定了盾构工程的成败。地质条件、环境条件决定了采用盾构是否可行,决定了盾构的选型,决定了盾构的主要参数,决定了辅助施工设备的选择和应急预案的制订。

(2) 盾构设备风险——30%。技术先进、质量可靠的盾构设备和经验丰富、服务专业的盾构制造商是盾构工程成功的关键因素。盾构要求专业制造,专业服务。专业制造包括技术先进、质量可靠,只有技术先进才能施工更安全、施工效率更高,这是保证工期的关键因素之一;专业服务包括经验丰富和服务专业,因为隧道工程风险需要丰富经验应对,因此,要求盾构制造商具有丰富的经验;服务专业包括技术支持及时和备件供应及时。

(3) 从业人员风险——30%。经验丰富、管理科学、专业高效的盾构从业人员是盾构工程成功的根本因素。地下工程的风险需要丰富的经验应对,因此,要求施工队伍经验丰富;盾构施工项目工期紧,科学的管理才能充分发挥盾构的效能,节约成本、创造效益,因此,要求施工队伍科学管理;盾构施工工序安排紧凑,高效先进的盾构需要高效的专业作业人员,这是保证安全、质量与工期的关键因素之一,因此要求施工队伍必须专业高效。

一、地质环境风险

盾构施工的主要地质风险如下:
(1) 复合地层(主要分布在广州、深圳、南京等地区);
(2) 富水断裂带或破碎带(主要分布在广州、南京等地区);
(3) 溶洞、土洞(主要分布在广州北部、佛山、深圳北部等地区);
(4) 极其耐磨的硅质、铁质岩屑(主要分布在广州、南京等地区);
(5) 含承压水的粉细砂层(主要分布在广州、佛山、上海、南京、苏州和杭州等地区);
(6) 瓦斯、煤成气(主要分布在广州、西部、南部、杭州和武汉等地区);
(7) 球状风化体和网格状或构造风化硬岩(主要分布在广州东部、深圳、南京和北京等地区);
(8) 砂砾石地层(主要分布在沈阳、北京、成都、南宁、南昌、西安和广州等地区);
(9) 黏性土及泥岩结泥饼、砂岩泥岩互层软硬不均及破碎(主要分布在重庆、广州、深圳、南昌和合肥等地区)。

二、盾构设备风险

盾构设备风险主要如下:
(1) 盾构选型不合理和功能性缺陷,主要体现盾构选型错误、驱动力及扭矩的设计值不合理、开口率不合理、刀具配置与刀型的选择不合理、刀间距与刀刃差设计不合理、渣土改良装置、同步注浆系统、带压进舱系统等设计不合理；

(2) 主轴承或主轴承密封损坏；

(3) 铰接密封或盾尾密封损坏；

(4) 刀盘损坏(解体、开裂、磨损)，刀具磨损；

(5) 螺旋机损坏，破碎机、排泥泵损坏，减速箱及齿轮传动系统损坏。

三、从业人员风险

盾构从业人员风险主要如下：

(1) 认知的局限性，主要表现在不能全面系统地了解地质变化和盾构性能；

(2) 施工组织及责任心不到位；

(3) 施工方案和措施的不合理。

任务二　盾构施工主要风险

一、地质环境勘察准确度

地质与环境勘察准确度在盾构法隧道施工中尤其重要，准确地勘察出隧道区间地质与环境情况，是盾构选型的决定性因素，地下水位、岩石抗压强度和土层的物理特性决定了盾构的选型与动力配置，地质勘察在隧道施工中目前30m一个测孔比较多见，也可以做详勘，根据要求确定间隔距离，甚至10m一个孔。(属地质环境风险)

二、盾构的地质适应性

盾构的地质适应性在工程开建前要组织专家评审论证，以确保所选择的盾构满足该工程施工要求，包括盾构是泥水还是土压、刀盘的设计、刀具的配置、动力系统、转弯能力等，盾构的选型问题是盾构法施工中的关键问题。(属盾构设备风险)

三、盾构始发与到达

盾构始发与到达是盾构法施工过程中最需要解决的关键问题。洞门加固区域一定要按设计要求加固，完成后需要打水平探孔检测加固效果，确认满足要求后才能始发；同理在到达时，如果加固效果不理想，是不能轻易进行到达施工的，否则有可能导致洞门土体坍塌，盾构始发与到达一定要将洞门区域加固到满足设计要求的强度、宽度、长度和深度，另外控制盾构姿态也是盾构顺利始发与到达必不可少的因素。(属从业人员风险)

盾构始发和到达作业是盾构施工中最容易出事故的两道工序，也是最关键的两道工序。

根据盾构法施工事故统计，盾构施工重大事故多发生在始发、到达阶段，特别是在软弱富水饱和粉砂层地质中，涌水涌砂等重大事故较容易发生，发生事故除工程本身受损以外，对周边环境造成的影响及损失也十分巨大。

四、开挖面稳定

盾构法隧道施工好坏的一个重要指标是对周围环境造成的影响程度,这点在市区内隧道工程中表现更为突出,施工中开挖控制是影响施工质量的一项关键技术。支护压力过小导致开挖面前方土体大量进入压力舱,引起地表发生过大沉降,甚至地表坍塌;而支护压力过大,则容易产生地表隆起问题,这些都将给周围构筑物带来不良影响。同时压力舱内用于施加支护压力的支护介质受到原有地层条件影响,使得支护压力处于不断波动,进一步影响开挖面的稳定。(属地质环境风险+从业人员风险)

五、盾尾密封失效

盾尾密封失效风险从目前施工案例看,发生概率较低,但一旦发生,如处理不及时,可能造成机毁人亡和地面建(构)筑物损坏的严重后果,盾尾密封将被外部水土压力击穿,产生透水涌砂通道,一方面导致隧道结构破坏,另一方面大量泥沙迅猛涌入隧道,地面因泥水流失而产生较大沉降;如果在江底施工,严重时发生江底冒顶而危及整个隧道。因此该风险事故一旦发生,必须采取有效应对措施,消除风险隐患。如果在水底或富水地层施工,必要时采用冻结法更换盾尾刷。(属盾构设备风险+从业人员风险)

六、软硬不均地层掘进

盾构在软硬不均且差异性较大地层掘进施工过程中,盾构姿态控制难度大,根据地质情况对推进油缸进行分区控制,硬的区域增大油压,软的区域减小油压,找到最佳的推进油缸压力差,以控制盾构姿态平稳,同时推进速度不宜过快;现场条件具备的情况下,应对不良地层进行预处理(如预裂爆破),以降低盾构施工风险及盾构施工成本。(三类风险并存的综合风险)

七、建(构)筑物下方更换刀具

盾构穿越建(构)筑物下方时更换刀具施工难度大。盾构穿越建(构)筑物下方时,原则上需盾构快速通过,即时注浆,减少建(构)筑物的沉降量。如果需要在其下方更换刀具,必须对建(构)筑物的基础进行分析,看是否有需要对其进行注浆加固;在换刀时,要根据围岩稳定情况来决定是否带压作业,且换刀过程中应密切关注建(构)筑物沉降量(监测),超过预警值时必须马上指挥换刀人员出舱并关闭舱门,建立土仓压力,迅速推进,并同步注浆减小建(构)筑物沉降量;换刀过程中如需带压动火,应有经过专家论证的带压动火专项方案及应急预案。(属地质环境风险+盾构设备风险+从业人员风险)

八、地层损失和不均匀沉降

盾构在掘进过程中,地层损失和不均匀沉降的风险主要是由于盾构掘进过程中超挖所引起的,控制好出土量,从而减小盾构在掘进过程中对地层造成的损失及不均匀沉降的后果,控制好渣土改良,减小水土流失,控制好地层的不均匀沉降。(属从业人员风险)

九、开挖面有障碍物

地下障碍物(如孤石等)的存在会给盾构正常推进带来不利影响:首先,它会导致刀盘及刀具严重磨损,从而不能正常开挖,影响工期,更换刀盘不仅耗费不必要的资金,而且由于地下隧道特殊的条件,使刀盘更换难度增加;其次,障碍物可能致使扭矩突然增大,导致主驱动损坏。发生此类事故的主要原因是地质勘探不完全反映穿越地层、历史资料收集不完整等。(属地质环境风险)

孤石处理应本着当地面具备处理条件时,首先考虑地面处理,若地面不具备条件则采用洞内处理的原则。各种孤石处理方法具有各自的优势和劣势,应根据孤石的大小、位置、形状、地质条件、周边环境和施工风险等因素选择不同的处理方法。盾构掘进中遇到孤石的处理方法主要有以下几种:

(1)地层注浆加固后,盾构推进

在确认孤石区域后,从地面对孤石周边一定范围的地层采用袖阀管进行加固,待浆液凝固后,浆液将孤石紧紧包裹住,待盾构掘进时,孤石受到刀盘正面的切削作用而破碎,不会因被挤压至土体而产生较大扰动,盾构姿态也比较容易控制。

(2)钻孔爆破孤石

地质勘探过程中遇到孤石时,查明孤石的产状、大小、形状并依此来制定爆破孔的数量、分布和装药量,利用小口径钻头从地面下钻,在孤石上钻出爆破眼,然后在小孔内安放适量的静爆炸药对孤石进行爆破,一次爆破完毕后,清除孔内岩块继续进行下一次静爆,进而达到分裂、瓦解孤石的目的。对于垂直高度特别大的巨石,可以进行多次爆破直到钻孔穿过巨石。

(3)人工挖孔破碎孤石

在确认孤石所处区域位置后,定出孔位,即可进行开挖。人工挖孔至风化球处,即可对风化球处理,采用风钻对风化球进行打眼,间距 $300mm \times 300mm$,梅花状布置,孔径 $40mm$,钻孔结束后使用劈裂机对风化球进行破碎,破碎后清理吊出,清除至盾构周边各 $15cm$ 范围。风化球破碎后,对孔洞进行黏土回填,随填随夯,保证密实度,并在孔中埋设注浆管,在回填完毕后对其进行注浆加固。

(4)冲孔桩破碎法

冲击破碎法是指确定孤石的位置、大小和形状后,在地表采用十字冲击锤冲击破碎孤石的施工方法。根据孤石大小确定冲击钻机锤头大小、钻孔间距及数量,钻孔前首先探明有无地下管线或其他建(构)筑物,若钻孔位置地下有管线等市政管道,则需要将钻孔位置旁移一定距离,待钻孔后及时采用原土对钻孔分层回填夯实,并进行土体压密注浆,直至将整个孤石区域处理完毕。

(5)盾构超前注浆孔注浆,盾构掘进

当地面没有注浆加固地层的场地或者在地质条件稍好的地层中盾构掘进,当确认孤石区域后,把准备好的钢花管从盾构预留超前注浆孔插入刀盘前方的土体(超前注浆孔的延伸方向与盾构的中轴线存在一个夹角),注浆浆液水灰比采用 1:1 水泥浆,注浆压力控制在 $0.2MPa$ 以内,注浆压力超过 $0.2MPa$ 时停止注浆。注浆加固范围为隧道周边 $3m$ 内,球体前方 $3m$,球体后方 $1m$,注浆完成后,调整掘进参数,直接掘进通过孤石,施工时,采用低贯入度、高转速的方式对孤石掌子面进行切削,依靠刀盘的冲击破碎能力通过孤石区域。

(6)静态爆破

对孤石进行静态爆破,大石化小,再把小石块从刀盘前方移进土仓,由螺旋输送机排出土仓。此方法不进行地面加固,待刀盘抵达孤石表面后,采用盾构的预留超前注浆孔进行超前注浆,使刀盘前方拱顶形成稳固、整体性良好的围岩,然后再开仓对孤石采取静态爆破,将碎石进一步粉碎后由螺旋输送机排出土仓。这种方法同样需要在静爆处理 $1m$ 孤石后,盾构即刻要向前掘进1m,始终保证刀盘与孤石的距离≤1m,防止土体坍塌造成地面塌陷。

(7)岩石分裂机破碎孤石

在地质条件较差的地层中,需要先对地层进行加固,若地层条件较好,则可直接开仓,对掌子面孤石用岩石分裂机破碎。岩石分裂机是一种手动操作的设备,利用液压原理,可以控制分裂岩石。特别是在对灰尘、飞屑、振动、噪声、废气排放有严格限制而大型拆除设备无法工作的地方,岩石分裂机有其无法替代的特殊优势。

(8)盾构直接掘进

当工期较紧,没有时间对孤石进行辅助施工,且孤石区段周围没有地下管线以及桩基建(构)筑物等存在时,施工中对地层的变形影响要求较低,可以不进行任何辅助工法,通过调整盾构掘进参数,直接通过。待盾构刀盘接近孤石后,采用低贯入度,增加泡沫注入量,并以"小推力、低扭矩"为指导思想直接掘进。

十、隧道上浮

盾构隧道在江中段、覆土较浅或水压较大时,隧道整体上浮的可能性较大,要防止上浮量过大。(属地质环境风险+从业人员风险)

影响管片上浮的因素有盾构与管片姿态、推进油缸推力、同步注浆配比及压力、管片接头特征等。

(1)盾构姿态:盾构轴线相对隧道轴线下倾,管片承受较大的偏心荷载及盾尾向上的作用力,主要受地层性质、盾构操作水平、隧道纵向坡度等影响。

(2)隧道纵向刚度:管片纵向刚度与管片接头形式、管片拼装方式等有关。

(3)浆液未凝固段长度及浆液对管片的浮力:浆液未凝固段长度与浆液凝固时间与施工速度有关,浆液对管片的浮力主要受浆液性质(黏度、坍落度等)、地下水状况影响。根据实际情况,确定浆液凝固时间及浆液对管片浮力的大小非常困难。

(4)地层性质与地下水状况:地层越软弱,地层抗力系数越小,管片越容易变形;越软弱地层透水性越差,易产生超孔隙水压力,管片将承受较大浮力。若富含水的地层透水性强,地下水将稀释浆液,影响其胶凝时间及浆液性质。

防止管片上浮的措施主要有:

(1)采用胶凝时间可调的浆液或含砂率较大的可硬性浆液。(同步注浆施工一般采用惰性浆液,这种浆液泌水量大,无强度,会造成管片上浮,隧道后期沉降量大、地面房屋开裂等后果。)

(2)根据地层情况采用适当的接头形式。

(3)控制盾构姿态。

(4)根据测量到的隧道上浮情况,在推进过程中,为了保证隧道轴线偏差控制在设计允许的范围内,盾构掘进轴线可适当低于隧道设计中线。

(5)盾尾后3环管片进行二次壁后注浆(每3~5环注1次双液浆),以减小隧道上浮。

(6)针对盾构隧道上浮,国内自主开发的管片固定桩,可有效解决盾构施工中管片上浮的难题,其原理如下:管片固定桩装置连接于管片注浆孔,注浆时,浆液填充注浆囊袋,于管片与围岩土之间形成支护水泥桩,以固定隧道管片,解决了以往二次注浆易被地下水冲散或流向隧道底部,而无法有效、快速地抑制隧道上浮和小半径掘进隧道变形这两大问题,实现盾构施工时对隧道管片进行及时固定,使用方便,效率高。管片固定桩在管片与围岩之间形成结块,在同步注浆的浆液未凝固前,管片固定桩凝固的结块镶嵌在管片和围岩之间,使管片和顶部的围岩连成一个整体,利用围岩的约束力来有效控制管片上浮(图13-1)。

十一、卡盾

卡盾是指盾构在掘进过程中,由于地层压力变化,盾体外围的土体收缩,引起盾构壳体与土层之间的摩擦力过大而出现盾体卡滞。(地质环境风险+盾构设备风险)

比较常见的卡盾现象是尾盾被卡,根据具体情况,一般有三种解决办法:使用液压千斤顶增加顶推力;为盾构铰接系统设计一套增压回路,以增大铰接油缸对盾尾的拉力;用爆破法清除盾构上部的岩层脱困。

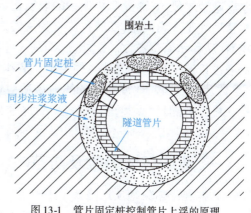

图13-1 管片固定桩控制管片上浮的原理

任务三 盾构施工风险防控

盾构施工风险管控的关键是要解决地质环境、盾构设备、盾构从业人员三者难以有效和谐的难题(图13-2),其中地质环境是基础,盾构设备是关键,从业人员是根本。

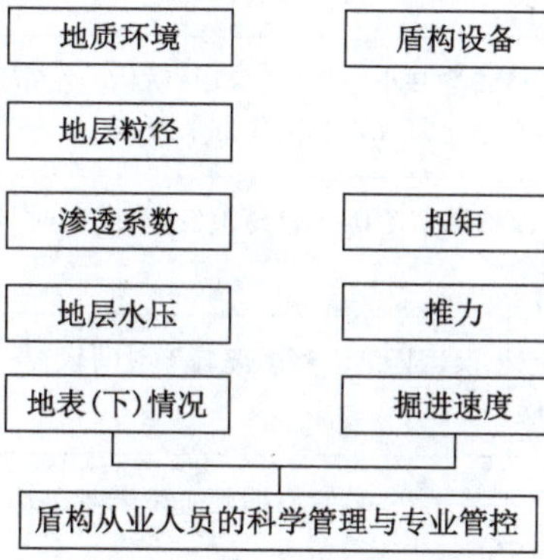

盾构施工风险防控,主要遵循"三从四得"风险防控理论体系,即:

从加强地质勘探入手——控制地质环境风险(简称地质风险);

从盾构适应性设计挖潜——控制盾构设备风险(简称设备风险);

从科学的专业管控抓效——控制从业人员风险(简称人为风险)。

其中,盾构设备的地质适应性设计应满足"四得",即保证盾构"掘得进、稳得住、排得出、耐得久",如图13-3所示。

盾构施工的风险,总是以"地质的复杂性""盾构的不适

图13-2 盾构施工风险管控

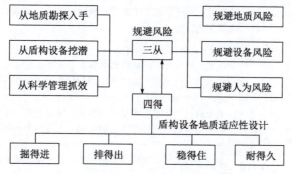

图13-3 盾构施工三从四得风险防控理论

应性""人认知的局限性、方案和措施的不合理性"等薄弱环节作为突破口,引发盾构工程事故。针对盾构施工过程中的地质风险、设备风险和人为风险,需要通过加强地质勘探和地质补勘规避地质风险,通过盾构设备的地质适应性设计规避设备风险,通过专业管理控制措施和科学管理规避人为风险,即盾构施工的关键之一,就是"三从"——从地质勘探入手、从盾构设备挖潜、从科学管理抓效。此外,盾构是一种特殊装备,与地质的适应性尤为重要。盾构的地质适应性设计是盾构工程成败的关键。盾构需要针对具体工程地质、水文地质和环境条件进行"量体裁衣式"设计,盾构设备的地质适应性往往决定整个工程的成败,必须确保所设计的盾构在施工中满足"掘得进、排得出、稳得住、耐得久"的要求,即盾构施工的关键之二,就是"四得"——"掘得进、稳得住、排得出、耐得久"。

一、地质环境风险及防范

盾构施工常见地质风险如表13-1所示。

盾构施工常见地质风险　　　　　　　　　　表13-1

序号	类别	存在的主要地质风险
1	人工填土	由于其松散性和不均匀性,人工填土往往会给地基、基坑边坡和围岩稳定性带来风险
2	人工空洞	城市地区浅表层受人类工程活动影响,易形成人工空洞。人工空洞对地下工程的施工带来潜在风险。容易形成空洞的地段一般包括:雨污水管线周边、深基坑工程附近、地下水位动态变化较大地段、原有空洞部位、管线渗漏地段、砂土复合地层结构地段等
3	卵石、漂石地层	卵石、漂石地层中的漂石会给围护桩施工、管棚和小导管施工以及盾构施工带来困难和风险;卵石、漂石地层的高渗透也会给工程降水和注浆带来困难
4	饱水砂层透镜体	饱水砂层透镜体由于其分布的随机性,详细勘察阶段不容易被发现,施工时,隧道开挖范围遇到它会造成隧道涌水和流沙
5	上层滞水	上层滞水由于其分布的随机性和不稳定性,又因详细勘察距离施工时间较长,造成其不容易被查清,给施工带来一定风险
6	岩溶和溶洞	在岩溶地区,岩溶和溶洞分布无规律,且不易勘察,易给后期施工带来难以预见的风险。饱水的大型溶洞还易造成施工中的地下水突涌
7	断层破碎带	在各断裂的断层破碎带之中,隧道在破碎地层中增加塌方风险,基坑开挖施工容易受到地质断裂带中沿岩石裂隙面滑动的滑动力不利影响,这种滑动也会带来很大的风险
8	活动地裂缝	在黄土地区存在的活动地裂缝上下盘升沉速率快,地裂缝内易涵养地下水(上层滞水或其他水层),对工程的影响较大,易造成后期的工程建设风险
9	高承压水 高压裂隙水	软土地层的高承压水易导致地下工程涌水和失稳等风险; 岩石地层的高压裂隙水会造成地下工程的突水风险
10	有害气体	赋存于地层中的可燃或有毒气体易造成隧道施工中的爆炸或施工人员中毒等风险

续上表

序号	类别	存在的主要地质风险
11	膨胀围岩	膨胀围岩在开挖或遇水后的膨胀会造成地下结构受力和变形超标等风险
12	湿陷性地层	湿陷性地层在不同含水量时的承载能力和变形特性差异较大,其所采用的加固方法和措施方面具有风险
13	高灵敏度淤泥质地层	此类地层对工程活动的扰动敏感,稳定性差,易出现基坑等工程失稳等风险
14	活动地震断裂带	存在活动断裂带活动变形的风险
15	液化地层	液化地层中的城市轨道交通结构易在地震和列车运行振动作用下出现基底变形下沉风险
16	高地压地(岩)层	高地压地(岩)层条件下易出现岩爆等风险
17	高硬度岩层	高硬度岩层在施工时存在设备适应性风险
18	粉细砂地层	含水的粉细砂地层易产生流沙等风险
19	不明水源	地下(废弃)水管、化粪池等渗漏引起的工程建设风险

盾构施工常见环境风险因素及风险事件如表 13-2 所示。

盾构施工常见环境风险因素及风险事件　　　　表 13-2

类 型	风 险 因 素	可能导致的安全风险事件
受工程施工附加影响	受地层加固影响的既有城市轨道交通工程、周边的房屋、道路、桥涵等	建构筑物不均匀沉降、倾斜、坍塌、影响运营
	受堆载影响的既有城市轨道交通工程、周边的房屋、道路、桥涵等	建构筑物不均匀沉降、倾斜、坍塌、影响运营
	受车站及竖井等明挖施工影响的既有城市轨道交通工程、周边的房屋、道路、桥涵等	建构筑物不均匀沉降、倾斜、坍塌、影响运营
	受盾构、暗挖等隧道施工影响的既有城市轨道交通工程、周边的房屋、道路、桥涵等	建构筑物不均匀沉降、倾斜、坍塌、影响运营
建(构)筑物、桥梁保护措施	基坑邻近既有城市轨道交通工程,无加固、隔离等保护措施	不均匀沉降、开裂、耐久性降低、影响运营
	基坑邻近砖混或框架结构建(构)筑物,无加固、隔离等保护措施	建(构)筑物沉降、开裂、耐久性降低、影响正常使用
	下穿、近距离侧穿既有城市轨道交通工程	不均匀沉降、开裂、耐久性降低、影响运营
	下穿、近距离侧穿浅基础砖混或框架结构建(构)筑物	建(构)筑物沉降、开裂、耐久性降低、影响正常使用
	下穿、近距离侧穿桩基础(桩底位于隧道以上)砖混或框架结构建(构)筑物	建(构)筑物沉降、开裂、耐久性降低、影响正常使用
	下穿既有桥梁,桥基位于隧道施工强烈影响区	桩基沉降、变形、耐久性降低、影响正常使用

续上表

类　　型	风险因素	可能导致的安全风险事件
穿越既有轨道交通设施、市政道路或高速公路保护措施	邻近交通繁忙的市政道路	路面沉降、变形甚至开裂
	下穿既有高速公路、铁路干线	路基沉降、变形
	下穿交通繁忙的市政道路	道路沉降、开裂
高架桥上跨既有轨道交通、市政道路或高速公路保护措施	邻近地铁线路	隧道沉降、变形甚至开裂
	上跨既有高速公路、铁路干线	路基沉降、变形
	上跨交通繁忙的市政道路	道路沉降、开裂
高架线临近高压走廊	邻近110kV以上高压走廊	电击
邻近或下穿地表水体保护措施	下穿地表水体	工作面渗漏、突涌
	基坑邻近地表水体	工作面渗漏、突涌

因为盾构施工的风险,总是利用或寻找"地质和环境的复杂性"作为突破口,引发工程事故。为了有效防控地质环境风险,必须详细掌握工程地质、水文地质及施工环境条件等资料,要特别注意以下技术要点:

(1) 要通过详勘和补勘,尽可能精确掌握地质情况;
(2) 要深化对地质条件、主要地质特点的认识;
(3) 要掌握地质对盾构设备的要求和盾构对该地质的适应性;
(4) 要深入了解主要地质风险,做好不良地质的处理;
(5) 要有针对性地进行渣土改良;
(6) 施工中要密切注意地质的变化,根据实际情况及时改变技术措施;
(7) 要深入了解施工中地质变化对盾构的影响。

同时,还必须特别注意以下集中典型的地质:

(1) 上软下硬复合地层(隧道区间内,不同地段有不同地质;隧道一个断面上,存在不同地质;隧道断面有较硬地层,且软硬不均);
(2) 地层分界断面;
(3) 特别坚硬地层;
(4) 砂卵石地层;
(5) 有大漂石的地层;
(6) 全断面砂层;
(7) 含有溶洞、瓦斯的地层;
(8) 含水量高、承载力低、可压缩性大的淤泥质地层。

在地质补勘详勘之后,对典型的地质条件应采用以下预防措施:

(1) 淤泥质地层主要考虑地层承载力与运营期间工后沉降,可预加固;
(2) 全断面硬岩地层可考虑选用TBM施工;

(3) 全断面砂层采用膨润土浆液改良;
(4) 上软下硬复合地层临近分界断面应降低贯入度,溶洞必须提前填充与加固;
(5) 下面为微风化的上软下硬复合地层可采用预裂爆破;
(6) 上软下硬复合地层局部全断面硬岩可采用矿山法施工,盾构空推技术;
(7) 穿越建筑物或大江大河的富水砂卵石地层一般选用泥水盾构;
(8) 有孤石、大漂石的地层一般考虑处理措施,防止刀具损坏。

二、盾构设备风险防范

盾构设备风险防范总的原则是正确选型,严格监造,规范操作,状态监测,强化保养。

(1) 正确选型

盾构选型总则:以开挖面稳定为中心;以地质条件和环境条件为基本点;以地层粒径、渗透系数、地下水压为基本依据,并综合考虑工程具体实际;以确保所选择的盾构能解决"稳得住、掘得进、排得出、耐得久"四个最根本问题。详见本书盾构选型有关内容。

盾构选型不能仅限于土压、泥水、双模或多模式盾构的选择,必须包括对各种参数、性能以及刀具、配套设备的选型设计与计算。盾构选型不仅要看厂家提供的参数表和表述,更要看实际工程业绩和施工效果与评价。

(2) 严格监造

新盾构必须严格监造,把问题在工厂解决。

(3) 规范操作

盾构主司机应规范操作,要经过专业培训,这是盾构施工与风险控制的核心。盾构其他从业人员也必须经过相关技术培训并按照操作规程操作。

(4) 状态监测

对盾构的状态必须随时监测,以确保盾构保持在良好状态,有故障即时维修。

(5) 强化保养

加强对盾构的强化保养,特别在过特殊地段时,更要提前保养,确保通过时不发生长时间停机。

①盾构维修保养是一种投资行为。

一台新盾构如果能进行良好的使用维修与保养,一般能延长使用寿命3~5年,一台旧盾构如果经过再制造,花费1/3甚至更少的代价,也能够再使用5~8年,这是最划算的投资行为。

②盾构维修保养可保证安全。

机械、橡胶密封、传感器等部件是有使用次数限制和使用寿命的。对于组装时预紧的刀盘螺栓和其他紧固件、主轴承密封、盾尾密封刷等必须按照规定定期检查更换。

③盾构维修保养可保证进度与效益。

盾构施工过程中如果总是小毛病不断,每次都需要长时间停机,不仅工期延误,电费增加,管理成本增加,而且信誉下降,影响后期中标。

④盾构维修保养制度是预防维修、强制保养、状态监测、按需维修相结合。前提是熟悉机器结构、性能、维护保养规定,掌握基本技能、提高分析能力、采取有效措施。重点是运动部件、连接部位、密封部位、润滑部件、管路电缆、可调部件、传感器件。方法是预防为主,保养,维护,监测、检测、维修。制定维修保养操作规程,科学维修;及时发现故障苗头,防止故障扩展;分析

故障原因，防止类似故障再次发生。

三、从业人员风险防范

盾构从业人员风险防范：提高盾构从业人员的技术水平，加强沉降控制，加强施工监控，加强科学管理与专业管控；同时还要对风险源施工，有良好的判断力；对各种风险的前兆苗头，有足够的敏感度；对自然与地下工程，有一颗敬畏之心。

隧道地质情况隐蔽复杂，盾构施工出现隧道坍塌、地面塌陷、突水突泥等甚至人员伤亡事故并不少见，隧道衬砌管片错台甚至开裂、渗漏水等质量问题亦常见，施工过程风险防控仍十分重要。目前，我国盾构法施工安全事故多发、质量通病突出，提升盾构从业人员的专业技术水平是大势所趋，对盾构从业人员进行专业技术培训和实施持证上岗非常必要。

盾构法施工安全事故多发，究其原因，客观上是地质的复杂性和盾构的不适应性；主观上是安全防范意识不牢、技术措施落实不到位、施工管理不标准、作业不规范等造成的。

盾构法施工一方面迫切需要提升盾构设备的地质适应性，以降低盾构设备风险；同时也迫切需要提升盾构从业人员的技术水平，以规范盾构作业行为，防控施工事故及提高质量效益，以降低从业人员风险。

可从以下三方面规避盾构施工风险：从加强地质勘探入手，规避地质环境风险；从盾构适应性设计入手，规避盾构设备风险；从专业管控入手，规避从业人员风险。获得详细、可靠的地质水文及环境资料是盾构安全、高效施工的前提；采用具有地质针对性设计的技术先进、质量可靠的盾构设备是盾构法隧道工程成功的关键；拥有一支经验丰富、管理科学、专业高效的盾构从业人员施工队伍是盾构安全、高效施工的根本保证。

任务四　盾构施工风险应对案例

一、天津地铁3号线某盾构区间

1. 工程概况

天津地铁3号线解放桥站～天津站站区间全长630.945m，盾构从解放桥站大里程盾构井始发，穿越海河右岸张自忠路下沉隧道、天津海河、天津站前广场，侧穿龙门大厦、天津站行李房，之后下穿天津站铁路股道群，最终到达天津站后广场小里程盾构接收井。盾构于小里程盾构井洞内进行拆卸，水平翻转后运至大里程盾构井吊出，完成整个区间的施工。本区间线路范围地形起伏较大，需下穿海河及铁路股道群，管线密集。区间埋深21.1～25.0m，最大坡度为30‰，主要穿越粉质黏土、粉土、黏土、粉砂。

2. 风险源分析

其重要风险点如下：

(1)始发和接收端头均没有地面加固及吊装条件，始发与接收位置埋深大，并处于承压水地层，加固效果难以保证，在始发和接收时容易发生涌水涌砂。

(2)盾构需在透水地层中下穿海河，海河宽约98m，深为2.5～6.0m，河底距离隧道顶部距离为 12.6m，海河两岸有护岸锚索及护岸桩，桩底距隧道顶仅有 1m。穿越海河段地层为⑦₄粉砂层，该层含有微承压水，易造成涌水涌砂。

（3）盾构下穿天津站 18 股铁道，其中 5 条为京津城际铁路，铁路对沉降控制要求极高。

（4）在天津站前广场地下通道施工时，遗留了一根钢管降水井，在施工前请国外专家到现场探测，但未探明。盾构掘进过程遇到了，钢管井直径为 15cm，壁厚为 3~5mm。盾构碰到钢管以后钢管可能粘在刀盘上，会造成局部超挖，使得盾构姿态得不到有效控制，并可能加大地面沉降；也有可能破坏盾构原有刀具；或钢管被刀盘切碎后进入螺旋输送机，可能导致螺旋输送机被卡死。

（5）接收井天津站的围护结构为 T 形连续墙，普通段墙厚 1.2m，T 形头长 1.6m，T 形头外端为 0.3m 厚的素混凝土，且在 T 形连续墙浇筑过程中存在较大范围的扰流混凝土。需破除 T 型连续墙长度较大，并且该处埋深较大（底板埋深约 30m），位于⑦₄粉砂层，极易发生涌水涌砂；地面为京津城际铁路，一旦发生涌水涌砂，将会对铁路造成重大影响。

3. 主要问题及应对方案

（1）始发时洞圈漏水

问题描述：始发端头采用水平注浆+水平冷冻法进行了加固，盾构于 2011 年 9 月 18 日正式始发。由于始发井已经封顶，没有直接吊装的条件，安装及加固反力架的作业条件十分恶劣，造成洞门破除进度与盾构始发时间未能完全匹配，导致部分冷冻土体解冻。盾构始发后推力较小，在掘进-2环时，洞圈10点钟位置发生涌水，水中携带少量泥沙。

解决措施：发现问题后立即采取了加设保温板封闭掌子面和加强冷冻质量、积极冷冻等措施，掌子面化冻现象得到了控制。经专家讨论分析认为：此时盾构刀盘已经出了冷冻加固区，地下水应由刀盘前方顺着外置注浆管形成渗水通道流至洞门位置（小松土压平衡式盾构外置注浆管比盾构主机壳体突起 125mm）。首先用早强快凝水泥对漏水位置进行了封堵；提高土仓压力，使盾构达到水土平衡；通过盾构中体预留管注入聚氨酯封堵水路。掘进至+3环时，开始进行同步注浆等措施进行处理；掘进至+4环时洞圈基本无渗漏水现象，只存在滴水现象。区间进出洞水平注浆加固及冷冻如图13-4、图13-5所示。

（2）始发后盾构磕头现象严重

问题描述：因冷冻土体有解冻现象而导致土质变软，且盾构掘进地层土体自稳性差、流动性好，使盾构在较小的推力下就能保持土压平衡。盾构掘进至+2环时，盾构发生明显的磕头现象；掘进至+10环时，偏离值已达-103mm。

解决措施：产生盾构磕头的主要原因是冷冻土体解冻后，使得周边土体强度有所降低，而盾构重心位于距盾构刀盘 2/5 主机长度位置，下部推进油缸与上部推进油缸的推力差不足以支撑盾构重量，是造成盾构磕头的原因；为防止盾构外置注浆管被卡，盾构在加固区隔环开启了超挖刀，导致局部超挖，也是造成盾构磕头的原因；盾构在加固区调整姿态比较困难。采取了对刀盘前方土体进行改良，超挖刀超挖范围设置——关闭下部超挖、开启上部超挖，通过在管片端面贴片使管片形成下超姿态，加大上下推进油缸的推力差，将超挖刀开启间隔变为每 30cm 开启和关闭，利用主动铰接使盾构主机有一个向上夹角姿态等措施。经过 10 环的不断纠偏，即掘进至+20环时，姿态恢复到与设计相吻合的状态。

（3）在透水地层中下穿海河

问题描述：盾构始发后第25环时盾构刀盘开始进入海河正下方，掘进约第113环处盾构

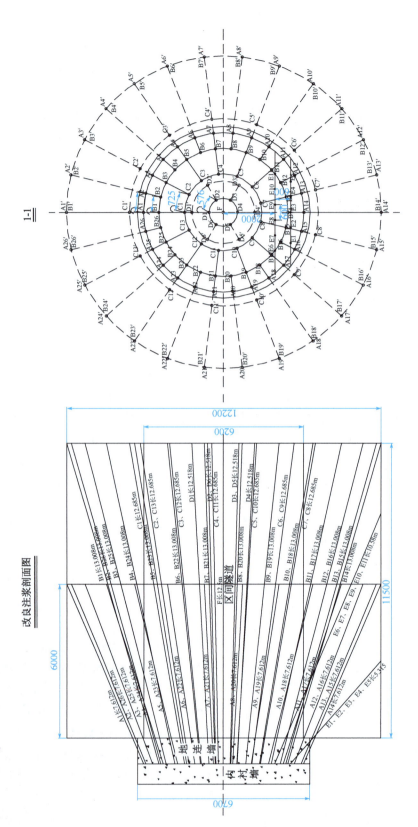

图13-4 区间进出洞地层注浆加固图(尺寸单位: mm)

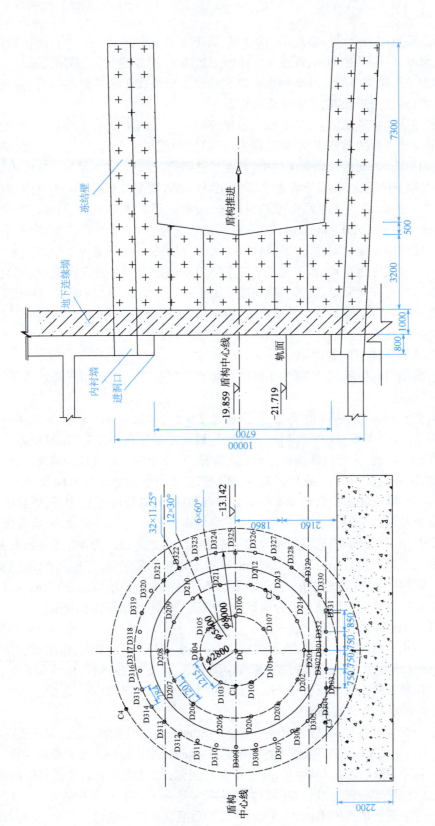

图13-5 区间进出洞地层冻结加固冻结孔布置图（尺寸单位：mm）

尾部脱离海河。穿越海河全区段穿越⑦₄粉砂层,该层含有微承压水,水压大,盾构铰接部位、盾尾容易发生漏水,一旦发生漏水,泥沙将会随水一起流出,且不易封堵,容易造成周边环境较大变化。盾构掘进至第 70 环时,从盾构螺旋输送机出土口处发现较多量的姜石、贝壳。螺旋输送机压力增大,刀盘扭矩较高,掘进速度缓慢。

解决措施:在盾构穿越海河前,认真检查铰接、螺旋机紧急闸门等设备是否正常;始发前更换新盾尾刷,采用加强型的盾尾刷;推进过程中,严格控制盾构姿态,及时进行纠偏,确保盾尾与管片之间的间隙均匀;采用优质盾尾油脂,并增加油脂的注入量,注入量为正常地段的 1.2 ~ 1.5 倍;优化同步浆液的配比,使同步浆液初凝时间为 3 ~ 5h,稠度控制在 9 ~ 11 之间;做好管片防水,每环管片下井前,值班工程师必须进行检查,没有问题后才可下井;掘进过程中保证匀速,连续掘进,速度保持在 20 ~ 60mm/min;在穿越海河过程中,尽量保证不纠偏,在需要纠偏时做到勤纠偏、缓纠偏。提前制作了几环特殊管片,管片外贴 5cm 厚海绵条用以止水,在盾尾发生涌水涌砂时,拼装应急管片;准备充足的应急物资及设备;发生涌水涌沙后,立即注入双液浆和聚氨酯进行封堵;在遇到姜石、贝壳时调整了刀盘正面注入发泡剂的比例,降低盾构掘进速度,盾构掘进模式由自动模式改为手动模式;根据螺旋输送机扭矩大小,手动调整螺旋输送机出土速度,并在螺旋输送机内注入惰性浆液,降低螺旋输送机扭矩。

(4) 掘进过程遇到未探明的钢管

问题描述:根据资料显示,在约第 210 环位置处有可能存在一根原用于降水的钢管,管径 15cm、壁厚 3 ~ 5mm。

解决措施:当盾构施工至第 180 环时,将掘进速度降至 1 ~ 2cm/min 左右;密切关注刀盘扭矩、螺旋输送机功率、出土量、推力等参数变化情况;盾构掘进至第 208 环时,螺旋输送机功率突然变大,立即暂停掘进,人工对螺旋输送机进行清理,从出土口一直清理到前闸门位置,发现一块钢板卡在螺旋输送机闸门处;在始发前,在盾构刀盘上有意识地增加了 64 把先行刀,保护原有刀具不被损坏;螺旋输送机自带伸缩功能,如果钢管进入螺旋输送机内部,螺旋机利用螺旋输送机正、反转及伸缩将钢管带出;在车站地下室地面预留冷冻加固位置,一旦通过正常手段不能取出钢管,采用地面冻结与左线洞内水平冻结相结合的方法对刀盘范围进行加固,加固范围:上、下、左、右、前方均为 3m,刀盘后方 5m;冷冻土体达到要求后,打开土仓,取出钢管;施工过程发现了钢管井卡在螺旋输送机内,立即采取氧气将钢板割成块取出,因气割操作十分不方便,在钢板上焊接吊耳用电动葫芦配合螺旋输送机正反转和伸缩将钢板取出。

(5) 穿越 18 股城际交通轨道

问题描述:盾构穿越国铁地段处在天津站站台区西侧,进出客流量大,机车运营繁忙。影响区域内涉及的铁路设施:进出天津站的 18 股铁路股道、34 根接触网杆、10 个站台区、8 个雨棚柱。沉降标准:单日最大沉降不大于 2mm,累计最大沉降不大于 10mm,考虑左右线两台盾构施工沉降叠加,因此控制沉降难度很大。

解决措施:盾构匀速掘进,掘进速度保持在 20 ~ 50mm/min;控制土压力,实际土压力高于理论土压力 0.01 ~ 0.02MPa,使刀盘前方地面隆起 0 ~ 1mm,并且保持土压力相对稳定,避免较大波动;推进过程中,严格控制盾构姿态,尽量不进行纠偏,如需纠偏必须做到勤纠偏、缓纠偏,防止超挖;优化同步浆液的配比,使同步浆液初凝时间为 3 ~ 5h,稠度控制在 9 ~ 11,同时增加同步浆液量,注浆量为盾尾间隙的 3 ~ 5 倍;在盾构后配套尾部加装注浆平台,及时对脱出管片和沉降较大的区域进行二次补强注浆;随时对盾尾第 6 ~ 12 环的管片进行补强注浆,尽量减小地表工后沉降;采用测量加人工测量的方法,尽量加强监测频率,并及时反馈监测数据,根据检测数据及时调整盾构参数和进行后期补充注浆。

穿越天津站既有铁路共用时38天,其间因过专列停工2次(停工10天),平均每天掘进约5环。实测沉降值:普速场最终累计沉降2mm左右,仅有个别监测点为4mm;城际场最终累计沉降均控制在1mm以内。

(6)深埋富水透水地层到达

问题描述:天津站接收端头平面位于直线段上,竖曲线为0.2%的上坡。京津城际最后一股铁路距离地连墙T型头距离仅11.937m。端头井接收埋深大(底板埋深达30m)、且处于承压水层,极易发生涌水涌砂现象。盾构掘进至第512环时,此时盾构切口进入加固区。施工过程中盾构出现掘进速度变慢甚至无推进速度、盾构有磕头现象、刀盘正面无土压力、刀盘无扭矩、螺旋机有间歇性喷涌等情况。

解决措施:为增大接收时的安全系数,采用了"水平注浆+水平冷冻+明洞接收"三重保险的接收方式。盾构进洞时进入明洞砂浆体内,可有效防止地下水渗漏,明洞尺寸为长8.1m、宽8.5m、高8.415m,明洞侧墙及顶板厚均为0.8m,明洞顶板设有应急门。出现磕头现象、刀盘正面无土压力、刀盘无扭矩、螺旋机有间歇性喷涌时现场处理措施:首先刀盘正面注入高分子聚合物改良土体;在盾构上加装2个400t的外置千斤顶,加大推力;通过伸缩主动铰接,把盾构往上部拉伸,控制盾构栽头现象。盾构盾尾进入加固区后,立即在管片后进行注浆封堵,在加固区和非加固之间形成密封环;注浆封堵后需开孔检查无渗水后,方可进行下一步施工。盾构完全进入明洞后,在盾构盾尾进行注浆,封堵管片与洞门钢圈之间缝隙;待浆液凝固后开孔进行检查,发现无渗漏水现象后,才可破除明洞端墙,完成接收。在明洞端墙预埋注浆管,发生渗漏水情况,可通过预留注浆管进行注浆。盾构在接收过程中,保持外圈的维护冻结,防止地下水进入加固区。

二、北京地铁8号线某盾构区间

1.风险源分析

本工程区间共10个一级环境风险工程,盾构下穿或旁穿时根据正常施工条件和一般不利施工条件进行分析(正常施工条件是指地层损失率控制在0.6%以内,一般不利施工条件是指地层损失率控制在1.2%以内),各风险源影响分析如下:

(1)盾构下穿玉河和旁穿万宁桥,隧道施工引起的结构变形接近控制标准,处于安全的临界状态。

(2)盾构旁穿日林公司办公楼,在正常施工条件下,建筑物最大变形值可能将超过变形控制指标;在一般不利施工条件下,建筑物最大变形值均可能将远超过变形控制指标。

(3)盾构下穿星海琦假日酒店,在正常施工条件下,建筑物最大变形值可能将超过变形控制指标;在一般不利施工条件下,建筑物最大变形值可能将远超过变形控制指标。

(4)盾构下穿龙海鑫洗浴中心,正常施工条件下,由于盾构井和隧道施工引起的龙海鑫洗浴中心的结构变形超过了变形控制标准;在一般不利施工条件下,盾构井和隧道施工引起的结构变形远超过了变形控制标准,结构存在损坏的可能。

2.下穿玉河风险处理措施

对于玉河及万宁桥,临近什刹海站,属于盾构始发段,盾构区间施工会对结构造成一定影响。因地面条件所限无法采用地面保护措施,故盾构穿越玉河采取的主要保护措施包括:

(1) 通过预留注浆孔对区间拱部土体进行加固

因为玉河及万宁桥位于盾构始发段,掘进前应进行盾构推进和径向注浆试验,拟在鼓什区间选择地质条件相近的地段进行试验。通过试验段,优化盾构推进与同步注浆的工艺和参数,确定径向注浆的实施效果,包括对不同地层的适应性,尤其是在卵石地层中的可钻性和可灌性,优选注浆材料、参数和施工工艺,选定径向注浆的时机(距盾构开挖面20m左右)。区间隧道左线在里程 ZDK19+309～+319,右线在里程 YDK19+300～+320 范围内钢花管注浆,如图13-6所示。

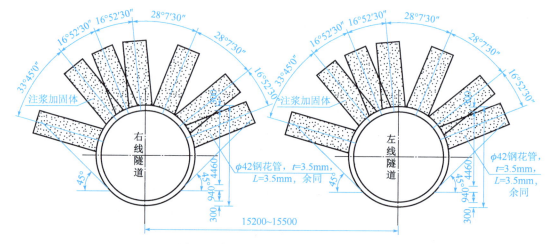

图13-6 钢花管注浆示意图(尺寸单位:mm)

注浆管长为3.5m,注浆浆液扩散半径设计为0.7m;浆液采用水泥-水玻璃双液浆,注浆压力为0.5～1.5MPa,加固范围为每环均进行,施工时应通过现场试验调整注浆压力确保注浆扩散半径。注浆时机应控制在距离开挖面20m左右。注浆后土体无侧限抗压强度为0.5～1.5MPa;渗透系数$\leqslant 1.0\times 10^{-6}$cm/s。注浆管布置根据不同里程段区间隧道位置关系进行调整,避免出现注浆盲区,新增注浆孔尺寸及位置参考盾构区间主体结构设计图相关图纸。二次注浆结束后,用泵送剂对注浆管进行清洗,避免堵管现象发生。由于区间穿越段存在地下水,可能产生涌水、冒砂等现象,可使用止逆阀和螺旋管塞、密封垫圈进行防水,因密封圈会发生蠕变而松弛,在施工过程中需要对螺旋管塞进行二次拧紧。隧道顶部土体加固完成后,取出注浆孔套管,用强度不低于C50的混凝土进行封堵,填实注浆孔。

(2) 优化盾构掘进参数

对于自身参数的控制采取如下措施:穿越前对玉河水位进行观测,同时为减少对地层的影响,改善渣仓土体流动性,掘进过程中对掌子面土体进行渣土改良。渣土改良选取信誉良好、优质的泡沫剂和膨润土材料,并通过先期试验段验证效果进行调整和优化;充分利用试验段,根据施工引起的地表沉降指标优化各项掘进参数;通过玉河前,检修好盾构各零件,确保性能完好,防止盾构在玉河附近位置停机;根据现场情况适当增加螺旋输送机的压力,防止螺旋机处发生喷涌;盾构施工时采用中低速均衡匀速连续推进方式进行穿越玉河施工;施工时应根据地形及地质条件及时调整盾构施工参数;加强玉河以及盾构施工参数的监测,及时反馈信息,做好信息化施工。

3. 下穿建(构)筑物应对措施

日林公司办公楼、星海琦假日酒店、龙海鑫洗浴中心风险源均为盾构隧道双线叠落下穿或近距离旁穿既有建(构)筑物,且根据设计图纸分析结果显示,在正常施工条件下,建筑物最大变形值可能将超过变形控制指标;在一般不利施工条件下,建筑物最大变形值可能将远超过变形控制指标,故需采取洞内或洞外保护措施,综合考虑保护措施。保护措施主要包括盾构隧道叠落段自身风险保护措施和地面加固注浆两部分。其中盾构叠落段风险控制采取如下措施:合理工筹安排;下部隧道利用移动台车进行支撑加固;管片配筋及连接螺栓加强;通过预留注浆孔进行深孔注浆(包括拱顶土体及叠落区间中间夹杂土体);控制盾构掘进参数;加大同步注浆量、合理控制注浆压力及砂浆质量;及时进行二次注浆,对脱出盾尾5~8环管片及时进行二次注浆。地面加固注浆措施主要为通过地面打设斜向袖筏管,对区间主体以及结构基础之间的土体进行加固。

具体实施时为避免后行盾构下穿先行盾构,什~南区间线工筹安排为盾构右线先行,左线后行,右下左上,按照先下后上的原则进行掘进。同时对盾构下部隧道利用移动临时支撑台车进行加固,叠落段按先施工下方隧道后施工上方隧道进行设计;上方隧道施工时需在下线隧道内设置台车支撑体系来保护下线隧道,支撑台车需超前上线盾构一定距离(在盾构所处位置对应的下洞前后各10环管片范围内设置),防止下洞变形过大。

考虑下部隧道受力较复杂,对其配筋和连接螺栓进行加强处理(将主筋调整为 $\phi22$,螺栓为B级、6.8级),采用加强处理的盾构里程范围为YDK19+660.541~YDK20+031.225。为保护上洞施工时夹层土体的强度,避免上洞盾构掘进过程中失稳、下沉,区间管片进行特殊设计,增设预留注浆孔,通过注浆孔对地层进行注浆。在重叠隧道范围内的下洞施工完成后,要从下洞对夹层土体进行注浆,而在上洞施工时,也要对夹层土体进行注浆。

◆思考题◆

1. 盾构施工风险分为哪三类?
2. 盾构施工的主要地质风险有哪些?
3. 盾构施工的主要设备风险有哪些?
4. 盾构施工的主要人员风险有哪些?
5. 盾构施工十一大主要风险是什么?
6. 盾构掘进中遇到孤石的主要处理方法有哪些?
7. 影响管片上浮的因素有哪些?
8. 防止管片上浮的措施有哪些?
9. 简述管片固定桩控制管片上浮的原理。
10. 论述管片固定桩防止管片上浮的技术原理。
11. 简述卡盾的解决办法。
12. 简述盾构施工风险防控理论体系。
13. 简述地质环境风险及其防范措施。
14. 简述盾构设备风险防范要点。
15. 简述从业人员风险防范要点。
16. 结合具体工程案例,论述盾构施工风险防控的要点。

参 考 文 献

[1] 陈馈,杨延栋.中国盾构制造新技术与发展趋势[J].隧道建设,2017,03:276-284.
[2] 陈馈.盾构刀具关键技术及其最新发展[J].隧道建设,2015,03:197-203.
[3] 陈馈,冯欢欢.极软弱地层盾构施工关键技术探析[J].建筑机械化,2014,11:66-70.
[4] 陈馈.盾构法施工超高水压换刀技术研究[J].隧道建设,2013,08:626-632.
[5] 陈馈.北京铁路地下直径线盾构选型[J].建筑机械,2007,11:36-39.
[6] 陈馈.西安地铁施工盾构选型分析[J].建筑机械化,2006,09:34-36.
[7] 陈馈,刘东亮.EPB盾构掘进的土压控制[J].建筑机械化,2005,12:45-48.
[8] 陈馈.南京地铁盾构掘进技术[J].建筑机械化,2004,02:30-33.
[9] 陈馈.南京地铁TA15标盾构法施工技术[J].建筑机械,2004,10:68-71.
[10] 陈馈,洪开荣,焦胜军.国内外盾构法隧道施工实例[M].北京:人民交通出版社股份有限公司,2016.
[11] 陈馈,洪开荣,焦胜军.盾构施工技术[M].2版.北京:人民交通出版社股份有限公司,2016.
[12] 杨书江,孙谋,洪开荣.富水砂卵石地层盾构施工技术[M].北京:人民交通出版社,2011.
[13] 陈馈,王江卡,谭顺辉,等.中国盾构[M].南京:译林出版社,2018.
[14] 陈馈,王江卡,谭顺辉,等.盾构设计与施工[M].北京:人民交通出版社股份有限公司,2019.
[15] 陈馈,谭顺辉,王江卡,等.盾构施工关键技术[M].北京:中国铁道出版社有限公司,2020.

人民交通出版社股份有限公司 轨道与航空出版中心
高职交通运输与土建类专业系列教材

一、公共基础课
土木工程实用应用文写作(第二版)(朱 旭) …… 39元

二、专业基础课
1. 工程力学(上)(王建中) …………………… 34元
2. 工程力学(下)(王建中) …………………… 24元
3. 土木工程实用力学(第二版)(李 颖) …… 38元
4. 工程制图与识图(牟 明) ………………… 28元
5. 工程制图与识图习题集(牟 明) ………… 20元
6. 工程地质(任宝玲) ………………………… 29元
7. 工程地质(彩色)(沈 艳) ………………… 39元
8. 工程测量(第3版)(冯建亚) ……………… 48元
9. 土木工程材料(第3版)(活页式教材)
   (赵丽萍 何文敏) ………………………… 89元
10. 混凝土结构(李连生) ……………………… 35元
11. 钢筋混凝土结构(胡 娟) ………………… 39元
12. 土力学与地基基础(第二版)(靳晓燕) … 45元
13. 施工临时结构检算(第2版)(李连生) …… 32元

三、专业课
(一)铁道工程/高速铁道工程技术专业
1. 铁道概论(张 立) ………………………… 29元
2. 铁道线路施工与维护(第二版)(方 筠) … 46元
3. 高速铁路路基施工与维护(第2版)
   (安 宁) …………………………………… 65元
4. 高速铁路轨道施工与维护(第2版)
   (方 筠) …………………………………… 55元
5. 隧道施工(第3版)(宋秀清) ……………… 55元
6. 桥梁工程(付迎春) ………………………… 46元
7. 铁路工程施工组织(吴安保) ……………… 27元
8. 铁路工程概预算(吴安保) ………………… 25元
9. 铁路工程概预算(第二版)(樊原子) ……… 42元
10. 施工内业资料整理(徐 燕) ……………… 29元
11. 无砟轨道施工测量与检测技术(赵景民) … 29元
12. 工程材料试验与检测(夏 芳) …………… 38元
13. 铁路机械化养路(汪 奕) ………………… 38元
14. 道路与铁道工程试验检测技术(第二版)
    (白福祥 韩仁海) ………………………… 45元
15. 混凝土(钢)结构检算(丁广炜) …………… 32元
16. 施工企业财务管理(孔艳华) ……………… 44元

(二)城市轨道交通工程/地下与隧道工程技术专业
1. 城市轨道交通工程概论(张 立) ………… 32元
2. 城市轨道交通工程(安 宁) ……………… 38元
3. 地下铁道(毛红梅) ………………………… 35元
4. 地铁盾构施工(张 冰) …………………… 29元
5. 隧道施工(第3版)(宋秀清) ……………… 55元
6. 盾构构造与操作维护(毛红梅) …………… 45元
7. 地铁车站施工(战启芳) …………………… 30元
8. 高架结构(刘 杰) ………………………… 34元
9. 工程材料试验与检测(夏 芳) …………… 38元
10. 城市轨道交通工程施工组织与概预算
    (王立勇) ………………………………… 86元
11. 城市轨道交通工程测量(钱治国) ………… 39元
12. 施工内业资料整理(徐 燕) ……………… 29元
13. 地下工程监控量测(毛红梅) ……………… 39元
14. 隧道施工质量检测与验收(毛红梅) …… 38元
15. 工程机械(第2版)(卜昭海) ……………… 45元
16. 混凝土(钢)结构检算(丁广炜) …………… 32元
17. 盾构法施工(陈 馈 焦胜军 冯欢欢) …… 49元

(三)道路与桥梁工程技术专业
1. 路基路面施工(叶 超 赵 东) …………… 49元
2. 路基路面施工技术(梁世栋) ……………… 42元
3. 桥梁工程(付迎春) ………………………… 46元
4. 公路工程施工组织与概预算(第二版)
   (梁世栋) ………………………………… 41元
5. 路基路面试验与检测(张小利) …………… 34元
6. 工程材料试验与检测(夏 芳) …………… 38元
7. 施工内业资料整理(徐 燕) ……………… 29元
8. AutoCAD2016 道桥制图(张立明) ………… 48元
9. 公路工程预算(罗建华) …………………… 33元
10. 建设法规实务(夏 芳 齐红军) ………… 32元

(四)城市轨道交通运营管理/铁道运营管理专业
1. 城市轨道交通概论(叶华平) ……………… 35元
2. 城市轨道交通概论(翁 瑶 朱 鸣) ……… 45元
3. 城市轨道交通行车组织(费安萍) ………… 39元
4. 城市轨道交通安全管理(第二版)(李慧玲) … 39.5元
5. 城市轨道交通应急处理(第二版)(李宇辉) … 39元
6. 铁路客运组织(李 亚) …………………… 39元

了解教材信息及订购教材,可查询:天猫"人民交通出版社旗舰店"